更多自由卻更少承諾，
社會學家的消極關係報告

為什麼不愛了

The End of Love

伊娃・易洛斯
EVA ILLOUZ

翁尚均——譯

A SOCIOLOGY
OF NEGATIVE RELATIONS

謹將此書獻給我的兒子內塔內爾、伊曼紐爾與阿米泰，

獻給我的母親愛麗絲，

獻給我的兄弟姊妹邁克爾、馬克和納塔莉。

說到他們，否定前綴 -un 從來就不適用。

Contents

結論

推薦序

愛情困「鏡」
——伊娃·易洛斯的《為什麼不愛了》

孫中興（臺灣大學社會學系教授）

愛情有生、住、壞、空，各個階段都令人迷惘。古今中外皆然。這本書的作者是一位社會學家，要從社會學專長的角度談論愛情中的最後一個階段——「終結」的問題。

不過，這本書不是書市中常見的那種愛情自助書、心理諮詢故事、名人愛情隨筆等等。作者伊娃·易洛斯其實是文化研究方面的專家，是以色列耶路撒冷的希伯來大學的社會學教授，專長是研究親密關係，特別是愛情的幽暗面。她從一九九七年起至二〇一八年總共出版了十四本書（詳見英文維基百科「Eva Illouz」條目），其中二〇一二年出版的《為什麼愛讓人受傷？》有中譯本（新北：聯經，二〇一九）。至於本書，原本是二〇一八年出版的，最早出版德文版《為什麼愛情終結了：一種消極關係的社會學》（*Warum Liebe endet: Eine Soziologie negativer Beziehungen*），同年出版英文版，書名直譯為《不愛：一種消極關係的社會學》（*The End of Love: A Sociology of Negative Relations*），現在有了中譯本。

從心理學層次談愛情，焦點往往在於個人的選擇判斷上；從社會學的觀點來談愛情，就會從這些看似個人的問題上找出背後運作的社會因素。這本書提到並深入討論的視覺資本主義、消費文化和網路，就是影響愛情終結的社會結構因素。

其次，這本書介紹了不少西方的社會理論家和他們的主要觀念，並且用這些觀念來解釋這些「情感現代性」的各種情況。就算是不熟悉這些人物和觀念的讀者，一樣可以從書中的說明中了解到這些概念的意義。書中的概念含量比一般談愛情的書籍要多上許多，對讀者的知性要求也多一些。不過，他也列舉了文學電影作品的故事以及九十二位訪談對象的故事當實例，其中應該有些故事會引起讀者的共鳴。這些「情感現代性」的普同性由此可見一般，並不是某處的特例。

最值得深思的是，作者提到的「性」與「愛」、「自由」與「束縛」、「確定性」與「不確定」、「自主」與「依戀」等對立與選擇，以及常被忽略的「愛情的消極關係」，都是這本書令人耳目一新之處，對思考當代愛情現象的讀者應該助益不少。

最後，我覺得對一般讀者而言，這可能不是一本容易閱讀的書，卻是值得細細品味、好好反身對照的一面現代人的愛情困「鏡」。

The End of Love

為什麼不愛了

A SOCIOLOGY OF NEGATIVE RELATIONS

◆

編按：本書正文中，除註釋列於書末，其餘參考書目請掃描四維條碼，即可下載參考。

我只是一個編年史家，希望自己的作品與「當今活人」有關。

——馬克・奎因（Marc Quinn）[1]

了解何謂「顛覆」，即是從個人到集體。

——阿卜杜・勒・馬利克（Abd Al Malik）
〈凱撒（經烏吉達到布拉札市）〉
（*Césaire [Brazzaville via Oujda]*）[2]

我不問世人社會主義的問題，
我只問愛、嫉妒、童年、老年的問題。……
這是將災難驅趕到平凡框架中
並嘗試講個故事的唯一辦法。

——斯維拉娜・亞歷塞維奇（Svetlana Alexievitch）
《二手時代》（*Secondhand-Time*）[3]

Chapter

1

愛的終結

——消極選擇的社會學

一個人需要不斷奮鬥才能看到鼻子前的東西。

——喬治．歐威爾（George Orwell）
《在你面前》（*In Front of Your Nose*）[1]

西方文化無止無盡地呈現愛如何奇蹟般地在世人的生命中爆發出來，呈現出某甲知道有人終成自己情感歸宿的神奇時刻。心浮氣躁等著對方的電話或是電子郵件，一想到他或是她，我們的背脊就爬過一陣酥麻。戀愛就是成為柏拉圖的信徒，讓你從某個人的身上看到一個絕對而完整的「理型」（Idea）。[2]數不清的小說、詩歌或電影教導我們如何成為柏拉圖信徒的藝術，如何去愛意中人所表現出來的完美。然而，文化如此滔滔不絕陳述愛情，卻對於如下同樣不可思議的情況甚少著墨：避免墜入愛河；對愛幡然醒悟；以前曾經讓我們夜不成眠的人，如今我們卻對之無動於衷；幾個月前甚至幾小時前，還讓我們心蕩神馳的人，現在對我們竟然避之唯恐不及。因為愛戀關係才一萌發便告終止，或是雙方在情路上某一刻分道揚鑣的例子多到驚人，但是對這些情況的甚少著墨就更令人感到困惑。也許我們的文化不知道該如何呈現或者思考這一點，是因為我們習慣活在故事和劇情中，而且也經歷故事和劇情，而愛的終結並不是一個結構清晰的過程。很多時候，愛的終結並不具備里程碑式的起始點或是由某個啟示拉開序幕。相反，有些關係在開始之前或是開始之後不久，就轉淡或消失了，而其它一些則以緩慢而且難以理解的方式告終。[3]然而，從社會學的角度來看，愛之終結的意義是重大的，因為這與社會紐帶的**斷喪**相關聯。自從艾彌爾・涂爾幹（Emile Durkheim）出版那本影響深遠的《自殺論》（*Le Suicide : Étude de Sociologie*）以來[4]，我們也許應該將這種社會紐帶視為社會學探究的中心議題。但是在網路化的現代性中，失範（anomie，指社會關係和社會團結的崩解）現象主要不是以疏離或孤獨的形式呈現。緊密與親暱關係（潛在的或真實的）之消亡，似乎反而與社交網絡（真實的或虛擬的）的增加、科技的發展，以及提供世人協助或諮詢的強大經濟機制密切相關。無論哪種學派的心理學家，還有脫口秀節目的主持人、色情與性玩具產業、自助產業、購物與消費場所，在在都迎合了社會紐帶不斷重複之建立和解除的過程。如果說社會學傳統上認為失範乃由於孤立以及缺乏合適之社群或宗教的成員資格所引起[5]，那麼在超互聯的現代性中，它現在必須開始認清社會紐帶一項較難觀察到的特質：儘管社交網絡如此緊密，外加科技以及消費因素，這種紐帶仍是變化無常的。本書將探究改變性關係和愛情關係的一項普遍特徵（亦即拍拍屁股走人）及其文化和社會條件。若想理解資本主義、性、性別關係和科技之間的交集如何產生（非）社會性的新形式，那麼愛之終結的現象的確是一個理想的切入點。

心理學家被委以修復、塑造和指引世人性生活和愛情生活的重任。總體而言，他們的確成功說服我們，讓我們相信其言語和情感管理技巧可以幫助我們過上更好的生活，然而他們實際上對於普遍困擾我們愛情生活的原因了解很少，甚或一無所知。當然，我們在心理諮商的私下場合中聽到的無數故事都呈現出雷同結構以及共同主題，在在超越了每位敘述者的特殊性。我們甚至不難猜到，在這些場合中會反覆出現什麼抱怨主題以及方式：「為什麼我在建立或是維繫親暱、愛戀的關係時會遇到困難？」、「這種關係究竟對我有利還是不利？」、「這段婚姻我應該繼續走下去嗎？」在持續不斷的、全侵入式（all-invasive）的治療過程中（諮商、工作坊或生活指導的自助書等形式），總會聽到當事人絮叨地抱怨感情生活的**不確定性**：很難理解我們自己和他人的感受、很難知道如何做出妥協、很難認清自己和對方彼此負有什麼義務。誠如心理治療師萊斯利．貝爾（Leslie Bell）所言：「在對年輕女性的訪談中，以及在我的心理治療實踐中，我發現她們不僅對**如何**獲得自己想要的東西比以往更加困惑，甚至對於自己究竟想要**什麼**也比以往更加迷惘。」[6]這種常見於心理學家辦公室裡面和外面的心理混亂，通常被認定由如下因素造成：人類心理的矛盾特質、延遲邁入成年階段的事實，或是文化中有關於「女性特質」（femininity）那些相互衝突的訊息。但是，正如我在本書中所主張的，感情、浪漫關係和性愛領域中的不確定性，正是消費市場、醫療產業以及網路技術等條件基於「個人抉擇之意識型態」（ideology of individual choice），而被組織和嵌合之方式所直接造成的社會學影響，而這種意識形態已成為建構個人自由的主要文化框架。困擾當代情感關係的那種不確定性，乃是一種社會學的現象。以前，這種不確定性並不總是存在，或者至少沒有那麼普遍。以前，它並不具有今天男性和女性所面對的內容。當然，以前它也不曾引起所有領域的專家以及知識體系之系統性的關注。許多心理假象的來源與情感關係的特徵，都與疑惑、困難以及無法捉摸有關，而這一些因素無非就是普遍存在於世人情感關係中之「不確定性」的一種外顯。現代生活表現出如此多雷同的不確定性，但是這並不意味世人普遍具有矛盾的下意識，而是全球化的生活條件使然。

這本書是本人長達二十年研究的部分成果，其中探討了資本主義和現代文化如何改變了我們的情感與浪漫生活。過去二十年中，有關情感現象的研究，我一直堅持一個原則，那就是對私人親暱的生活之崩解的分析不能僅從心理學的角度切入。社會學堅持主張兩件事，其一是心理經驗（需求、衝動、內在衝突、慾望或是焦慮）只是一再重演集體生活中的那些劇本；其二是我們那些主觀經驗所反映並延伸的社會結構，**實際上是**確有的、具體呈現的，而且已在生活中體驗過的結構。對內心生活進行非心理學的分析已然變得更加急迫，因為資本主義市場和消費文化，使行為者的內在狀態成為唯一能感覺到真實性的層面，並以各種形式的獨立自主、自由和歡愉作為這內在狀態的指導原則。[7]縱使我們可以避入個體性、情感性和內在性之中，將其作為自我賦權（self-empowerment）的場所，然而說來諷刺，我們實際上只是在落實和執行經濟與資本主義主體性的假定前提，而此舉會使社交世界支離破碎，並且導致其客觀性變得不真實。這就是為什麼對性與情感進行社會學的批判，對資本主義本身至關重要的原因。

藉著更深入探討自十九世紀以來即擺上自由主義哲學檯面上處理的問題（亦即自由是否危及形成有意義且具有連結力之紐帶（尤其是情感紐帶）的可能性？），我得以對情感生活、資本主義和現代性的研究得出初步結論。在過去的兩百年中，在社群瓦解以及市場關係（market relations）興起的背景下，這個問題已經以比較概括的形式不斷被提出來。[8]不過，儘管情感自由已完全重新定義了主體性和「相互主體性」（intersubjectivity）的本質，儘管其對現代性的重要性絕不亞於其它形式的自由（更何況它所包含的模糊和引發的困惑也比較少），在情感的範疇中卻很少有人提出。

愛是一種自由

愛是一種典型的情感融合，矛盾地包括了浩瀚而複雜之自主（autonomy）與自由這部歷史（主要以政治術語來講述）的一部分。舉個例子，浪漫喜劇（romantic comedy）[I]此一劇種（由希臘劇作家梅南德〔Menander〕開其先河，後由羅馬劇作家普勞圖斯〔Plautus〕與特倫斯〔Terence〕踵事增華，並在文藝復興時期蓬勃發展）經常表現年輕人為爭取自由而和父母、監護人與長輩對立的情節。在印度或中國，愛情是在經宗教價值觀形塑過之故事中被講述的，是靈性生活的一部分，比較看不到反對社會威權的成分。在西歐（東歐相對程度較弱）和美國，愛情逐漸脫離宗教的宇宙觀，並被追求精緻生活品味的貴族菁英所培養。[9]結果，原本被視為與上帝有關的事[10]就變成了形成情感之個人主義的主要媒介[11]，將情感引導到一個其內在世界被視為獨立於社會制度之外的人身上。愛情慢慢站穩腳步，反對內婚制度（endogamy）[II]、父老威權、教會威權以及社群掌控。像《新愛洛伊斯》（*Julie ou la Nouvelle Héloïse*，一七六一）這本十八世紀的暢銷書，便提出了個人享有其情感權利的問題，從而主張一個人可選擇自己的愛情對象，並根據自己意願婚嫁的權利。於是內在性、自由、情感以及抉擇乃構成了一個堅實基礎，且將徹底改變婚姻慣俗以及婚姻地位。在這種新的文化與情感之秩序中，意志不再被定義為管控自己慾望的能力（如在基督教中那樣），反而被定義為全然相反的能力，亦即個人根據心之所向採取行動，選擇一個與自己情感相契合的對象。從這角度考察，在個人的私領域中，浪漫愛情以及情感成為主張自由和獨立自主權的道德基礎，其力量與公共場域和男性政治強調的自由和獨立自主權的力量同等強大，唯一不同的是，這場革命沒有公開示威、國會法案以及肉身搏鬥。它是由小說家、原女性主義者（proto feminists）[III]、哲學家、性議題思想家以及普通的男男女女所領導的。認定愛情包含情感自主權的此一主張，是社會變革有力的推動因素，它從根本上改變了配對、結婚的過程以及傳統社會制度的威權。[12]因此，儘管浪漫愛情看起來是私密的、情感

I 浪漫喜劇：係指一種具有詼諧幽默、輕鬆愉悅之劇情的劇種，通常以帶有浪漫色彩的主題及元素為中心。辭典對其的釋義是「一種關於愛情故事的、通常以皆大歡喜的場景結尾的戲劇」。而另一種釋義是「浪漫喜劇最為顯著的特點在於，通篇講述兩個十分匹配但又令人憐憫的有情人，最後終成眷屬、破鏡重圓的愛情故事」。

II 內婚制度：是一種約束男女必須在某一特定社會階層以內，或某社會團體中、宗族內、家庭內，選擇配偶的婚姻制度。

III 原女性主義者：原女性主義是一個哲學的傳統，指現代女性主義的概念尚不明確的這個時期，比如二十世紀之前。隨著十八世紀的女性主義和十九世紀女性主義被納入「女性主義」，原女性主義的準確用法也受到了阻礙。原女性主義與後女性主義等術語用處皆遭受到一些當代學者的質疑。

的，但實際上包含了原始的政治寄望。選擇所愛對象的權利逐漸變成促使個人的情感成為自身威勢來源的權利[13]，而這權利本身又是人類自主史的重要組成部分。因此，西方的愛情史絕對不是現代史這面大壁畫裡的次要主題，實際上應是重塑個人、婚姻與親屬關係的主要載體，且對舊日婚姻關係所發揮的經濟作用也造成可觀的衝擊。愛和情感由於被賦予道德上的權威，婚姻從此被改變了。婚姻被改變後，繁衍後代和性行為的方式，以及經濟積累與交換的方式也都跟著改變了。[14]

我們所謂的情感自由和人身自由等現象是以多種面貌呈現出來的，同時也是隨著私領域的鞏固而面世的。從此，我們遠離社群和教會的控制，並逐漸受到國家和隱私法的保護。這類自由起先被藝術菁英帶動，後來又受媒體產業引領，以至造成文化上的激盪。最終，它幫助女性享有支配自己身體的權利（在此之前，女性的身體不屬於她自己，而是屬於她的監護人）。因此，情感上的獨立自主既強調主體的內心自由，後來也主張「性身體的」（sexual-bodily）自由（雖然這兩類自由具有不同的文化歷史：情感自由建立在「良心自由」〔freedom of conscience〕的歷史以及隱私權的歷史上；而性自由則源於女性為解放自身而奮鬥的歷史，以及對於身體的法律新觀念）。女性的確直到最近才真正擁有自己的身體（例如以前她們不能拒絕丈夫想行房的要求）。性自由與情感自由緊密地交織在一起，兩者並在自由意志主義（libertarian）[IV]「自我所有權」（self-ownership）[V]這大類中相輔相成：「自由意志主義者的自我所有權原則認定：個人擁有對其自身或生命的最高控制主權……因此在無契約的約束下，誰也沒有義務提供其他人任何服務或產品。」[15]

說得更具體些，自由意志主義的自我所有權原則，包括擁有自己感受的自由以及擁有和控制自己身體的自由，從而衍生出能自由選擇性伴侶以及隨意投入和退出戀愛關係的權利。簡而言之，自我所有權包括一個人發自內心主導自己的情感生活以及性生活的作為，不受外界阻撓，從而讓情感、慾望或是主觀定義的目標來決定一個人的選擇與經歷。情感自由是一種特殊之自我所有權的形式，而在這形式中，愛情引導個體基於自身感受而選擇與某對象進行身體接觸和性關係，同時認定此一選擇乃是天經地義的事。這種情感的和身體的自我所有權形式標誌了我所說的那種向「情感現代性」（emotional modernity）移轉的趨勢。情感現代性始於十八世紀，等到一九六〇年代之後，在純粹基於主觀情感以及享樂主義之性愛選擇權的文化正統性中獲得充分落實，並且隨著網路性愛以及浪漫約會應用程式的出現，又邁入了一個新的階段。

IV 自由意志主義：係一套把自由奉為核心原則的政治理念及運動，其主張把人的政治自由及自主權最大化，並強調選擇自由、自由結社、個人判斷的重要性。儘管大多自由意志主義者會對政治權威及國家公權力持懷疑態度，但他們內部對於該反對哪些既有經濟及政治制度存有分歧。各個自由意志主義學派對於公權力及私權力的合法職能存有不同看法，不過他們往往會要求限制或廢除具有強制性的社會制度。

V 自我所有權：係一種個人主義概念，主張個人擁有對其自身或生命的最高控制主權。在自我所有權的狀態下，個人對其自己的行動擁有至高的權威和主權，而免於任何政府權力的干預。這個概念是個人主義政治哲學的中心思想，包括了廢奴主義、利己主義、無政府主義、古典自由主義和自由意志主義在內。那些主張個人勞動成果為其私人財產的人通常也都將其論述根基於自我所有權上，推論出「如果個人擁有他們自身、那個人也必然擁有他的勞動和勞動成果」的結論。

安東尼・吉登斯（Anthony Giddens）是數一數二最早闡明情感現代性本質的社會學家。他將親暱關係視為自我所有權的終極表達，是個人逐漸擺脫宗教、傳統的束縛以及擺脫作為經濟支柱之婚姻的框架。[16]在吉登斯看來，個人擁有從自身內部同時塑造自主以及親暱關係之能力的資源。根據他的說法，為此付出的代價是一種「本體論的」（ontological）[VI]缺乏安全感，是一種如影隨形的焦慮感。但是總體而言，他那廣受大家討論的「純粹關係」（pure relationship）[VII]概念是對現代性之描述性（descriptive）和規範性（normative）的認可，因為它暗示親暱關係已體現了現代自由主義之主體的核心價值，亦即該主體已意識到自己擁有藉著默契隨意投入和退出親暱關係的權利，並且真能實現這些權利。吉登斯認為，進入純粹關係的主體是自由的，是了解自己需求的，並能夠就此類需求與他人進行商議。純粹關係是自由主義社會契約的廣義版。阿克塞爾・霍內斯（Axel Honneth）（以及之前的黑格爾）也呼應了這種看法：自由是透過與他人的互動關係而實現的。[17]是故，自由是愛與家庭的規範基礎，家庭則是表現自由的關照單位。因此，吉登斯和霍內斯都將傳統自由主義的模式複雜化，而在這種模式中，自我都將另一方視為己身自由的障礙。對於這兩位思想家而言，自由的自我都須透過愛情和親暱關係方能充分實現。

本書準備證明的一點是：這種自由的模式導致了新的問題。親暱關係不再是（如果曾經是的話）由兩個全然有意識的主體進行契約行為（而且契約內容都經雙方同意）的過程。相反，擬定契約內容、了解契約條款、同意契約執行程序等可能性變得難以捉摸。一般若要簽訂契約，雙方必須在條款上達成協議，又要以明確意願作為前提，並且知道自己的需求為何。此舉啟動達成協議的程序，且兩位簽約人若有一方違約，必須接受罰則制裁。最後，契約在定義上還必須包括防範未然的條款。但在當代的關係中，基於契約精神的這些條件幾乎都不存在。

由於受到消費文化與科技的影響，性自由已成為慣俗，但這也造成了負面的效果：性自由使性和情感契約的實質、框架和目標徹底變得難以掌握，大家都可各自表述，但也不斷受人爭議，在在使得「契約」這個隱喻變得十分晦澀，以至無法清楚說明被我稱為「當代關係消極結構」（the negative structure of contemporary relationships）的東西，亦即行為者不知如何根據可預知的、穩定的社會腳本來定義、評估或經營自己所建立的關係。性自由和情感自由使大家定義關係條件的可能性轉變成為心理學和社會學上的開放問題。如今，支配性關係或浪漫愛情關係形成的

VI 本體論：本體論是形上學的基本分支，主要探討存有本身，即一切現實事物的基本特徵。有的哲學家如柏拉圖學派認為：任何一個名詞都對應著一個實際存在；另外一些哲學家則主張有一些名詞並不代表存在的實體，而只代表一種集合的概念，包括事物或事件，也有抽象的，由人類思維產生的事物。例如「社團」就代表一群具有同一性質的人組成的集合；「幾何」就代表一種特殊知識的集合等。本體論就是「研究到底哪些名詞代表真實的存在實體，哪些名詞只是代表一種概念」的學說。

VII 純粹關係：自從親密關係也步上民主化的道路後，崇尚民主、強調協商的行事方式已經從政治生活滲透到個人生活，連親密關係也講求平等、民主和協商。因此，一段親密關係能否維持，端視乎各人是否從中取得滿足，倘若滿足不再或是要求有變，關係便會中止。相對於以往因種種經濟、家族面子、離婚法律門檻過高等原因而貌合神離的伴侶／夫婦，這種關係模式較為自由。吉登斯把這種民主的親密關係叫做「純粹關係」，意思是關係的維持與否純粹取決於這段關係能否提供各人所需。

東西不再是契約邏輯，而是普遍的、長期的以及結構性的不確定性。雖然大家通常認為性自由和情感自由是彼此反映、互為表裡的，但本書要對此點假設提出質疑，並且主張：情感自由和性自由是遵循不同之制度以及社會學路徑前進的。如今，性自由已邁入「情勢一片大好」的互動境界：行為者掌握大量的科技資源、文化腳本以及圖像，以作為行為的指導準則，使其得以在互動中尋找歡愉，並界定互動的範圍邊界。反過來看，情感卻轉為「造成問題」的社會經驗面向，導致困惑、不確定性甚至混亂充斥在這個領域中。

本研究透過「性自由是否能產生情感體驗？」這問題來探討性自由，同時希望完全避開保守人士對性自由的慨嘆，以及自由意志主義者所強調之「自由勝過其它一切價值」的看法。相反的，本書將從經驗出發，探索情感自由和性自由對社會關係的影響，試圖以批判的眼光思考情感自由和性自由的意涵。無論受到認可還是譴責，自由都已具備一種體制結構，而這結構又改變了自我的理解以及社會的關係。如要檢驗這種影響，我們必須暫時將一夫一妻制、童貞、核心家庭、多重性高潮，以及群體性交或者萍水相逢式之隨意性愛的好惡預設擱在一邊。

批判自由有何困難？

批判自由勢必引起知識界許多的不安或反抗。異議首先會來自性自由意志主義者，因為對於他們而言，批評（性）自由無異是「道學式和裝正經的歇斯底里反應」（卡米爾・帕里亞

〔Camille Paglia〕的嚴厲譴責）。[18]然而，這種立場本身等同於宣稱：批判經濟自由或是批評寬鬆政策，即等於一頭熱想要建立蘇維埃式的集體農莊。批判自由，這向來不僅是保守主義派人士、同時也是鼓吹解放之學者的特權，此外，此種批判也絕不是回歸道學或是故裝正經，不是羞辱他人或者雙重標準。對於情感自由和性自由現狀的批判性考察，實際上是回歸古典社會學的核心問題：自由與失範的分隔線是什麼？[19]自由終於何處，然後出現道德混亂？從這一層意義上講，本書關於性自由對社會和情感影響的探究，意味回歸到涂爾幹關於社會秩序與失範問題的核心部分：我探究資本主義入侵私人領域的事實，如何改變並顛覆該領域核心的規範性原則。

第二股反抗勢力可能來自文化研究、酷兒研究以及性別研究等各門學科。由於這些學科傳統上一直關注權利剝奪的問題，因此內隱地或明確地將自由視為指引其學術前景的最高價值。正如阿克塞爾·霍內斯所正確主張的那樣：「對於現代人，自由勝過大多數或者所有的價值觀，包括平等和正義在內。」[20]服膺自由意志主義的女權主義者以及同性戀活動家（尤其是支持色情的活動家和學者）、文學學者和哲學家，雖以不同的格調看待自由，但都認為自由是所有項目中最脆弱的，因此不情願正視其病癥，除非它表現為對新自由主義的陳腐批評形式，或者當它涉及消費市場所滋養的「自戀」（narcissism）或是「功利派的享樂主義」（utilitarian hedonism）。關於這種不情願的態度，我們可以給出兩種不同的答案。第一種由溫迪·布朗（Wendy Brown）很恰當地表述出來：「從歷史、符號、文化各角度來看，自由都是千變萬化的，如果從政治角度來看，自由也是難以捉摸的，它在自由主義的政權中，很容易就被用來實現最損人利己與非解放性的政治目的。」[21]這話如果為真，那麼自由是一種社會安排，一種我們應該始終渴望加以**維繫與質疑**的安排。對於這種不情願態度的第二個答案是從第一個答案衍生出來的，是方法論上面的。如果借用大衛・布魯爾（David Bloor）的「對稱原理」（principle of symmetry，亦即以對稱方式審視不同現象，不預先假設知道誰是好人、壞人，誰是勝者、敗者），我們便建議在經濟領域和人際領域都應以對稱的方式嚴格地審視自由。[22]身為批判型的學者，如果我們分析自由在經濟行為領域的有害作用，就沒有理由不探究它在個人、情感以及性領域的有害影響。新保守主義對市場與政治自由的讚揚，以及對性自由看似進步的讚賞同樣應該接受檢視，但不是像理查・波斯納（Richard Posner）在《性與理智》（*Sex and Reason*）研究中所要求的那樣，以中性立場的名義進行檢視[23]，而是應以更具包容性的自由作用力這觀點[24]進行檢視。「對稱原則」在另外一些面向也是具有重大意義的。對當前文化之性化（sexualization）現象的批評，乃來自於如下幾個文化領域：來自不承認性對健康自我之定義具有舉足輕重地位的「非性運動」（movements for a-sexuality）；來自擔心文化之性化影響的女權主義者與心理學家；最後來自生活在歐洲和美國的基督教多數以及其它的宗教少數（主要是穆斯林）。所有這些批評者對於文化之性化現象的強度都感到不安。女權主義學者是唯一關注這種不安現象的學者，例如萊拉・阿布—盧格德（Lila Abu-Lughod）和薩巴・馬赫穆德（Saba Mahmood）等人類學家，都從穆斯林女性的主體立場批判了歐洲中心的性解放模式[25]，讓我們得以一窺其它性與情感之主體性的形式。本書對性的批判考察並非源於清教徒式那種對性加以管控或調節的衝動（我心裡不存在這樣的計畫），而是出自如下這一願望：將我們對性和愛情的信念進行歷史化和脈絡化，同時設法理解，在性之現代性的文化和政治理想中，有什麼東西可能已遭經濟和科技力量劫持或是扭曲。因為一般認為，這些力量與對愛情至關重要的情感理想與準則是相互衝突的。如果我們的探究工作有一個內隱的準則貫穿頭尾，那就是愛（所有各種形式的愛）仍然是建構社會關係最有意義的方式。

最後一股可能反對我這番探究的勢力，可能源自米歇爾．傅柯（Michel Foucault）在人文科學和社會科學領域中隱約可見的影響力。他的《規訓與懲罰》（*Discipline and Punish*）[26]發揮深遠的影響，促使世人懷疑民主自由只是掩飾監督和規訓過程的花招，所運用的手段則是新的知識形式以及對人類的掌控。社會學家從傅柯的觀點出發，將注意力集中在監督上，將自由視為一種幻覺，而支撐這幻覺的則是規訓和控制的強大體系。從這層意義上講，與自由所創造出來的主觀幻覺相比，自由本身反倒不是一個有趣的研究對象。然而，他在死前於法蘭西學院（Collège de France）講學的時候，越來越關注自由與治理術（governmentality）之間的關係，關注市場中自由理念如何重新定義「行動領域」（field of action）。[27]我這本書從情感的文化社會學角度贊同傅柯的晚期著作。[28]本書把自由視為對行動領域真正的重新建構，是組織道德意義、教育觀念和人際關係最有力、最廣泛的文化框架，也是我們有關性別之法律、觀念與其實踐的基礎以及（比較籠統來看）現代人對自我的基本定義。對於文化社會學家而言，自由並不是法院所捍衛的道德和政治理想，而是代表建構現代人自我定義，及與他人關係之持久的、深入的和普遍的文化框架。作為個人以及機構孜孜不倦加以保護的一種價值，自由指導著無數種的文化習俗，其中最突出的可能是「性主體性」（sexual subjectivity）了，其定義為：「一個人身為性個體的經驗，感覺有權享受性歡愉和性安全，可在性事方面主動做出選擇，同時認同自己為性個體。」[29]傅柯否認性是現代人實踐自我解放的途徑，而本人關注的另一個問題是：以消費和科技的實踐所彰顯的性自由，如何在浪漫愛情關係開始與形成時、在共組家庭後的生活中，重塑浪漫愛情關係的觀念以及實踐？

由於自由主義政體的公共哲學和法律組織特別看重某種特定類型的自由，亦即「消極自由」（negative liberty，其定義是：行為者只要不傷害他人或是妨礙他人自由，應能在不受外界阻撓的情況下做自己喜歡的事），自由這問題就變得更加緊迫了。這種自由受到法律保障，並由許多旨在捍衛個體權利和隱私的機構所養成（然而這類機構沒有或是少有什麼規範內容）。消極自由的這種「空虛」特質創造了一個「無障礙」（non-hindrance）的空間，一個可以很容易被資本主義市場、消費文化與科技等價值觀殖民的空間，而這幾項都已成為現代社會最強大之制度與文化的舞臺。正如卡爾·馬克思在很久以前所說過的：自由包含使不平等現象不受阻礙而大行其道的危險。凱瑟琳·麥金農（Catharine MacKinnon）恰如其分地指出這一點：「如將自由置於平等之上，如將自由置於正義之上，那麼只會進一步釋放強者的力量。」[30]如此看來，自由就不能勝過平等，因為不平等削弱了獲得自由的可能性。如果說異性愛（heterosexuality）組織起了兩性間的不平等，並接納這種不平等，我們便預見自由會遭遇、正視、接納這種不平等。

在異性戀的關係中，自由很少有機會勝過不平等。

以賽亞・柏林（Isaiah Berlin）所稱的「消極自由」，已讓消費市場的用語以及實踐重塑了主體性的詞彙和語法。如今，「利益」（interests）、「功利主義」（utilitarianism）、「即時滿足」（instant satisfaction）、「自我中心行動」（ego-centered action）、「積累」（accumulation）以及「多樣化經驗」（diversity of experiences）等相同的用語，已經充斥在愛情紐帶與性紐帶中，一方面要求我們對自由的意義和影響進行冷靜的探究，而另一方面卻不要我們質疑女權主義者認可這些運動的歷史成就並鼓勵其繼續鬥爭下去的做法，不應該阻止我們研究自由的道德理想以及女同志、男同志、雙性戀、跨性別與酷兒（LGBTQ）運動的鬥爭所代表的道德進步。在歷史上和經驗上以市場形式（這些形式也對自由產生吸引力）被有效運用的方式。[31]實際上，理念和價值觀一旦被體制化後，其發展軌跡並不總與其倡議者所意欲的發展軌跡一致。我們如能理解此點，將有助於我們找回自由最初的理想，而此一理想正是那些運動背後的原動力。因此，如果說新自由主義已臭名昭著地導致了經濟交易之規範性的消亡（將公共機構轉變為營利組織，並將一己私益轉變為行為者當然的認識論〔epistemology〕），那麼就沒有理由不問：性自由是否也對親暱關係產生相似的效果，也就是說，這些效果在個體接納自我為中心的享樂主義並且進行性競爭和性積累的方面，是否亦標誌著規範性的消亡，從而使關係不受道德和倫理規範的約束。換句話說，性自由是否已成為私人領域的新自由主義哲學[32]，變成一種論述和實踐（消融掉關係的規範性、將消費的倫理和科技合理化為一種情感上自我組織的新形式，並使規範性和相互主體性的道德核心變得較難理解）？儘管自由本身對於如下這些議題都有規範性的主張：反對強迫婚姻或是沒有感情基礎的婚姻、倡導離婚權利、贊成根據自己的傾向過性生活和情感生活、讓所有的性少數群體享有平等，但是我們可能想知道，今天同樣的自由是否已使性關係從最初的道德語言裡解放出來（例如去除有關義務和互惠的用語，也就是一切或至少大多數社會互動在傳統上賴以組織起來的用語）。就像當代具壟斷性之資本主義，與作為早期市場和商業概念核心之自由貿易精神相互抵觸那樣，由消費文化和科技文化緊密組織起來的「性主體性」，也與對「被解放了的性」（在性革命中占據核心地位）的想像彼此衝突，因為這種「被解放了的性」最終強制再現了一種思想與行動體系，使科技和經濟成為我們社會紐帶的無形推動者和塑造者。

基於各種不同原因，與同性戀相比，異性戀是更加適合研究這一問題的領域。目前異性戀的形式是建立在性別差異之上的，而性別差異往往起到性別不平等的作用。異性戀會反過來在情感系統中組織這些不平等現象，而這一系統會將男女關係成功或失敗的重擔壓在當事人（主要是女性）的心理上。自由會使情感上的不平等無法被察覺，從而無法被解決。男性和女性（但大多數是女性）於是轉而捫心自問，以便處理這種情感不平等所包含的象徵性暴力和創傷：「他為什麼那樣冷淡？」、「我是不是表現出很需要關懷的樣子？」、「該怎麼做才能抓住他的心？」、「我讓他離開了，這樣是不是犯了什麼錯？」所有這些由女性所提的問題都表明了，異性戀女性在文化上覺得自己對情感的成功和關係，負有主要的管理責任。反過來看，同性戀不會將性別轉化為差異，再將差異轉化為不平等，也不像異性戀家庭會根據生物學特徵和經濟勞動的不同而做出性別分工。

從這層意義上來說，研究自由對異性戀的影響，是社會學上更為緊迫的議題，畢竟，由於性自由與仍然普遍存在且強大的性別不平等結構相互作用，異性戀關係才會充滿矛盾和危機。[33]此外，由於異性戀乃由以結婚為前提的婚前交往機制所嚴密規範，這種朝向情感自由和性自由的轉變使我們能夠更清楚地掌握自由對性行為的影響，並且掌握這種自由對作為異性戀核心之婚姻制度（或是伴侶關係）可能造成的矛盾。對照來看，直到最近，同性戀仍是秘密的和對立的社會形式。基於這個理由，它從根本上被定義為一種自由的實踐，來反對並抗爭婚姻此一家庭制度（亦是一種被用來疏離女性、使男子承擔父權角色的制度）。因此，本書可說是一本當代異性戀的民族志（儘管我偶爾也採訪同性戀者）。作為一種社會制度的異性戀，它同時受到解放和反動、現代和傳統、資本主義／消費主義／科技之主觀力量和反思力量的推拉牽扯。

我對情感自由和性自由的態度，與各種形式之自由意志主義的態度形成鮮明對比。對於自由意志主義者而言，享樂乃是一切經驗的最終目的，而在消費文化的各個方面，性的擴張教人詫異，真可視為一個受歡迎的跡象。套句卡蜜兒・帕格里亞（Camille Paglia）一針見血的話來說就是：流行文化（以及其性內涵）是「西方社會中所向無敵的異教迸發」。[34]在性自由意志主義者看來，由消費市場介導的性已解放了性的慾望、能量與創造力，而且，性也呼籲女權主義（可能還要加上其它社會運動）將自己開放給「藝術與性那幽暗的、無可慰藉的神秘」。[35]這種觀點很誘人，但它只是基於如下天真的假設：推動流行文化的市場力量實際上是在導引原始創造力（primary creative energy），並且與這創造力一致，而非拓展大型企業（鼓勵需求能獲快速滿足的主體性）的經濟利益。我看不出如下假設具有任何令人信服的理由：市場注入的能量天生就比較「異教」，而非比較反動、順從或混亂。正如某位傑出的酷兒理論家所說的，提倡家庭價值觀的瑪格麗特．柴契爾夫人和羅納．雷根，實際上在他們那解除市場管制的新自由主義政策中掀起了一場最大的性革命。[36]「個人自由在市場上是無止盡的，如果你享有絕對的買賣自由，似乎沒有哪套邏輯可以阻撓你選擇性伴侶、性生活、身分認同或是幻想。」[37]

選擇

當代的性，並不是非道德（amoral）的大眾文化所釋放出的原始異教能量，而是許多社會力量的載體，而這些力量破壞了為性解放而奮鬥的價值觀。性已經成為人類心理技術的場域，以及科技與消費市場的場域，而這些場域都呈現了如下的事實：它們都提供了一種自由語法，且該語法將慾望和人際關係組織起來，然後將其轉化為純粹之個人選擇的問題。選擇（無論是性的、消費的或情感的選擇）是自由主義政體中，自我和意志被賴以組織的主要手段。一個人若擁有現代或是晚現代的自我，那就意味練習選擇，並增加選擇的主觀體驗。

選擇是將自由與經濟和情感領域聯繫起來的自我狀態產物。它是消費領域和性領域中主體性的主要模式。選擇包含兩個獨立的理念：第一個涉及商品的供應，亦即客觀上存在可大量供應的東西（例如「該超市提供新鮮有機蔬菜的多樣選擇」），而第二個則涉及主體性的某個屬性，比方當個人面對各種可能性時做出的行動亦可稱之為「決定」（decision，而這決定也可稱為「選擇」〔choice〕，例如「她做出了正確的選擇」）。這樣一來，選擇既可表達世界的某種組織方式（這世界的各種可能性又以直接、無中介的方式呈現在主體面前），又將意志組織成需求、情感和慾望。做選擇的意志是一種特殊的酌商意志，面對一個似乎像市場一樣被建構起來的世界，也就是說，面對目不暇給之可能性的組合，主體必須抓住機會並加以選擇，才能滿足並最大化自己的福祉、享樂或是獲利。從文化社會學的角度來看，選擇行為是代表個人理解市場的強大結構如何轉化為行動認知和情感屬性的最佳方式。在科技和消費文化的影響下，選擇的文化所帶來的特定意願已發生了莫大的變化，這迫使我們提出有關慾望經濟（economy of desire）與傳統社會結構之間關係的社會學問題。

本書接下來的論證主軸如下：在性自由的支持下，異性戀關係已採取了市場形式，亦即感情和性的供應面直接碰上感情和性的需求面。[38]供需雙方都非常依賴消費品、消費空間以及科技作為介導（第二章）。像市場那樣被組織起來的「性邂逅」（sexual encounters）都是以選擇及不確定性（uncertainty）的形式被體驗的。由於個人可以在很少受到規範或是禁令限制的情況下，親自商定他們聚合的條件，這種市場形式便普遍產生了認知及情感的不確定性（第三章）。「市場」的概念在這裡不僅是一個經濟上的隱喻，它還是由網際網路科技和消費文化促成的性邂逅所採取的社會形式。當大家在一個開放的市場上相遇時，他們彼此直接見面，要嘛沒有中介人，要嘛少有中介人。他們藉由旨在提高覓得伴侶之成功率的技術來達到這目的。他們使用「交換效率」（exchange efficiency）、「時間效率」（time efficiency）、「享樂演算」（hedonic calculus）與「比較思維」（comparative mindset）等腳本來落實這一點，而這些都是高級的資本主義交換所具有的特徵。市場如果是一種受供需支配的社會形式（而這種供需又受社會脈絡以及行為者的社會地位所構建），那麼從這層意義上看，它就是開放式的。

市場上的性交換（sexual exchange）使女性處於矛盾的地位：藉由性這件事，她們同時被賦能與被貶低（第四章），而這種矛盾正顯示出消費資本主義透過賦能來運作的方式。由於性的自由／消費與文化／科技的連結，也因性場域中男性的主宰仍然強大，這些原因皆削弱了先前那種進入並形成市場和婚姻所認可的主要社會形式（亦即契約）可能性（第五章）。放棄戀愛關係（無法或是不願進入這種關係），以及不斷從一段戀愛關係轉移到另一段戀愛關係（我將其歸入廣義的「愛之終結」範圍），乃是性的關係所採取的市場新形式之一部分。這些困難和不確定性會波及婚姻制度本身（第六章）。愛的終結是一種新形式的主體性標誌，在這種形式中，選擇既是積極的（想要、渴求某事），也是消極的（藉著不斷避免或是拒絕投入關係來定義自己，只因為當事人過於迷惘或是含糊矛盾以至無法慾求，或是因為想要多多積累經驗，以至選擇行為喪失了情感和認知的意義，從而習慣性地摒棄和解除關係，以此來確保自我及其獨立自主）。那麼，愛的終結既是一種主體性的形式（我們是誰？我們如何行事？），也是一種反映資本主義對社會關係深刻影響的社會過程。社會學家沃爾夫岡・斯特雷克（Wolfgang Streeck）與詹斯・貝克特（Jens Beckert）曾十分有力地指出：資本主義改變了社會行為；但我們不妨再補上一句：資本主義也改變了社會情感。[39]

在《戰爭與和平》中，主人翁皮埃爾・別祖霍夫（Pierre Bezukhov）遇到了安德烈親王。後者經過短暫的沉默後，問他：「對了，你終究做好決定了嗎？你要當軍人還是外交官？」[40]在王子的發問中，抉擇的選項是明明白白的那兩個，須做選擇的人和旁觀者都是了然於心的。這種選擇行為的前提是再清楚不過了：選擇其中一個，必然排除另外那個。此外，安德烈親王的問題也呼應了許多經濟學家和心理學家所宣稱的觀點，即選擇乃是訊息（information）與個人喜好的問題。如果皮埃爾要選擇他的職業，那麼他只需要運用人類普遍都有的能力來了解自己的喜好，並為這些喜好排出名次，弄清自己到底喜歡軍旅生涯還是外交藝術，這是兩種明確不同的單純選項。自十九世紀末以來，社會學家一直對這種人類行為的觀點持懷疑的態度，因為他們主張，人類是服從習慣和規範的動物，而不愛經深思熟慮後才做決定。正如詹姆斯・杜森伯里（James Duesenberry）所打趣的那樣：「經濟學說的都是人們如何做出選擇，而社會學說的則是他們沒有做選擇的餘地。」[41]然而，社會學家可能錯過了經濟學家和心理學家在不知不覺中所掌握的東西：資本主義將社會生活的許多領域變成了市場，又將社會行動變成了反思的選擇和決策，而這種選擇已經成為一種新的、至關重要的**社會形式**，同時，現代的主體性藉由這種社會形式理解、實現自己生活大部分或所有的面向。[42]如下這種斷言應該不算誇大：現代主體藉由蓄意行使選擇各種物品的能力，而得以邁入成年階段，如其服裝品味或音樂品味、其大學學位和職業、其性伴侶的數量、性伴侶的性別、其自身的性別、其點頭之交以及密友，一切都因「選擇」而來，這是自己進行反思控制而精心做出決定的結果。社會學家擔心，贊同「選擇」這一理念將是為合理行為的幼稚和唯意志論（voluntarist）背書，因此他們全然不理會這個事實：選擇不僅是主體性的一個面向，而且已成為將行動加以體制化的一種方式。社會學家反而堅信，選擇是資本主義意識形態的支柱，是經濟學錯誤之認識論的前提，是自由主義的旗艦，是心理科學產生的「傳記式幻想」（biographical illusion），或者是消費慾望的主要文化結構。本書提出的觀點是不同的：儘管社會學已經無可爭議地積累了足夠的資料數據，證明階級和性別的約束是從內部操作選擇、建構選擇的，但是**選擇**（無論虛幻與否）仍然都是現代主體與其社會環境及自我連繫起來的基本模式。「選擇」建構了社會可理解性（intelligibility）的模式。例如，「成熟而健康的自我」就是一種可以在情感上發展出成熟和真實選擇能力的自我，可以發展出逃避強迫性及上癮行為，並將其轉化為自由選擇的、知情的、自覺的「情感性」（emotionality）自我。女權主義即是以一種「選擇」策略表現出來的：暢銷全球的《暮光之城》（*Twilight*）系列的作者史蒂芬妮·梅爾（Stephenie Meyer）在其官方網站上便簡潔說道：「女權主義的基礎是：能夠選擇。」

相反，反女權主義的重心在於灌輸女人：僅因她是女人，她就不可以做某某事，也就是說，只因為她的性別，就剝奪她的選擇權。[43]女權運動勢力中數一數二重要的一支，甚至被冠以「贊成選擇」（Pro-choice）的稱號。消費文化（可以說是現代身分認同的支柱）幾乎毫無疑問地建立在比較和選擇這兩種行為不斷的實踐上。即使「選擇」在實踐的過程中受到限制，事實依然沒有改變：現代生活有一大部分是作為主觀選擇的結果，且被人體驗和程式化的。這一事實在很大程度上改變了世人塑造與體驗自身主體性的方式。選擇是現代人關鍵的文化故事。如果說「選擇」已成為各種婚姻、工作、消費或政治體制中主體性的重要載體（世人如何進入這些體制，並且感覺自己是其中的一分子），它本身就必須成為一種值得社會學探究的範疇，成為自成一格的行動形式，且本身也受到各種文化框架的形塑（其中最突出的當屬「自由」和「自主」了）。體制化的自由在消費、理念、品味和人際關係領域中，造就了幾乎無限多的可能性，並且透過無數的選擇行為驅使自我履行和落實對自我的定義，而這些行為具有不同的、明確之認知和情感的策略（例如，今天選擇伴侶或選擇職業，需要不同的認知策略）。因此，「選擇」不僅是雷娜塔．撒萊克勒（Renata Salecl）向我們適切展現的一種普遍的意識形態[44]，而且在大多數的社會體制（學校、市場、法律、消費市場）以及政治運動（女權主義、同志權利、跨性別者權利）中，它是自主權被制度化的真正具體效果。選擇是個體與自我的一種實用關係，其目的在於藉由超越和克服階級、年齡或性別等決定論，來實現自己想擁有的「真實的」（true）和「理想的」（ideal）自我（例如可以透過取得大學學位、進行整容手術，或是改變天生性別等方式來實現）。

在經濟思潮的影響下，我們的注意力主要放在積極的選擇行為（即所謂的「決策」（decision-making））上，但是此舉卻使我們忽略了「選擇」另一個遠遠更重要的面向，亦即「消極選擇」（negative choice）：以自由以及自我實現為名義，拒絕、迴避或是退出承諾、糾葛和人際關係。二十世紀初，當佛洛伊德和涂爾幹等著名思想家思索「消極關係」的問題時，那時的智識（以及文化）的狀況顯然是很不同的。針對此一問題，佛洛伊德和涂爾幹分別是從「死亡本能」（death instinct）和「失範」的角度切入的。一九二〇年，佛洛伊德在名為〈超越快樂原則〉（Beyond the Pleasure Principle）的論文中探究「強迫性重複與演練痛苦經驗」（compulsion to repeat and rehearse distressing experiences）的現象。這種重複可能導致主體的自我毀滅，導致當事人無法完全進入或是維繫人際關係。早在一八九七年，涂爾幹即已發表了社會學的奠基文本《自殺論》。[45]該書可被視為對「消極關係」此一負面社會性的探究，亦即對解除社會成員身分的一種究析。佛洛伊德和涂爾幹都立刻掌握了兩個相互矛盾的原則，即「社會性」（sociality）和「反社會性」（anti-sociality），兩者既是共延的（coextensive），又是連續的。我雖追隨他們的腳步，但並不是從本質主義的（essentialist）角度看待反社會性現象。我反過頭來思考消極的社會性，將它視為當代自由意識形態、選擇技術以及先進消費資本主義的表達，實際上就是資本主義所運用的象徵性虛構之一部分。在新自由主義的性主體性中，消極的社會性不是作為一種消極的心理狀態（恐懼、死亡或孤立的念頭）而被經歷的，而是一種被昆特・安德斯（Günther Anders）稱為「自我肯定之自由」的東西，亦即個人藉由否定或忽略他人來肯定自我的自由。

自我肯定的自由可能是人際關係中最普遍的自由形式，而且，正如我所表明的那樣，它呈現了異性戀制度中自由之一切道德的模糊性。[46]

消極選擇

研究現代性的社會學家認為，從十六到二十世紀的這段時期，我們見證了在所有社會群體中興起的新關係形式，戀愛婚姻、無私友誼、對於陌生人的憐憫、國族團結僅為其中幾例而已。所有這些可以說集新穎的社會關係、新穎的體制以及新穎的情感於一體，而這全都取決於選擇。因此，早期的情感現代性是一種（選擇）自由被體制化的現代性，而且在這種現代性中，個人在改善選擇實踐的過程中，會藉由情感來體驗自己的自由。「友誼」、「浪漫愛情」、「結婚」或「離婚」的紐帶是自足的、有範圍的社會形式，包含明確的情感與情感的名稱，作為可定義且相對穩定的經驗和現象學的關係，被社會學加以研究。相較之下，當今我們超連結的現代性似乎以準代理（quasi-proxy）或者消極紐帶的形成為特徵：一夜情、無縫約炮（zipless fuck）、搞三捻四、逢場作戲、炮友（friends with benefits）、隨意性愛（casual sex）、網路性愛，這些是露水鴛鴦的同義詞，沒有或很少涉及自我，通常沒有情感牽絆，也包含了一種為享樂而享樂的人生觀，而性行為即是其主要且唯一的目標。在這種連結化的現代性中，拒不形成互動紐帶的現象本身就是一種社會學的現象，也是自成一格的社會和認知範疇。[47]若說早期的現代性和鼎盛期的現代性都在為某些形式的社會性而奮鬥，並且希望戀情、友誼、性愛都能在其中擺脫道德和社會的約束，那麼在網路化的現代性中，情感經驗似乎避開了從關係較穩定的時代所繼承來的情感和關係名稱。當代情感關係結束、破裂、褪色、消失，並且依循積極選擇和消極選擇的原動力，而這種原動力會將紐帶和非紐帶（non-bonds）交織在一起。

我想在本書中闡明這種原動力，從而繼續我先前對愛情、選擇和資本主義文化之間交互作用的關注。[48]我在之前的研究中解釋了伴侶選擇之觀念以及結構的變化，而在這裡，我將重點式地介紹另一個新的選擇類別，亦即寧可「不做選擇」。這種選擇形式是我們在過去二百年中，為爭取自由而進行各種鬥爭之後才產生的。若說在現代性形成的過程中，行為者爭取獲得不受社群或社會限制的性權利，那麼在當今的現代性中，他們理所當然會認為，性是一種選擇和權利，這點未受質疑，何況也無從質疑起（同性戀婚姻也許是例外，這一直是往日鬥爭的最後界線）。一個人的自由乃藉由不投入關係或是脫離關係的權利被不斷加以行使，我們不妨稱之為「寧願不要選擇」的過程：選擇在任何的階段斷離關係。

儘管我並不是在暗示一種直接的因果關係，但在資本主義的歷史與浪漫愛情形式的歷史之間，存在著驚人的相似之處。在資本主義的現代時期中，它所採取的經濟形式包括公司、責任有限公司、國際金融市場以及商業契約。在這些經濟形式中，階級制度、控制權和契約都占據了核心地位。這些反映在愛的觀念中，便是一種契約關係，可以自由投入，受到「負責」之倫理規則所約束，明顯可以產生回報，並且要求長期的情感策略和投資。保險公司是將風險予以最小化的重要機構，在締約雙方之間充當第三方，從而提高商業契約的可靠性。這個資本主義的社會組織發展更脫胎成為一個分支眾多的全球網絡，具有分散的所有權和控制權。現在，它藉由彈性工作時間或是外包勞力等方式，落實新的「不負責」（non-commitment）形式，幾乎不提供社會安全網，並且在立法上和實務上斬斷了工人與工作場所間的忠誠紐帶，從而大大降低了公司對於工人的承諾。當代資本主義還開發了利用不確定性（例如衍生性金融產品）的工具，甚至令某些商品的價值不確定，從而形成了「現貨市場」，或是不斷根據需求來調整價格，從而產生和利用這種不確定性。不承諾和不選擇的做法，使公司能夠從交易中迅速抽身，並且即時調整價格，這都是使公司得以快速形成並破壞忠誠關係的做法，導致頻繁更新和變換生產線，以及無限制地解雇勞動力。凡此種種都是「不選擇」的招數。選擇是「堅實資本主義」（solid capitalism）的早期座右銘，後來則脫胎為「不選擇」，即「隨時隨地」不斷調整個人偏好，而且不論在經濟關係或是愛情關係上，普遍採取不涉入、不追求或是不承諾的立場。這些「不選擇」的做法，多多少少與風險評估的精密計算策略相結合。

在傳統上，社會學（尤其是符號互動論〔symbolic interactionism〕[VIII]）幾乎都集中關注社會紐帶的微觀形成，而且就其本質而言，它無法掌握關係如何終止、崩離、消失或轉淡等這些較難以捉摸的機制。在網路化的現代性中，把關係紐帶的解除視為一種社會形式，將成為合適的研究對象。這種解除關係不是因為關係的直接失敗（異化、物化〔reification〕、工具化、剝削）而發生的，而是經由構成資本主義主體性假想核心的道德命令（moral injunctions）來實現的，例如：對自由和獨立自主的命令；對改變、優化自我並實現個人潛力的命令；將享樂、健康和生產力加以最大化的命令。塑造「消極選擇」的力量，正是產生自我和優化自我的積極命令。我將證明，如今「寧可不要選擇或是取消選擇」是一種主體性的重要形態，也是因各種制度上的改變才得以實現的：無過錯離婚（這使人們更容易出於自己的主觀情感原因選擇結束婚姻）；避孕藥（這使人們在不受婚姻制度的羈絆下更容易發生性關係，也就等於無須投入情感）；享樂型的消費市場（這提供了很多邂逅場所，並源源不斷提供性伴侶）；網際網路的技術，尤其是約會網站（例如 Tinder 或是 Match.com，使該個體變成性和情感的消費者，有權隨意使用或處置商品）；最終，諸如臉書之類在全球大獲成功的平臺，這種平臺既可增長人際關係，也能讓你在彈指間就將別人「刪除好友」。本書中記錄的這些因素及許多其它較不明顯的文化特徵，致使「寧可不要選擇或是取消選擇」在網路化的現代性和社會中，成為一種表達主體性的主流方式，其特徵便是商品化高度發展的過程、性選擇的多樣性及經濟合理性對社會的滲透。[49]一些基於堅實經驗的證據表明了：行為者通常「嫌惡損失」（這意味[50]他們會千方百計努力，以求不要失去已經擁有的或是可以擁有的東西）。因此，關於行為者如何以及為何會打破、脫離、疏遠或忽略他們與別人的關係，這一問題變得更值得我們關注了。實際上，正如我們在第二章和第三章所呈現的，在超連結的政治體中，行為者透過市場、科技和消費者力量的結合，可以輕鬆且常態性地克服損失嫌惡。在超連結的現代性中，作用強大的「消極選擇」與大家在生活中如影隨形，這與在現代性形成的過程中讓個體與他人建立紐帶關係的「積極選擇」一樣重要。

消極選擇的社會影響，在許多重要的面向上都顯而易見。其中一個事實是：許多國家因其出生率太低而無法維持其人口規模。例如，年輕的日本人在「擇偶配對」方面遇到相當大的困難，其結果是「生育率下降了。日本女性一生中可以生育的小孩數量從一九七〇年的二・一三人，下降到現在的一・四二人」[51]。在東歐和西歐的大部分地區，人口增長率均為負值，不僅威脅到人口規模，也威脅到經濟發展。人口的減少對政治和經濟造成莫大的衝擊，從移民潮到難以確保養老金的發放或是人口老化的問題。若說資本主義的擴張，是以作為經濟和社會中介結構的人口增長以及家庭為基礎的，那麼這種關聯已經越來越被資本主義新形式的本身所消除。資本主義是生產商品的強大機器，然而今天已不再能夠確保社會對人口繁衍的需求，哲學家南希・弗雷澤（Nancy Fraser）便稱這是資本主義的「照護危機」（crisis of care）。[52]在許多人有意識的決定或是無意識的實踐中，消極關係顯然是確有的。男性和女性不能締結穩定紐帶或是生育後

VIII 符號互動論：起源於芝加哥學派（Chicago School of Sociology），並以喬治・賀伯特・米德（George Herbert Mead）的論述為其主要中心，而米德同時也是互動學派的創辦人；其後則是由布魯默（Herbert Blumer）在一九五〇年將其符號互動論的中心思想理念發揚光大。符號互動論與詮釋學派（hermeneutics）的論點有些相似，符號互動論是將符號作為其理念的核心概念，符號則包括了語言、文字、臉部表情、肢體動作等，而符號互動論的中心思想主張為：「人們之間的互動是經由經驗的累積，透過一系列的語言和其它符號系統的使用，將彼此之間的距離拉近，並且從中得到共同的理解。」符號互動論其實主要是由在互動中的個人所產生，並非其個人的內在人格，也不是整個社會結構，符號互動論所要傳達講述的重點在於人與人之間互動的過程與性質，因此我們現今所處的社會是由一群又一群在互動中的個人所組合而成的，但又因為個人會向他人不斷互動、修改和調整，所以也促使社會經由這一連串互動不斷地變遷與成長。

代，也導致在過去二十年中，單身家庭的數量大大增加了。[53]消極選擇的第二種明顯表徵是離婚率的上升。舉美國為例，這一比率在一九六〇年至一九八〇年之間翻了一倍以上。[54]二〇一四年裡，在一九七〇或一九八〇年代結婚的人當中，此一比率超過了百分之四十五。[55]因此，離婚成為司空見慣的事。第三，越來越多人生活在多邊的關係中（例如「多角忠誠」〔polyamorous〕或是其它類型），這使一夫一妻制和隨之而來的價值觀（對配偶的忠誠以及長期承諾）所處的中心地位受到質疑。越來越多人終其一生都以了無罣礙的方式不斷締結關係，然後脫離關係。第四種看似相反的選擇，即是所謂的「沒夫沒妻制」（sologamy），這是選擇自己當自己配偶的女性（男性比較少）一種令人困惑的現象[56]，從而肯定了自己愛自己的單身價值。最後，消極選擇在某種程度上與某位評論員所說的「孤獨流行病」（loneliness epidemic）有關：「根據美國退休人員協會（AARP）的研究，估計有四千二百六十萬之四十五歲以上的美國人患有慢性的孤獨症，這大大增加了他們過早死亡的風險。」[57]有位研究人員稱[58]孤獨流行病[59]「比肥胖症對健康的威脅更大」。[60]孤獨流行病還有另一種形式。正如讓・特溫格（Jean Twenge，聖地牙哥州立大學心理學教授）所主張的那樣，「我世代」（iGen，千禧世代之後的一代）和前兩代的人相比，其平均性伴侶的人數較少，這使得「性缺乏」（lack of sexuality）成為一種新的社會現象。我提議將這現象歸因於以下幾個事實：文化轉向消極選擇、從關係中快速抽身，或是關係本身從來無法形成。[61]

在親暱關係的領域中，選擇是在與皮埃爾・別祖霍夫所處的背景非常不同的狀況下進行的，因為後者通常只是在兩條明確的可行路徑之間進行選擇。在新科技平臺巨大的影響下，自由創造出如此眾多的可能性，以至於浪漫選擇的情感與認知條件已被徹底改變。這裡提出的問題便由此而來：是什麼文化和情感機制（自願的和非自願的）使世人修正、解除、拒絕和避開與他人的關係？令個人的偏好發生變化的（放棄一段已投身其中的關係）究竟是什麼情感動力？儘管許多人或是大多數人都生活在多少令人滿意的伴侶關係（或是暫時的性與情感的安排）中，然而本書要講述的，是許多人為達到這一目標而歷經的艱辛過程，以及許多人訴諸選擇或消極選擇的方式卻不能維持穩定的關係。本書的目的不在譴責伴侶關係的理想，也不在呼籲回到更安全的方式來締結成雙關係，而是描述資本主義劫持性自由的方式，以及因有資本主義牽涉其中，以至於性關係和浪漫愛情關係變得令人費解且易生變化。

社會學中的許多方面都在研究日常生活的常態結構，並且已經發展出一套令人佩服的方法。但是，當前這個年代也許需要另一種類型的社會學，我暫時將其稱為對危機和不確定性的研究。對於許多人而言，現代體制的秩序和可預測性已經受到破壞。常規和官僚的體系與普遍存在、令人心煩的不確定性和不安全感並存。若說我們不再可以仰賴終身就業、仰賴那變化日趨無常的市場回報、仰賴穩定的婚姻、仰賴地域的穩定性，那麼許多傳統的社會學概念也就跟著落伍了。現在是聽聽實踐「愛的終結」這種新文化的人表達心聲的時候了，因此，我採訪了來自法國、英國、德國、以色列和美國等九十二人（從十九歲到七十二歲）[62]，讓他們的故事來構成本書的經驗主軸，而其中每則都帶有勞倫．伯蘭特（Lauren Berlant）所指出的「平凡危機」（crisis of ordinariness）之痕跡，也就是說，處於不同文化背景和社會經濟地位的行為者，低調地與生活中微型劇碼的不穩定性和不確定性進行鬥爭的經歷[63]，以及與被我稱為「消極關係」之特性進行鬥爭的過程。消極關係在不同的社會階層和國家框架中顯然會以不同的形式呈現，但仍會包含一些反覆出現的要素，形塑出經濟和科技的特徵。這種關係不會以穩定的社會形式凝結起來，而是被認定為短暫的、過渡的，甚至在遭受損失和痛苦的情況下仍被締結。不管這兩個過程產生的是愉悅還是痛苦，它們都會像我們將在下文看到的那樣，造成「愛的終結」此一結果。這個英文字（unloving）的前綴「un-」，一方面表示對已確立事物的有意撤銷（例如「將結解開」〔untying the knot〕），另一方面又表示無法實現某事（例如「不能」〔unable〕）。戀愛之前必先經歷某種形式的非愛（例如一夜情），接著戀愛之後又經歷另一種非愛的形式（離婚）。這兩種情況都使我們能夠理解，情感和關係在個人自由蓬勃發展的時代中的狀況。我在本書中設法破譯的，也正是這種現象。

Chapter

2

前現代的婚前求愛、社會確定性與消極關係的興起

畢竟，若說我們這一代的作家呈現了一些什麼，若說我們曾為了什麼奮鬥，那就是一場性革命。

——諾曼・梅勒（Norman Mailer）[1]

安東尼・特洛勒普（Anthony Trollope）一八八四年的小說《老人的愛》（*An Old Man's Love*）提供了文學上有力的證據，反映了十九世紀情感與婚姻此種社會規範相互配合的模式。作者講述了發生在年輕人瑪麗・勞瑞（Mary Lawrie）身上的故事：她是一名孤兒，被送往惠特爾斯塔夫（Whittlestaff）老先生家裡居住。由於惠特爾斯塔夫先生從未結婚，因此瑪麗必須在對方求婚時做出決定。她是如此拿定主意的：

她這樣想：他那個人一身的好條件。如果有個年長的男人「想要她」，就像她在社會上所見識過的那樣，那麼她的來日將會多麼不同！這個男人有多少特質能讓她知道自己可以學會愛呢？何況對方是一個她絕對無須覺得丟臉的人。他是一位紳士，看上去很順眼，不但彬彬有禮、風度翩翩，而且面目清爽。如果她真嫁作惠特爾斯塔夫太太，旁人難道不會說她是多麼走運嗎？……經過一個小時的衡量後，她認定自己會嫁給惠特爾斯塔夫先生。[2]

這番思考並不是出於她對自己或惠特爾斯塔夫先生的感情探究。事實上她明白，儘管對方從來不曾挑明了講，但他必然會提出結婚的要求。她對惠特爾斯塔夫先生這種應會說出的提議也做出明確的決定。在短短一個小時內，瑪麗在心中反覆演練了她將接受惠特爾斯塔夫先生求婚的一整套論點，這些論點與他的美德，以及她認為自己一旦嫁給對方後「人家會怎麼說」息息相關。她在對方身上看到的美德與外界在他身上看到的美德相同，這反映了個人判斷和集體判斷之間的重疊。根據「鏡中自我」（looking glass self）[I]的社會學理論[3]，瑪麗將外界對於她這項選擇的看法融入自己的決定中。她對惠特爾斯塔夫先生的評價以及外界對他的評價，都是根據社會對好男人的定義、婚姻規範與女人恰當角色等條件來進行的，畢竟她對惠特爾斯塔夫先生的評價以及對他的感情，都是建立在一般普遍的標準上。當她一旦拿定主意，她等於參與這個已知的、尋常的世界。她的感受和決定已將她的愛情、婚姻的經濟效益，以及社會對她這種身世之女性的期待都融合在一起了。感受和規範形成一個單一的文化基底，直接影響她的決策行為。

讀者在該小說的下文中讀到，瑪麗曾在三年前答應過約翰．戈登的求婚，如此一來，瑪麗

I 鏡中自我：由查爾斯．庫利（Charles Cooley）在《人性和社會秩序》（一九〇二）一書中提出的概念。他認為，人的自我意識是在與他人的互動過程中，透過想像他人對自己的評價而獲得的。在與他人的交往中，人們首先想像自己在他人眼中的形象如何，其次想像他人對自己的形象如何評價，最後根據他人對自己的評價形成自我感。猶如人們在鏡子中看到自己的形象，人們從他人對自己的判斷和評價這面「鏡子」中發展出自我意識。因此，人的性格不是遺傳而來的本能，而是在社會互動的過程中逐步習得、形成的社會性產物。

昔日的決定與後來答應嫁給這位老先生的承諾，就陷入兩難的局面了。這兩個年輕人過去曾經見過幾次面，這足以讓雙方論及婚嫁了。但是男方先要遠赴南非，等到發跡之後再回英國結婚。其後三年，瑪麗．勞瑞沒有收到有關對方的任何消息，因此才會改變心意，接受了惠特爾斯塔夫先生的求婚。小說的高潮開始於約翰．戈登再度出現的節骨眼，這次瑪麗面臨了第二次的選擇（而且更具戲劇張力的選擇行為），畢竟這次她的選擇對象是兩個人以及兩種不同的情感。她尤其必須面對如下的衝突：毀棄對那個「老人」的承諾，那個自己深具好感的「老人」；或是割捨三年前對那個自己愛戀的年輕人所付出的情感。由於信守承諾是十九世紀英國上流社會以及中產階級的基本價值，所以她做出了榮譽的決定，沒有違背昔日誓約。

有人常把這部小說所營造的困境看作一種將理性決定和情感因素、社會責任和個人激情對立起來的狀況。然而如此一來，這只是將心理學和社會學混為一談罷了。瑪麗的兩個選項中，每一個實際上都與情感有關（好感抑或戀愛），並且不管哪種決定，都合乎她所處的那個環境的規範。在那兩種情況下，瑪麗的情感都與規範秩序緊密結合。和一個見過三次面、且尚未發生過性關係的男人結婚，這從社會的眼光看來，是與下嫁「老」惠特爾斯塔夫一樣受人尊敬。這兩種不同的情感選擇都能導向與婚姻相同的道德和社會途徑。在這兩種情況下，瑪麗的情感都在道德世界的層次上移動。實際上，她正是透過情感因素而使自己置身於十九世紀之婚姻規範中的。

從社會學而非心理學的角度來看，瑪麗對惠特爾斯塔夫的理性好感，以及她對戈登的激烈感情、她的個人感受與社會習俗，這全都形成了一種單一基底。而且，無論瑪麗和其他的角色感到多麼困惑，他們都知道彼此猶豫的原因。在小說所描述的那個世界中，大家都共同認識有關規範的訊息，有關個人行為和社會規範應如何建構的訊息。實際上，正是由於惠特爾斯塔夫先生知道瑪麗是依據何種規範限制而行事的，他最終才免除瑪麗必須恪守承諾的約束。遵循承諾與婚姻制度乃是規範性的命令，它滲透慾望與愛情，並從內部將慾望與愛情組織起來。

艾彌爾．涂爾幹可以被視為第一個看出這種情感、規範和體制之秩序即將崩潰的人。[4]社會學家很少注意到，涂爾幹在他那本廣為人知且現在已成為社會學經典的自殺研究著作中，「失範」的觀念多麼廣泛地被應用在性慾與婚慾的探究中。涂爾幹以具有先見之明的傑出論述，說明了一種出現在法國社會中的新社會人物類型（即單身男性）的情感結構：[5]

> 儘管他（已婚男人）的享樂較受限制，然而這種享樂是穩定的，這種確定性構成了他的心理基礎。未婚男性的命運就很不同了。他雖然有權在心之所嚮的地方隨意留情，但是渴望擁有一切導致他對任何事物都不滿意。與這種追求無限之病態渴望如影隨形的，是「失範」現象，它輕而易舉侵犯我們的意識，並經常以謬塞（Musset）所描述的那種性形式呈現出來。當一個人不再受到制約，他就無法自我反省。除了已體驗到的快樂以外，他還渴望

> 體驗其它快樂；如果一個人正好已幾乎體驗過所有可能享受到的一切，那他就開始妄想不可能獲得的東西、妄想根本不存在的東西。這種無休止的追逐怎麼可能不加劇此一貪念呢？如要達到那種狀態，甚至不需要無限地增加愛情經歷、過起唐璜式的生活。普通單身漢單調乏味的生活就足夠了。新的希望不斷產生，只是一再失望，留下了疲憊和幻滅的痕跡。那麼，慾望由於不確定能否留住自己所嚮往的對象，它又如何能固定下來呢？因為失範現象是雙重的。由於當事者從不曾定心付出，他也就不可能穩穩當當擁有什麼。未來的不確定性，加上他自己的三心二意，在在注定他要不斷改變。這一切的結果便是一種騷動、焦躁與不滿的狀態，無可避免地增加了自殺的可能性。[6]

艾彌爾・涂爾幹在這裡為我們所謂的「慾望和情感決策的社會學」（sociology of desire and of emotional decision-making）提出了一個了不起的方案：有些慾望轉化為直接的決策，有些則不然。文中那種單身男人的慾望是失範的，因為它破壞了當事人目標確定地去追求對象的能力。失範的慾望既非沮喪亦非無動於衷。當它不停尋求某物時，那反而是一種躁動不安、過度活躍的狀態，以至於涂爾幹甚至稱其為「病態」。這是一種無法走進婚姻的慾望，因為它無法創造出單戀一枝花的心理條件。這種慾望缺乏一個適當客體，正因缺乏客體，它就無法獲得滿足。這會產生一種特殊的行為模式，亦即無休止的變動（從一個對象轉移到另一個對象），而且缺乏總體目的。

根據涂爾幹的觀點，失範的慾望具有如下諸多特徵：其一，它沒有目的，只是自由漂浮、自由流動又游移不定；其二，它之所以沒有目的，那是因為它的內在沒有規範的椿子，一支可以賴以建立總體論述結構的椿子；其三，對於單身男性而言，未來是不確定的，無法為當下提供指導。相較之下，橫在已婚男性眼前的，是植基於規範的認知以及參與已知的、確定的未來：他知道哪些生活樂趣正等著他，並且透過婚姻制度確保自己繼續擁有那些樂趣。參照之下，單身男性無法想像未來，而是被困在一個只包含「期望」（espérance）的天地中，這比一個人對未來的預估要模糊、要無定形得多。藉由期望，單身男性設想了一種也許只是曇花一現的新享樂可能性。這類型的慾望表現出失範的特色：它缺乏融合力（它並不是源自社會規範），並且它的目的也不在參與社會單元；其四，在失範的慾望中，主體的內心生活（涂爾幹稱之為「精神板塊」〔mental plate〕）處於不確定的狀態，注意力從此對象移轉到彼對象，此外，更由於無法將慾望固定在一個人和一套體制上，他也無法做出什麼決定。就定義而言，已婚男性是曾做出決定的人，而單身男性只能無限期地積累經驗、慾望與伴侶，而無法將其慾望的不滅動力帶入情感和敘事的結局或決定中。不確定性、積累、游移、無法（或是不願）想像未來，凡此種種，都構成了涂爾幹所認為的「失範慾望」本質，令其主體無法適應社會規範或是認同體制。失範的各種慾望只能並存於水平面上。它們不像特洛勒普的故事那樣，由具層次化之規範性和目的性的天地所加以組織。

因此，性失範同時代表很多事情。它是一種過度的慾望（一種源自於不受社會規範約束的自我之慾望形式），也正是由於這個原因，主體變得猶豫不決，無法專注在一個對象上。在這裡，以自我為中心的主體性對於需求和慾望沒有清晰的認知，它只是分散的、模糊的、矛盾的、漫無目的的。由於這種主體性無法感受到明確的愛情，所以它不能沿著敘事和規範的道路前進。讓我換個不同的方式說明吧：涂爾幹的單身男性無法拿定主意，因為他的「精神板塊」不是圍繞確定性而建構的。因此，對於涂爾幹來說，情感唯有奠基於明確的規範結構，才能成為確定性和決策的源泉。

涂爾幹在這裡為慾望和情感決策的社會學打下了基礎，並幫助闡明了兩套社會紐帶與情感選擇的語法：其中一套是自由流動的、缺乏終極性並源自於主體性的。另一套是藉由自我外部的事物來建構慾望，例如經濟利益、婚姻規範以及性別角色。這兩套語法有助於表述性解放的核心悖論：從規範制約以及儀式結構中解放出來的慾望卻阻礙了情感選擇。本章的其餘部分將要專門探討這些語法。

婚前求愛行為是社會學的一種結構

世人還沒有充分注意到，從傳統浪漫愛情轉變成一九七〇年代後性秩序的過程，其實就是從婚前交往（男女之間互動的主要模式）轉變為一種新秩序（婚約規則徹底改變，變得模糊和不確定，同時受到「合意倫理」〔ethics of consent〕所嚴格監管）的過程。婚前交往這一行為的消失，是現代戀愛習慣的一個相當醒目的特徵，標誌著傳統與現代戀愛習慣之間的顯著差異。因此，與迄今為止性與婚姻社會學家所提供的分析相比，它更值得我們進行更周密的檢視。藉著研究傳統的婚前求愛過程，我想對社會紐帶和慾望兩套語法進行比較，從而透過對於現代與傳統之間十分鮮明的對比（性失範早於現代性而存在，而婚前交往的慣俗在現代社會的某些地方依然殘留），來大幅簡化關於前現代如何落實婚前交往行為的描述。因此，我的策略是有其侷限性的：它沒有掌握那些讓過去與現在依舊相似的行為範圍，並且未能掌握過去一些留存至今的東西。雖然我很清楚這些侷限性，但我仍然相信它將充分說明婚前交往行為發生轉變的性質，亦即情感主體踏入社交互動的規則和參與方式的更迭。如果不提及性的制約（regulation of sexuality），就無法理解基督教歐洲的婚前交往習慣。實際上，性的制約決定了婚前交往的架構和內容。

前現代的性制約

如想了解基督教世界中性的特殊之處，我們可以簡單將其與古希臘世界加以對比。在古希臘，性並非以「表示關係的詞語」（relational terms）來解釋的，亦非將其視為「反映情感親暱的共享經驗，而是對他人做出的一種插入行為」。[7]性反映並落實了權力關係以及男性地位。對於年輕人或是較長者而言，性愛就像戰場上的行為一樣，可以是「光榮的」或「丟臉的」。從這層意義上說，性是由男性氣概的政治和社會準則所組織的，是個人公共和政治地位的直接延續。是基督教逐漸將性轉變為異性戀與涉及關係的紐帶，表現並約束主體的內在，將其與靈魂的精神行為聯繫起來。奧古斯丁提出了原罪的學說，並被世世代代的人所遵循。根據這種學說，人有慾念這事正可提醒我們人的有限性，慾念乃是原罪的痕跡，使人永遠蒙受羞恥。[8]由於將性轉移到誘惑的問題上，轉移到內心犯罪的問題上，這學說也將性轉移到思想、意圖和私慾的內在領域。性成為標記一個人有德（或是墮落）「靈魂」的內涵與界域的方法，從而成為內心生活的核心，從此不斷接受審查以及監控，以便滿足那個將人類救贖押注在性純潔上的宗教要求。如此一來，在當時的基督教中，性同時具有深刻的道德意義（犯罪和救贖的地方），而且也被情感化了，因為那是意圖、感受以及慾望的所在。總體而言，愛以及享樂成為阻撓心靈趨向良善的障礙。[9]由於教會意識到不能要求所有人都能純潔和節制[10]，也了解無法要求每個人都厲行禁慾與守貞，於是將婚姻關係視為對禁慾原則的妥協，並逐漸將性的合法範圍（亦即婚姻所容許的範圍）予以界定。[11]若說合法的性行為只能發生在已婚配偶之間，那麼通姦和婚前性行為就難免成為不合法了。大多數的歐洲社會都具備「精心設計的司法制度，以對通姦者、未婚相姦者、娼妓以及非婚生子女進行監視。成文法、不成文法、莊園和自治市鎮的習慣法以及宗教法庭一概積極聲明，非法的性是一種危害公共秩序、不可容忍的罪行」。[12]不過，違反性規範相對還是比較普遍的，也被視為威脅整個社群的行為。隨著基督教對性行為的監控，性開始反映並包含深刻的宗教意義。像「淫亂」（fornication）這樣的概念，即包含宗教對人類靈魂本質的信念，同時隱示諸如世界起源、靈魂受詛咒或受救贖之類的關鍵主題。誠如歷史學家理查・戈德比（Richard Godbeer）所言：「早期的美國人都對性感到憂心，因為他們堅信，性在個體層次上與集體層次上，相當直接地體現了他們的身分認同以及價值。」[13]神學上的干涉激起了英國國教教會的政治鬥爭，而性則是它藉以肯定自己威權的場域。[14]早期美國這個新興國家乃是藉著對性的控制來對抗政治混亂的。因此，性是基督教徒整個道德體系和形而上世界的關鍵，因為它把自我與救贖、贖罪、墮落、原罪和靈性等首要論述貫串起來。這種對於性的觀念被例如婚姻的神聖儀式等神學信念所浸染，並從根本上受其制約。這些宏大論述反過來又將自己轉化為諸如羞恥、罪惡、誘惑和自制等的關鍵情感。

隨著性寬容（sexual permissiveness）和世俗主義的興起，這種狀況在十八世紀末開始發生變化，並且標誌了與過去的「斷然決裂」。[15]啟蒙思想對於性就像對於其它領域一樣，都帶來了重要的變化，不過還沒有從根本上質疑「性和身體應該受監控」的觀點（放蕩主義菁英〔libertine elites〕除外）。大衛·休姆和伊曼紐爾·康德對於道德基礎的觀點一向是對立的，唯獨在這裡卻一致堅決反對性慣俗（sexual mores）的放縱。[16]康德甚至將性視為道德對立面的東西，因為性提供了享樂，從而使關係受工具主義的汙染。「性愛使得被愛的那個人淪為慾望的標的；一旦這種慾望消退，對方就像擠乾的檸檬一樣被扔在一邊。」[17]對於康德來說，性愛無非就是「胃口」，其本質就是對「人類天性的一種汙損」。[18]然而，康德的思想有個了不起的新穎之處，因他認為，性所冒犯的對象不是上帝，而是另一個人，從而將性的議題從神學轉移到人的道德領域。到了十九世紀，奉行放蕩主義的菁英以及烏托邦社會主義者倡導自由戀愛，而且早期的女權主義者也開始批判婚姻制度[19]，凡此種種，都進一步在質疑教會在性議題方面的壟斷。然而，儘管越來越多人要求性寬容，但婚前性行為直到二十世紀都還受到約束（直到一九六〇年代，一個「被染指」的女人都可能期望男方要「敢做敢當」）。在這樣嚴格受監控的規範秩序中，性因此傾向於遵循明確之道德和社會的婚前交往語法，這是年輕人進行浪漫互動的平臺。

婚前求愛行為是前現代的一種情感決策模式

婚前求愛行為乃是一種正式的社會互動，是圍繞著家庭和神職人員所施加之性制約而組織起來的。在法國中世紀的背景下，這是騎士（通常是君主的附庸）對女性（有時是君主的妻子）的正式儀式化行為。它融合了武力與勇氣的男性話語，以及虔誠與熱烈的宗教動機[20]（有些情愛對象會擴及到已死去的女性，例如勞拉之於佩脫拉克，或者碧埃翠絲之於但丁那樣[21]）。隨著歐洲各宮廷的成立，男性對女性獻殷勤的行為逐漸變成了朝臣在宮廷中的尋常活動[22]，後來又脫胎成更廣泛的涵義，亦即男性懷抱性和／或愛情的意圖與女性進行儀式性質的互動。[23]從文藝復興時代開始，尤其是到了十七和十八世紀，法國宮廷發展出一種強調「風流倜儻身段」（gallantry）的社會體制。根據尼古拉斯・盧曼（Niklas Luhmann）的定義，這種文化「具有社會的約束力，包含引發錯覺以及誘惑人的舉措，同時也可以表現真誠的求愛行為」。[24]這種風流倜儻可以只是純社交的表徵，是異性戀互動的美學，具有自己的準則、規矩和禮節，偶爾也將處女情結擱在一旁。作為一種美感化的互動關係，風流倜儻的身段不一定適合婚姻，而只反映了貴族禮節的複雜規則，有時甚至改變為放蕩的行為。

在信奉新教的國家中，資產階級對道德的定義擁有更大的掌控權。在那些地方，性的制約對於婚姻與社會秩序的概念更為關鍵。[25]在新教國家中，求愛過程不是為了呈現風流倜儻的身段，而是更明確地以結婚為目的。因此，在求愛行為中，男性和女性都表現出關於性的道德以及宗教準則，並與基於階級的語言與行為表達方式交織在一起。[26]

在十八和十九世紀的歐洲和美國，求愛關係反映了勞倫斯・斯通（Lawrence Stone）所描述的變化，亦即資產階級以及貴族階級在情感上的個人主義興起。[27]求愛過程可以在獲得女方父母的首肯後開始進行，因此等於公開宣示了雙方家庭原則上同意該樁婚事的立場，也代表年輕人開始探索彼此的感受。隨著個體化程度的提高，它成為確定情感、探索情感並做出（或不做出）結婚決定的框架。求愛行為是一個社會框架，根據當事雙方通常熟知的、關於言語表達、互動與交換的規則，來進行有組織、儀式化的情感交流。其結果是一個明確的「要」或「不要」，不過單是投身求愛行為的這件事即表明：雙方都有意思結婚，並促使年輕人朝著這個目標邁進。從這層意義上講，婚前的求愛行為是決策或是試探結婚意願的框架。

因此，我想將求愛行為定義為決策結構化的社會框架。在那其中，做決定這件事要嘛是情感性質的（「我愛他嗎？」），要嘛是實際行動性質的（「我想嫁給他嗎？」），或兩者兼而有之。這行為包括一個肇端、套用以組織該行為發展的儀式化規範，以及一個正式結局（常以求婚收尾，但偶爾會終止這段關係）。因此，婚前求愛是種做決策的文化技術，它提供的程序可使內在性（interiority）固定，並根據已知的規則凝結起來。換句話說，這說明了，求愛行為是種社會結構，而在這種結構中，行為者可以在提升確定性（可能會被安東尼．吉登斯稱為「本體論之確定性」〔ontological security〕）的社會條件下，做出具有風險的決定（婚姻）。[28]

作為一種社會形式，前現代的婚前求愛帶來了確定性，但其意義不在能否確保結局成功（儘管確實有助確保結局成功），而是基於其它兩方面的意義：一方面，它令未來不致構成問題（因為該舉措的目的已經為各方所了解並且接受），另一方面，它依賴於一套清楚的規則，這些規則將情感與互動組織成一條已知的文化途徑。情感上的確定性（解讀自己和他人的感受，並遵循一套可預知的程序）之所以可能實現，那是基於此一事實：婚前的求愛行為，乃是明確地圍繞著婚姻目的而組織起來的。

確定性是社會學的一種結構

德國社會學家尼古拉斯．盧曼將「確定性」（certainty）視為社交互動的核心特徵。在他看來，減少複雜性以及不確定性，乃是社交過程的基本組成部分。[29]愛情和真理、金錢或權力一樣，都是溝通的媒介，有助於建立期望，讓人可在眾多選項中挑出一種，並將動機與行動聯繫起來，並在雙方關係中建立確定性與可預測性。這種溝通媒介所造成的角色反過來，又會產生預期的結果（盧曼如此舉例：如果妻子問丈夫：「你今天為什麼這麼晚才回家？」那麼她就不會遭到拒絕。[30]）可預測性是社交互動的基本面，比方在儀式中就找得到。當互動被儀式化後，這種互動就可以讓行為者在定義情愛關係、自己在關係中的位置、以及經營關係的規則時，都能產生確定性。我們不妨將確定性描述為「關於一個人在社交情境下描述、預測以及解釋行為的能力」。[31]或者，反過來看，按照《布萊克韋爾社會學百科全書》（*The Blackwell Encyclopedia of Sociology*）的定義，「不確定性」是「不明確的、模稜兩可的或是矛盾的認知」[32]。不僅對儀式的清楚認知可產生確定性，對規範的清楚認知（了解規定、準則以及角色為何）也可以產生確定性，亦即確定情境的意義以及在某種情境中自身位置的意義。追求確定性乃是人的心理屬性，但它也是人際互動的一種屬性。這種互動可分成哪些種類呢？

規範的確定性

規範的確定性（normative certainty），乃與互動關係中一個人是否能清晰感知規範以及價值有關。當事人越能輕易（有意識或無意識地）在一段互動關係中認得存在於其中的規範，那麼規範就越有力，互動也就越可預測（例如，第三次約會時盛裝外出，會比買花更讓人預測得到）。

直到二十世紀，保護女性貞操的考量，仍然是傳統婚前求愛中最基本的一項準則。女性必須捍衛自己的性純潔，而男性則要對逾越性行為的規範承擔責任。[33]例如，當思想開放的愛黛爾・叔本華（Adele Schopenhauer）發現，自己一向敬重的哲學家哥哥亞瑟・叔本華（Arthur

Schopenhauer）將他們的女管家搞大肚子時，她寫道：「我只覺得噁心。」亞瑟溜掉了，但是那個時代的規範和慣例迫使他出面「處理」這種後果，他於是（不得體地）要求妹妹代他出錢幫助孩子的母親。[34]

較弱勢的女性（例如在主人家工作的女傭）經常是遭社會階層較高的男性性侵的受害者，而且這種行為不會受到懲罰；不過由於性行為的規範以道德約束的面貌呈現，因此男性必須表現出尊重此種規範的樣子，這就意味有很多性行為都以婚姻的前景或者表象加以掩飾。例如，在十七世紀英格蘭的現代早期階段中，「普遍的婚前性行為並不代表一般人故意無視道德禮節，那毋寧是因為大家普遍認為，一旦伴侶彼此做出承諾，即可跨越非法的性與合法的性之間的分界線」[35]。那年代的人藉著彈琴、騎馬或是寫信來表現教養，同樣，他們也可藉由對婚前求愛規範的尊重、克制性慾以及其它恰當的行為來表現教養。許多例子都可以讓我們看出，當時的人對於婚前求愛過程中固有的適當行為規範，均具有深刻的認識。

十九世紀約翰・彌爾（John Miller）和莎莉・麥克道威爾（Sally MacDowell）在兩人漫長的婚前交往過程中，必須克服許多障礙。彌爾在寫於一八五四年九月的一封信中表達了自己的感受：「即使以最輕盈、最倉促的步伐踏在您個人歷史的聖殿中，**我都非常擔心自己會不小心犯下粗野的過失……我真恨不得能表現得高尚得體，而您真待我太好，因為您認為在下一心只求品行端正**，以至於完全不懷疑我會故意鄙俗。而我希望情況確實如此，並且希望您將在下的輕率粗魯歸因於缺乏理智的判斷力。」[36]

「**恨不得能表現得高尚得體**」清楚地表明了，這男人寧可被對方當作白癡（「缺乏判斷力」），也不願意被認定是粗鄙的傢伙，被認定在尊敬女士這一方面缺乏適當的舉止和原則。因此，在愛情的互動關係中，表現出尊重社會規範的能力對於個體的自我感覺至關重要。遵循某些植基於階級和道德的行為準則，這意味著個體有資格愛別人，也有資格被人所愛。愛是完全浸潤在規範之中的。

這裡再舉一個例子：喬治．赫伯特．帕爾默（George Herbert Palmer）追求愛麗絲．弗里曼（Alice Freeman）[37]，但後者並不確定他們的交往方式是否適當。眼見對方擔憂，男方在一八八七年寫信說道：「羅伯特．布朗寧（Robert Browning）與伊麗莎白．巴雷特（Elizabeth Barrett）結婚時，外界看到的是新人生活彼此契合以及富足，並為他們感到高興。我們也是這樣，任一方都為另一方帶來同樣契合與互補的生活。我們的自傲外界也將感受得到，也將贊同我們。我對世人的慷慨大度充滿信心，**並相信他們分辨合宜事物的能力，以至於我認為他們不會譴責我們**。」[38]帕爾默提到兩位詩人著名的故事（他們違背伊麗莎白的父親，以私奔的方式與對方共結連理），並向愛麗絲保證，他們未來的婚前交往模式會合乎「外界」的規範以獲認同。這種保證意味，雙方都很在意別人的評斷，並且尋求世人的認可。情感是透過外部世界（亦即社會規範性質的評斷）的內在化而被經歷的（就像瑪麗．勞瑞所做的那樣）。她在意社會的認可，但這不會使她懷疑對方對她的愛。她的擔憂和他的保證表明了，雙方都試圖將自己的情感置於已知的規範中，而這些規範即構成了建構情感的正統途徑。

存在的確定性

規範的確定性產生了我所謂的存在主義的確定性（existential certainty），亦即一個人主觀和客觀（社會）經驗之間可被感知的契合。存在主義的確定性使我們能夠輕鬆回答如下的問題：「在這種情況下，我是誰呢？」、「對我而言，那個人是誰呢？」因此，也很容易回答這個問題：「在這種情況下，我欠這個人什麼呢？」在婚前交往制度的可預測性中，性別區分以及性別差異是該制度的關鍵點。婚前求愛是針對某對象（一個女人）的行為，她們必須做出決定，以回應由男人主動表現出的一種情感或是行為，而且在這方面，婚前求愛乃是由性別角色的明確劃分所建構的。正如珍・奧斯汀藉《諾桑覺寺》（*Northanger Abbey*，一八一八）中角色亨利・蒂爾尼（Henry Tilney）的口所說出來的那樣：「男人具有選擇的優勢，女人只有拒絕的權利。」[39]男人一旦選擇了求愛的對象，女人就有責任加以接受或是拒絕，然後求愛過程就按照建構交流、經驗以及情感傳達的路線推進。女人只是男人慾望的對象，而非自己慾望的主體，此一事實是建立在性別的二分法上的，且這反過來又令婚前求愛的正式化成為可能。存在主義的確定性源自以下事實：我們確定了互動的意義框架，並且知道我們在其中的位置和角色。它是在階級和性別界限十分清晰，而且相對沒有商榷餘地的互動中產生的，因此會造成一種「位置感」（sense of place）。

不妨看看這對德克薩斯州農村夫婦婚前交往的例子。一八九二年，大衛・法恩（David

Fain）向剛認識的潔西・布萊索（Jessie Bledsoe）說出這樣的話：

> 親愛的小姐，我希望您能原諒我冒昧寫來這封短信。我很想在離開雪菲德之前還有機會再次與您見面，並且與您談一談話。我想說的事情非常嚴肅，值得您認真考慮，畢竟這是和婚嫁有關的事。[40]

法恩幾乎還不認識布萊索，但他之所以能夠這麼快提出求婚的話題，這是因為他可以扮演男性的角色（男人是可以開口提要求的一方）。在這種情況下，要求娶她，也等於要求讓她照顧自己的孩子（已故妻子留下來的）。換句話說，求婚等於是為女性提供明確的角色。這也就是為什麼這麼快提出結婚要求，並不至於危及他的男性氣概或是良好名聲。

本體的確定性

第三種在婚前求愛中產生確定性的機制，乃是經由物質世界的象徵物品和餽贈而實現的「感受的具體化」（objectivation of feelings）。儘管情感具有傳奇般的力量，但它畢竟容易變化並且反覆無常。在前現代的求愛行為中，交換禮物以及象徵物品（價值或多或少）標記並蘊藏著伴侶雙方的意圖。禮物的重要性不在表達內在，而是因為禮物具有約束一個人意圖和情感的能力。誠如歷史學家約翰・吉利斯（John Gillis）所言：「禮物給予者的意圖與禮物是否具有約束力，有很大的關係。」[41]物品在關係的具體化中起到重要的作用，也就是說，標誌關係的進展以及調整關係的節奏，並且反映其肇端、進程與承諾。例如，英國有種破開一枚三便士硬幣的習俗，由交往雙方各自保留一半作為承諾的象徵。如果婚前交往中止，則雙方都須交回信物。[42]換句話說，情感是在互換禮物這種有形的、物質的框架內組織起來的。因此，情感獲得了一種本體論的客觀性，而這種客觀性即源自於這個事實：情感關係被具體呈現出來，致使情感在主體之外變得切實而且客觀。在安東尼・特洛勒普的另一本小說《你能原諒她嗎？》（*Can You Forgive Her?*，一八六四—一八六五）中，女主角愛麗絲・瓦瓦瑟（Alice Vavasor）與表兄喬治（Georges）訂婚，但是未能對他表現愛與關懷。由於對表妹那看似冷漠的態度感到憤怒，喬治便從她的房間拿走一件東西，彷彿該件物品即替代了她不願表現出來的情意，似乎此舉進一步鞏固了她與喬治的婚約。「大家認為禮物具有神奇魔力，因此，送人一束頭髮、一件衣物，甚至於一個吻，就是將自己置身於他人的支配下。」[43]或像約翰・吉利斯進一步提出的那樣，為確定對方究竟是逢場作戲的勾引者、還是認真的追求者，世人常常會借助中介物作為他人言語與行為的見證。[44]也就是說，借助一種能將許諾、意圖、言詞以及情感加以固定和銘刻的系統，將那些成分閉鎖在物品和見證之中，如此一來，便能將主體的感情加以外部化，並將那種情感公開擺置在眾目睽睽之下。將對方的首肯公諸於眾，此舉使得朋友變成戀人，又將戀人變成了預期中的配偶，換句話說，禮物交換以及借助見證等辦法，得以建立起具體化、客觀化的制度，而不再訴諸於主觀的內省以及情感的傾訴。如果某方終究拒絕結婚，另一方經常會退回或是帶回自己曾收過的禮物，從而說明交換物品這種經濟措施乃是一種具有約束力的辦法，因為雙方關係已被鐫刻在一個令情感成為實體而無法輕易變動的外部世界中。

評價的確定性

評價的確定性（evaluative certainty）是指一個人具備收集有關他人可靠訊息的能力，或者知道如何根據既有標準以及評價原則來進行評判的能力（或兼有這兩種能力）。在前現代的婚前求愛中，這項任務是透過如下事實來實踐的：「交往雙方要嘛來自同一個村莊或是城鎮，要嘛是在就業期間因住在同一居所而彼此認識。大多數的夫妻在結婚之前即已透過宗教與社群團體的關係而非常了解彼此，並且同一戶人家裡的僕人和學徒也常會結為夫妻。」[45]大多數人都非常了解來自同一村莊、城鎮、或是名聲良好的結婚對象。這種收集訊息的方式使得個人的和集體的評估成為可能，而且聲譽考量在挑選伴侶的時候起到了重要的作用。當然，這種收集訊息的方式不會比現代更個人化的方式來得可靠。這種狀況一直持續到二十世紀後期。

一九三二年，一項關於近水樓臺的關係是否能影響配偶選擇的大型研究，發現了一個驚人的事實：在登記結婚的一萬個人口中，竟有高達六十多人與伴侶住的處所僅相隔二十個街區或者更近，而且其中有一半以上，實際生活在距彼此不到五個街區遠的地點。[46]直到一九六〇年代後期，空間的同質性依然是影響選擇伴侶這一事的主要因素，也是收集有關他人訊息的利器，因為這種同質性很可能促成親近同類的社交人脈。換句話說，即使家庭沒有直接控制擇偶的事，空間的同質性也能確保物色配偶的事可追溯到已知的社交網絡。這就降低了評估上和規範上的不確定性。就算個人的品味在擇偶時發揮了作用（當然，確實如此），這種品味也得緊密依賴社交網絡，從而有助於鞏固評估的確定性。

程序的確定性

程序的確定性（procedural certainty）涉及一套規則，根據此套規則，人與人之間可以表現意圖並且促進互動。「規則」（rules）與「規範」（norms）的不同之處，在於前者屬於事情能夠據以完成的一套先後順序，此外，前者也還與實現互動的能力有關。例如，在資產階級的家庭中，十九世紀常見的「拜望」（calling）行為習慣上會遵循這樣的禮儀：求婚者必須向女方父母表達追求其女兒的願望，以徵得其父母的同意，並且隨後獲得接納。例如在古斯塔夫・福樓拜（Gustave Flaubert）在《包法利夫人》（*Madame Bovary*，一八五六）這部再現十九世紀法國外省風俗的寫實文學作品中，我們可以觀察該規則在婚前求愛的過程中所發揮的作用。在下面的摘錄中，我們仍然不知道艾瑪・胡歐（Emma Rouault）和沙賀勒・包法利（Charles Bovary）兩人的前景。我們只知道沙賀勒生性怯懦笨拙，並且把目光投向艾瑪身上。沙賀勒的膽小得以讓我們看到，社會規則在促使行為者表達自己的情感時所發揮的功效，並讓我們看到，這些情感是如何轉化成為決策的。福樓拜描述了艾瑪的父親胡歐先生如何看待這種關係：

他注意到沙賀勒靠近他女兒的時候，臉會紅起來，這意味在接下來的那幾天裡，對方可能會向她求婚。胡歐先生事先仔細考慮過整件事情。的確，他認為對方有點倒楣相，不是他選擇女婿的理想典型。但是大家都稱讚他是個穩重的年輕人，對錢財很謹慎，何況又有學識。而且他極可能不會在嫁妝這件事上討價還價。現在，因為胡歐先生不得不出售二十二畝地產，而且還欠泥瓦匠、馬具商很多錢，此外，蘋果榨汁設備的轉軸也須更換，於是他想：「如果他要求我把女兒嫁給他，那就成全他吧。」[47]

那一刻終於來臨了。

沙賀勒強迫自己，最遠走到樹籬拐角處的時候就要說出口。最後，他們經過拐角處的那一刻，他終於開口了：「胡歐先生，」接著又喃喃道：「有件事我想對你說。」他們停下腳步。但沙賀勒什麼也沒有說。老胡歐先生輕笑著回答：「好吧，別吞吞吐吐了！你以為我不知道你在動什麼腦筋？」沙賀勒結巴地說道：「胡歐老爹……胡歐老爹。」農夫繼續說道：「我心裡也沒有其它更好的主意了。我相信小女也有同樣的感覺，不過最好還是問問她本人吧……」隔天早上，他（沙賀勒．包法利）九點鐘就在農場了。他走進來的時候，艾瑪儘管設法用一聲輕笑來掩飾自己的尷尬，她的臉還是紅起來了。胡歐老爹擁抱了他未來的女婿。他們遲遲不提任何關於金錢的問題，反正以後有的是時間。[48]

在這些短短的段落中，艾瑪的父親立即理解了像沙賀勒這樣一個不善表達情感的人。他可以代沙賀勒向艾瑪傳達正式的求婚之意，自此啟動了婚前求愛的過程，而這又因為當事雙方對於該社會的規則相當清楚，方才得以實現。在這個小插曲中，個人情感和社會慣俗被微妙而錯綜複雜地結合起來，兩位主角人物的謹慎與他們解讀對方深藏的情感細膩面的能力相互結合，並透過已知的腳本和規則傳達自己的意圖。社會規則與社會慣俗幫助沙賀勒實現了意志和企圖，而非幫助他表露情感。在這樣的世界裡，一個人幾乎不需要反思自己的感受。從男方那無聲無息的臉紅到女方那尷尬的一聲笑，一切就都搞定了，因為在那片天地中，引起社會互動與情感的，唯有社交規則。讓人結合在一起的，不是主體情感，而是社交規則以及程序。

規則與程序隨著婚前交往特有的敘事結構而演進。求愛行為將經歷不同的階段或是順序。這就是為什麼情感交流很可能遵循敘事進程的原因。當事人帶著「方向感」一步步向前移動，而互動時的「方向感」則將確定感賦予每個人所應該扮演的角色。「促成婚姻的乃是一整套按部就班的項目，包括徵求社群成員提出評論和意見的結婚公告。」[49]婚前交往的敘事性與順序性，因為社交互動以及情感與宗教的文化宇宙觀交纏在一起而能夠實現，至於這種宇宙觀又以婚禮的環節，將愛情與性得以神聖化。

情感的確定性

傳統的婚前求愛形式的最後一個面向，與以下這個事實有關：當事的行為者好像知道自己情感的性質和強度，同時也可以輕易確定其他人的情感。情感的確定性（emotional certainty）是與以下這些要素緊密結合在一起的：將情感落實為能有效表達情感之程序、敘述、目標和客觀具體之符號的能力。情感是透過互動而建立起來的，並且也是互動關係的催化劑。僅僅展開婚前求愛一事便常使人投入全部情感。例如，美國廢奴運動的推手之一西奧多·德懷特·韋德（Theodore Dwight Weld）在一八三六年，遇到了莎拉·格里梅克（Sarah Grimké）與安潔麗娜·格里梅克（Angelina Grimké）兩位姊妹。她們一直以反抗男性對女性的粗暴態度為職志。幾次會面之後，韋德在一八三六年二月寫了一封措辭謹慎的信，以吐露自己對安潔麗娜的愛意。他寫道：「很長一段時間以來，您已占有我的全部心思。」[50]幾週後，女方同意接受他的求愛，這時他在信中承認「全然依附於您，感到我們不是獨立兩人，而是渾然一體」。[51]愛情在這裡被構思與操作成一種可以被迅速識別出來的情感，因此只需「告白」即可（通常是男方對於女方的心跡表露）。這種告白是婚前求愛的肇端，而非其終點，而且在男方的感情確立之後，女方通常才成為求愛的對象。韋德在三月分與安潔麗娜短暫會面之後，又寫信表示，自己的情感「瞬間迅速被**吸納進了您的情感天地**」。[52]韋德和安潔麗娜在短短幾週內便基於平等的婚姻原則互訂終身了。在另一個例子中，莎莉·麥克道威爾於一八五四年十月十三日在寫給約翰·彌爾的信中說道：

> 您的情感伴隨在我的周圍，而我卻渾然不知其存在。我竟然能引發您的情感，先前對我

來說是件神奇的事，如今在我看來仍是個謎。但是，當您**表露出情感時**，我盡可能以和善的態度加以對待。多年以來，我現在首度願意傾聽像您所提出的這種請求。迄今為止，基於我在前幾封信裡已交代過的理由，我出於恐懼而對這類提議避之唯恐不及。但是面對您的情況（我說得夠坦白，以至不會被人誤解），我猶豫了。倒不是說我的決心開始動搖，而是基於我對您的尊重，我的態度變得不同，變得較為寬容。我認為您太急促了。**我不明白您怎麼能在如此短的時間內愛上了我。您似乎被一陣初次爆發後就極可能會消失殆盡的情感所征服**。然而您是真心覺得痛苦，所以我在被迫表現苛刻以及抗拒的時候退縮了。[53]

情感從一開始就被「宣告」出來，而且一旦宣告之後，便遵循當事各方預先知道的路線演進。這事實使得情感被「宣告」出來的那一刻，成為關鍵的時間點。卡爾文．林德利．羅納（Calvin Lindley Rhone）曾在德克薩斯州布倫罕姆（Brenham），追求一位名為露西亞．J．諾茨（Lucia J. knotts）的非洲裔女教師。他的求愛方式與上述相同。一八八六年五月三十一日，卡爾文寫信給露西亞，從此展開了長達十九個月的追求，並且決定結婚。他的信一開始便寫道：「您是否曾想到我？露西亞小姐，不必說，我是全心全意愛著您的。」[54]在十九世紀許多婚前求愛的過程中，愛意是打從一開始就表露出來的，所以它是互動的起點，而非終點。交往一開始時就把心意說個直白，這樣便消弭了情感上的不確定性。更重要的是，情感的確定性通常是女人願意與男人互動為前提。男方藉由清楚宣告自己的意圖，而得以增加贏得意中人芳心的機會。安東尼·特洛勒普的小說，是有關十九世紀英國資產階級求愛行為的可靠訊息來源。他那部出版於一八六七年的小說《克拉弗林一家》（*The Claverings*）中，描述了可被稱為「宣告」的那一刻。索爾（Saul）先生向范妮·克拉弗林（Fanny Clavering）宣告，自己對她一往情深：

> 沒錯，克拉弗林小姐，我現在必須說下去，但是我不強求您今天就要答覆我。我已經愛上您，如果您也能以愛回報，我就牽起您的手，讓您成為我的妻子。我在您身上看出自己無法不愛上您的理由，請您考慮這一點，並在充分考慮之後答覆我好嗎？[55]

在這個情境中，愛情宣告通常立即伴隨著求婚的提議，而這提議是她必須接受或是拒絕的。上文所描述的各種確定感形式，都源自於求愛行為的社會學關鍵特徵，即該行為具有儀式結構。儀式與認知（cognitions）或者表徵（representations）無關。儀式相反地創造出一個動態的能量場，透過執行共同的規則、共同參與一個象徵性的現實，行為者就被聯結在一起了。[56]儀式如同規範一樣，都定義了情感的強度、界限和對象。正如涂爾幹所明確指出的那樣，這是因為儀式降低了不確定性以及模稜兩可。[57]社會現實總有失序的風險，總有讓混亂和不可預測性滲入我們意識的危險。儀式正是消弭混亂這種威脅的工具。誠如喬爾·羅賓斯（Joel Robbins）在評論羅伊·拉帕波特（Roy Rappaport）關於儀式的鉅著時所點出的那樣：儀式「為其所傳達的訊息帶來了清晰性、確定性、可信賴性與正統性」。[58]儀式中那些可預測的、共享的規則，能增強與加深人的情感、降低自我意識、提升相信現實情況的能力，進而將人聚集在一起。由於儀式是一種結構化的行為，所以它能把人的注意力轉移到與自己互動的對象上，而不是轉移到內在的自我上。這就是為何道格拉斯．馬歇爾（Douglas Marshall）建議參與儀式的行為者體驗自己意志力的原因：當一個人的注意力集中在某些外部的對象上時，那麼占據其意識核心的便是與該對象的情感關係。相比之下，對於情感表達規則的內省關注將使互動變得較不確定，並使互動成為交涉商議的對象，而不是由眾所周知的途徑所獲致的結果。[59]此外，婚前求愛的儀式具有深刻的敘述化和順序化的結構，本身就是其強大的規範性成效。婚前求愛行為使得互動具有高度的目的性與漸進式的順序。

綜上所述，前現代的婚前求愛是在符號、社會、規範框架下進行的，該框架為情感建立了文化途徑，以便情感得以透過共享的規範和規則從目的論與敘事性的角度被組織起來。可以肯定的是，這些途徑是建立在這種元素之上：性別的不平等、性等同於有罪、保障異性戀規範的法律、婚姻在經濟和道德聲譽占據中心地位。也就是說，這種確定性的形式不能與宗教父權制、性別不平等以及「性即有罪」的等式分開。即使這種道德和文化框架受到越來越多的爭議，但它一直到一九六〇年代仍然十分普遍。例如，美國哲學家麥克．沃爾澤（Michael Walzer）在與哈里．克雷斯勒（Harry Kreisler）的對話中，回想起一九五七年自己即將前往英國劍橋大學讀書的往事。當時他的女友朱蒂（Judy）打算陪他前往，但為了克服女方父母的反對，他必須先與對方成婚才行。[60]

對於尼古拉斯‧盧曼而言，愛情的真諦在於建立由兩個主體共享的世界，並在一個意義確知並且固定的世界中開展。[61]也許因為盧曼沒太注意「溫情」（sentiments）這一環節，所以才完全錯過了愛的溫情與能夠開展這種溫情的儀式間之區別。當愛情以社交形式組織起來時，就產生了確定性，而這社交形式使前景看起來有可能被嵌合到互動之中。[62]如果缺少能產生確定性的社會結構，那麼愛情本身是無法產生確定性的。此外，婚前求愛行為（以及伴隨而來的文化與情感結構）的消失，通常是被稱為性自由（sexual freedom）的現象所導致的，而性自由又是透過複雜的體制而得以開展。我們在下一部分將探究確定性的崩潰，以及由於道德和體制上以自由掛帥的傾向而令確定性轉為不確定性的過程。

性自由是一種消費自由

社會學家薇蘿妮克‧莫蒂埃（Véronique Mottier）在她的著作《性行為：簡介》（*Sexuality: A Short Introduction*）中問道：「我們如何相信性對於自我認同十分重要？」[63]本人認為，這個問題的答案可以歸結為：我們的性是作為自由的價值與實踐而被體驗的，這種自由在多個領域被體制化後，變得更加強大和普遍了。

正如我在第一章中指出的那樣，我們在談起一般的自由，尤其是情感和性方面的自由時，並沒有提到那引導民主革命的光榮道德理想。[64]我遵循傅柯的主張[65]，視自由為一種體制化的實踐（這種實踐重新組織了制約與選擇之間的關係），也視自由為實踐行動的多產場域，是多種新的經濟的、技術的、醫學的、象徵之得獲實踐的原因。此外，自由並非一成不變。它在發展的過程中改變其形式和意義，因為它依不同的社會背景而有不同的運作方式：在某些社會環境中，公民權是被剝奪的，而在其它社會環境中，自由與獨立自主無論在道德或是法律上均已獲得確保。女性與同性戀者一直與父權體制鬥爭以便獲取的那種自由，與在裝有網路攝影鏡頭的房間中進行視頻性愛的自由（後者沒有政治或者道德意圖，純粹為了觀賞而已），是大不相同的。

性是如何變自由的？

強大的經濟和文化力量造成社會逐漸擺脫宗教的約束，這些力量緩慢且悄然地改變了性的涵義。將性重新加以定義的第一股社會力量是在法庭上產生的。到了十九世紀中葉，「性是私人問題，不應成為公眾監督與懲罰之對象」的觀念已然確立。[66]「不受干擾的權利」（right to be let alone）即凸顯了此一廣受支持的理論。美國著名的律師塞繆爾．沃倫（Samuel Warren）和路易斯．布蘭代斯（Louis Brandeis）以「隱私權」為題，寫了一篇極具影響力的文章。該文指出：「作者的目的在於保障個人生活的隱私。」[67]這個重要的先例，後來成為劃定私生活界限的指標，而在這種界限內，性行為可以在遠離社群審查和監督的情況下自由進行。「不受干擾的權利」已被詮釋為「一個人能將自己從他人視線中移開，並在私人的場合中免受審視」的權利。此一早期的法律概念（免於審視），為後續一些法律的觀點（保障了性的自由）與文化的觀點（性是私人選擇的特權，因此代表自由）鋪平了發展的道路。

現代的性歷史的另一個重要轉捩點，與十九世紀末性科學的出現有關。在此之前，女性身體一直被認為是對男性身體的不完美模仿，是男性身體的一個單純變體，是性器官向內凹入的變體。然而就本體論而言，性科學在性的層面與生物學的意義上，都使男人和女人成為截然不同的動物。[68]男女之間的差異變成具有生物學的意義，這差異被鐫刻在具有性徵的身體上，是可見到的實質差異。這又引起了「性別不僅不同，而且還是相反的」這種觀點。「現在男人和女人明顯不同，具有互補的優勢和劣勢。」[69]

如果說性是一種生物本能的驅動力，那就代表它是自然的，而且正因如此，它是沒有必要被罪所玷汙的。[70]如果說性不是有罪的，那麼就很容易將性身體視為享樂實體，是歡愉和滿足的基地。佛洛伊德的革命促使這種有關性的觀點變成一種享樂原則，而這原則儘管被社會所壓制，但是它始終在意識的表面下徐徐沸騰，從而使精神分析的主體尋求這種享樂的解放。生物上的享樂身體成為第三種巨大文化勢力（亦即消費休閒領域）的主要對象和標的。[71]在城市化和消費休閒領域興起的影響下，性變成具享受性質的，是為娛樂而娛樂的，目的不在生殖繁衍。性變成人在各式各樣消費場所中探索和實現「不受壓抑」之自我的方式。[72]

因此，性經歷了重大的文化轉變，並與這些轉變相互滋養：在法律領域中，性被私有化了，並成為個人享有的特權。性透過身體的生物學觀點而被科學化了，於是也脫離了宗教道德的範疇。最終，藉由佛洛伊德主義與消費文化，性身體被轉變為享樂單位。性成為流行的商業和視覺文化、對男性與女性的科學研究、藝術與文學等領域的核心議題。[73]性重新定義了美好生活的意義，並成為健康自我的重要屬性，所以必須將它從社會規範這一壓迫的重軛下解放出來。[74]種種變化，都在十九和二十世紀中發生。它們之所以能迅速在社會中傳播開來，如果不是因為已受社會和文化精英的公開贊同，至少已被他們加以身體力行，甚至早在一九六〇年代之前即已如此，其中包括過著「可恥生活」的名人：演員（離婚的英格麗・褒曼）、知識分子（西蒙・波娃和讓—保羅・沙特）、作家（D・H・勞倫斯、史考特・費茲傑羅、亨利・米勒、弗拉基米爾・納博科夫、阿內絲・尼恩等）、藝術家與前衛人物[75]、科學家（西格蒙德・佛洛伊德、阿爾弗雷德・金賽、威廉・麥斯特、維吉妮亞・約翰遜和瑪格麗特・米德）。他們都將性自由重新定義為典型的現代性，是生物原生慾望之自由而非有罪的展現，是菁英生活方式的魅力特質。這種新的性模式通常由電影明星、時裝界模特兒和藝術家、公共關係以及「美麗產業」（beauty industry）的從業人士所提倡，因為他們在休閒產業中同時追求性吸引力、美感與情色浪漫的生活。[76]他們藉著經營自己的體態外觀與「形象」（look）建立並傳播新的性規範，而這些規範則將時裝、性和休閒用品融合在一起。

性是一種不自覺的消費行為

從二十世紀初開始，包括電影院和廣告業的視覺產業（visual industries），已成為了美麗的性身體圖像的供應者，也挑起了觀眾的慾望。透過視覺文化，性成為自我的一種可見特徵。性不再是一個人內在的私密場域，也不再是只能在心理分析師辦公室裡一吐為快的可恥認同，而是成為一種視覺表現，反映在有形的消費品中，而不是存在（有罪的）思想與慾念中。[77]這種性乃是由消費品（例如時裝或是化妝品）作為介導，並透過故事和圖像的消費（例如電影）展現出來。性採取了一種視覺上的行動方式，透過各種公開展示、具有性吸引力的身體圖像而被消費（見第四章）。性吸引力將性與消費者混在一起。興起於十九世紀末的視覺消費領域，在整個二十世紀的過程中獲致了非凡的文化和經濟實力，因為它使性認同變成了由消費品[78]介導的視覺表演，又將性加以解放，使其成為一套以視覺能指（visual signifiers）、符碼和風格為特徵的文化常規。此外，性邂逅越來越多發生在休閒場所，並藉由一系列直接的消費習慣（酒吧、舞廳、俱樂部、餐廳、咖啡館、旅遊勝地、海灘）變成了檯面下的商品。

性也以第三種方式成為消費文化的一部分：性一旦不再受制於宗教的約束，那便意味被性所引導的市場可以蓬勃發展起來。這樣的市場大致上可區分為四大產業類別：第一類是治療以及藥理服務（透過治療、性學和藥物輔助來提供）；第二類是情趣用品產業，其功能據說能幫助並改善性生活的表現；第三類是廣告和製片產業的綜合體，為性態度、性魅力、性行為以及性互動提供指導。第四類則是色情影視產業，以最張揚的方式來運用男性和女性裸露的性身體。凡此種種都同時「解放」了、形塑了性，並為性態度、性魅力、性舉止、性互動提供新的視覺指南。在治療師眼中，自由的性已成為身分認同以及心理健康的一種要素，需要透過對自身心理的仔細觀察來費心塑造。對於在視覺產業工作的人來說，解放的性有助於創造新的視覺內容，藉著將點到為止的情色與誘人的消費品交融在一起的方式，來豐富電影的情節與敘事。[79]對於情趣用品這行業來說，改善性的品質必須借助於物品或技術設備，這樣方能增強性快感和性表現。最後，在色情電影方面，性刺激本身就是一種商品。在這類市場中，性變成為了完成和實現幸福和歡愉而消費的商品。

性和消費文化變成無縫的、緊密依存的現象，這是藉由在開始誘發「性心情」（sexual moods）中起重要作用的文化物品才得以完成的。約翰．加格農（John Gagnon）在對第一次世界大戰後的性慾轉變的研究中（不自覺地）描述了這一點：

> 這幾十年也是慾望的新社會形式被創造出來的時代，對年輕人而言尤其如此。裸露著腿、留著短髮的獨立女孩子，先是隨著爵士樂、後又隨著搖擺樂節奏起舞的年輕人，兩對情侶共處一車約會，一邊聽著葛倫．米勒（Glenn Miller）和蓋伊．倫巴多（Guy Lombardo）的歌聲，以及解開鈕釦、碰觸身體等這些被禁止且危險的美妙享樂和焦慮經驗——凡此種種，都是這一時期的發明。[80]

加格農指的是由消費品（裸露的腿、短髮、爵士歌手、收音機、汽車等散發色情氛圍的東西）所導引、交纏和誘發的性、性慾及性解放。一九六八年反抗行動結束後，於次年舉辦的胡士托

（Woodstock）音樂節，就是「酷的元素」及被解放的文化商品與性連結在一起的例子。一九六〇年代後，隨著市場充斥「齊一」和標準化的商品，資本主義面臨擴展自身界限的需要，這時物品在營造色情氛圍的作用上變得更突出了。資本主義藉著利用人的自我、親暱生活與情感來達到擴展目的，而且所有這些都開始被重度地商業化了。[81]誠如沃爾夫岡．斯特雷克所言：

> 社會生活的商業化，旨在挽救越過轉捩點後的資本主義，令其擺脫市場飽和的陰影。……一九七〇與一九八〇年代也是傳統家庭與社區迅速失去權威的時期，正好為市場提供了填補迅速擴增的社會真空之機會，而這真空被當代的解放理論家誤認為是新的自主與解放時代的肇端。[82]

藉著從福特主義（Fordism）[II]向後福特主義（post-Fordism）[III]消費經濟（運用真實的、有趣的、「酷的」和歡愉的圖像與理想）的緩慢轉變，解放的性便從此傳播到大多數的社會階層。性在「真實的」（authentic）解放方案與社會生活商業化之間架起橋樑，做到了關鍵文化價值的

II 福特主義：這一詞最早起源於安東尼奧．葛蘭西（Antonio Gramsci），他使用「福特主義」來描述一種基於美國方式的新工業生活模式：以市場為導向，用分工和專業化作為基礎，以較低產品價格作為競爭手段，是一種剛性生產模式。

實踐。[83]「解放」（liberation）成為一種消費利基和消費風格。例如，活躍的美國女權運動家蘇西．布萊特（Susie Bright）曾寫過一部性回憶錄，講述自己在一九六〇年代之後的性甦醒。後來在談到一九九〇年代時，她這樣寫道：「去年夏天，在海邊的木棧道上，流行穿著白色的緊身短褲，留長頭髮（或者不留頭髮），胸前紋身向下延伸，直到消失在乳溝裡。並非每個人都『漂亮』，但幾乎每個人都很性感。我感覺到空氣中飄盪著『上我吧』的暗示。」[84]性感普遍存在，而美不是，因為性感與穿衣風格大有關聯，與身上的標誌有關，而美卻是與生俱來。在媒體和廣告文化、時尚和化妝品產業強勢的影響下，消費慾望藉由性慾流傳，反之亦然，性慾被固定在物品上（見第四章）。正如蘇西．布萊特再次在其性宣言中所提及的那樣：

> 我在收音機裡聽到的排行榜前四十名熱門歌曲，比一百張裸體圖片更加性感。**搖滾樂很性感**，所有令我感到激動的小說和電影也是如此，因為那些東西實際上具有性的創造力，而那些想法第一次湧上作者心頭的時候，他們獲得的靈感可能像我受其啟發的情況一樣。[85]

牛仔褲、音樂和媒體圖像將男人和女人加以性化；所有這些物品都在解放和自由的氛圍中以「協同增效」（synergy）的狀態存在。物品被情色化，而情色成分則經由消費品傳播開來。布萊特在這裡呈現了「文化和消費品」與「性和性感」的緊密交織，從而產生了新的性與文化氛圍。

性為資本主義提供了巨大的發展機會，因為性需要不斷的自我塑造，並為創造性感的氛圍提供了無窮的機會。性是消費齊一與標準化商品（例如胸罩、內衣、威而鋼或是肉毒桿菌美容）、體驗性質商品（例如咖啡館、「單身」酒吧或是天體營）以及更多的無形商品（例如旨在改善性經驗與性表現的治療諮詢）、視覺商品（例如女性雜誌或是色情影視），還有被我稱為氛圍商品（其目的在於誘發性氛圍）的平臺。因此，性變成了一個多重面向的消費品，同時飽含消費文化以及個人身分認同：這是在媒體產業中廣泛傳播的「美好自我」（beautiful self）之意象。這是一種需要情趣用品、專家建議或藥品的能力形式，是展示在消費者場所的一種做法，也是一個依靠多種消費品的自我塑造形式。簡而言之，性是一個消費項目，旨在透過各式各樣的消費實踐，來完成一個人內心深處自我和生活的計畫。有趣的是，並不是說性成為消費文化的下

III 後福特主義：指以滿足個性化需求為目的，以資訊和通信技術為基礎，生產過程和勞動關係都具有靈活性（彈性）的生產模式。後福特主義的主要目標，是減少所有不能增加產品最終價值的間接勞動形式，包括監督活動、品質控制、維護工作和清理工作等。藉由各種工作輪訓，將工廠工人培養成能自我管理的多技能勞動者，從而減少工作職位。多技能的工人應將品質的把關、機器的維護和清理工作等程序在勞動過程中結合起來，具備一定的責任和權利，即具有持續改進的能力。透過將研發、生產和銷售等部門的代表組成工作團隊，在這三個部門之間建立緊密的聯繫，提高工藝創新和產品創新的速度及應用性。企業將注意力集中在具備核心競爭力的生產區域，其它活動則透過各種轉包合約安排、合資企業外包給其它企業來完成。後福特主義認為，最大利潤來自於為特定消費者的需求提供產品或勞務的過程。企業採用各種資訊技術和組織創新形式，來詳細地追蹤消費者的行為並予以及時反應，從而以更短的生產週期、更低的存貨水準向消費者提供多品種的產品。

意識，而是消費文化已成為建構性之下意識的驅動力。

性是一種道德／解放是種權力

薇蘿妮克．莫蒂埃指出：

> 呼籲將性從資本主義與父權制的限制中解放出來的佛洛伊德左派（Freudian Left），對於一九六〇和一九七〇年代出現的左翼運動及女權主義運動產生深遠的影響，它同時也大幅影響到各種鼓吹釋放性能量的新類型性療法。它促使生物學對性提出新的見解，將性視為一種被資產階級社會壓抑的自然力量。[86]

有關性的這種革命性理解已對社會產生了深遠而廣泛的影響，對經濟與家庭組織亦具有重要意義。一些擁護性革命的人認為，這種革命的目標在於「讓女性擺脫生物學意義上的桎梏、終結核心家庭、回歸多樣態非正統的性行為、允許女性與兒童在性方面為所欲為」。[87]異性戀家庭（男人當家作主，女人退居廚房裡或搖籃邊）被視為對女人的壓迫及虛假認知的源頭。[88]處於性鬥爭最前線的女權主義者要求，「性自由、女同性戀權利、生殖控制、墮胎主動權以及免受性恐懼的自由」。[89]在整個二十世紀的過程中，對於性自由的需求都受到各種社會行為者（性學家、心理分析家、時尚產業，以及視覺傳播媒介、演員與藝術家）強力的肯認。不過性自由也可以滲透到消費的實踐中，因為當女權主義者、性自由意志主義者和同性戀等少數群體要求性平等與性自由這兩個現代道德的關鍵價值時，它就變成道德的關鍵面向。因此，性成為了政治和道德的議題。它成為了自我認同的關鍵主題，同時具有道德意義和消費意義。德國的性學家兼社會學家庫爾特·斯塔克（Kurt Starke）是當代性自由的擁護者。他舉出了一個恰當的例子，來說明性自由已占據了自我這一舞臺的中心位置。

> 人類不需要任何禁令。他們只需要自由空間。這實際上也是我在研究中所奮鬥的目標。我在研究成果中發現：人類有著令人難以置信的渴望，他們多麼不想遏制自己的感情，反而是想令其開展；他們又是如何想讓自己脆弱，因為脆弱而不受傷害乃是一件美好的事；如果一個人被允許擁有混亂的情緒，那也是徹底美妙的事；如果溫柔的人比殘酷的人享有更多機會，這也是何等美妙的事。社會須被組織起來，以便人們受到保護，使得他們能夠在生活中實踐一切。[90]

斯塔克說明了自由的性完全重塑自我和社會關係此二觀念的方式。由於自由的性關乎社會的許多方面，因此我們不費周章就可以感受到它的影響：

一九六三年時，有百分之六十五的受訪者認為，根據校園中的性規範模式，「自由約會者」

（casual daters）被預期適宜的行為，僅限於「具性意涵的擁吻」（necking）。另有百分之八十八的人認為，除此之外再沒有期待其它任何形式的性舉動了。到一九七一年，儘管大多數受訪者繼續將「具性意涵的擁吻」視為適宜的規範標準，但已有可觀的少數人在次高的類別中選擇了輕度到中度的愛撫。到一九七八年，「具性意涵的擁吻」選項已減少到只占所有受訪者的三分之一，輕度到中度的愛撫當時已是最多受訪者選擇的類別。[91]

自一九七〇年代以來，婚前性行為的比例一直增加，嬰兒潮世代即是活躍從事婚前性行為的一代。[92]這種性行為模式已成為男女青年、甚至青少年生活的普遍特徵。

道德和政治上的性革命，使性成為女權主義者奮鬥的主要場域，並將女權主義者分為「性自由意志主義者」（sexual libertarians，希望增加並肯定性各種形式的性歡愉）以及「性懷疑論者」（sexual skeptics，在這些人眼裡，性依然受男性主宰）。但是，不管這些辯論的內容是什麼，大眾媒體還是追捧那些被解放且強勢的女性形象，並再度強調女權主義的一個重要訊息：一個被解放的、堅強的和積極的女人對自己的身體和性生活是會感到滿意的，而她們本身的形象又是藉由消費品被傳達出來的。在一九八〇年代（到了一九九〇年代尤其明確），廣告（例如女性成衣品牌維多利亞的秘密）[93]、電視（例如《慾望城市》〔*Sex and the City*〕）和電影（例子多到不可勝數，其中包括一九八三年的《千年血后》〔*The Hunger*〕，片中呈現蘇珊・莎蘭登和凱薩琳・丹妮芙的女同性戀場景），都將性當作展示「女孩力量」的場域，在權勢與性之間劃上等號。廣告和流行音樂越來越常運用幾乎全裸的身體來推銷，從音樂影帶到內衣、旅遊景點或是汽車等種類繁多的商品皆可見。[94]因此，媒體產業藉著反覆利用偏頗的、扭曲的女權主義觀念（即性平等與性自由等同於購買力與性展示）來為性背書。[95]女性的身體不再是男性直接施以管束和控制的對象，而是女性透過消費自由來體驗並行使其行動力的場域。美國著名的電視連續劇《慾望城市》（於一九九八年至二〇〇四年播出），即藉由市場所介導的「自由的性」來體現這種後女權主義所標榜的「女孩力量」。該連續劇向世人展示了女性日益增長的經濟實力、性冒險精神，以及她們在美容美體、時尚、化妝品、瘦身、運動和休閒產業中的涉入之深。《慾望城市》反映了一個事實，即女性將性自由與消費自由緊密地結合在一起。該連續劇還反映了另外一個事實，即性邂逅已變得越來越像一個市場，一個由競爭所支配的社交舞臺，而且在那其上，價值乃取決於供需關係。[96]在這個市場中，處於中上等社會地位的男人在控制性領域一事上變得越來越機巧了，然而這是透過性自由而非透過對女性身體的直接控制來達成的。正如本書以下三章將闡明的那樣，父權制與資本主義藉由對女人的強烈性化、隨意性愛的普遍化、動聽的神話、越來越強加的女人性魅力之標準[97]，以及藉由女性與男性在浪漫愛情與性領域中的不同立場，連袂來行使對女性的控制權（凡此種種，都是視覺資本主義的要素）。這種視覺資本主義的定義是「透過身體的出演與視覺展示來榨取剩餘價值」。如果要理解性改變（sexual changes）與資本主義企業所布署的文化力量新工具如何齊頭並進，那麼視覺資本主義即是關鍵點。

社會的與性的新語法

性解放伴隨著法律的變革而來，因為這些變革賦予女性更多的權利：她們對自己身體更大的自主權和作為權。[98]正如我們在上文所看到的，這場法律和政治的變革是由經濟的變革[99]所支撐。在這場經濟變革中，消費市場滲入並重組了認同與自我的很大一部分。[100]由於性自由經常是、也主要是在一系列具有里程碑意義的消極自由（你在房裡愛做什麼就做什麼）的司法判例保護傘下被重新組織的，於是它就成為了消極自由（只要不傷害他人，你做什麼都無妨）的載體。消費市場（後又受益於科技的協助）以及治療可以透過被阿克塞爾·霍內斯稱為「反思自由」（reflexive freedom）的東西，來殖民由消極自由所打開的空白場域。[101]反思自由要求行為者思考自己想要的東西，並令他們仔細審視自己的意志。那關乎到慾望與主體性的自我決定以及自我實現。根據霍內斯的說法，反思自由包括兩種：康德的理性型（只問自己是否符合理性目的並且爭取獨立自主），以及黑格爾的浪漫型（只問自己是否表達了真實的自我）。從社會學的角度來看，反思自由的浪漫特徵在消費市場及其技術化身（使真實的索求、慾望、衝動、需要無止盡地被表達出來）中被強而有力地組織起來。它的理性特徵已在醫療中得到了體現（醫療構成一個可以組織、檢視、且由自主理想引導意志的龐大體制）。消費市場和心理學的結合會產生一種力量，這與彼得·布朗（Peter Brown）認為基督教所具有的那種力量相類似，套用他的話即是：此一結合「讓（意志）贏過了全宇宙」。[102]心理學和消費市場以「（個人）慾望」取代了這個「意志」，使得性慾成為其它形式慾望的根基模型，使性慾本身成為道德，並提供釋放和實踐性慾的技術和做法。性是女權主義者和同性戀者主要的政治地盤，但現在卻成為了政治上混亂的場域，同時成為各式各樣的消費實踐平臺以及鏟除父權制度源頭的場所。這些不同的社會力量改變了性在親屬關係、婚姻與更寬廣的自我觀念中的地位。

性革命的第一個重大影響以及（從哲學意義上講）令其具有徹底現代性的原因，是性革命朝「內在性」（immanence）的根本轉變。性革命使性與家庭制度分離，同時也使性與那種將性與宗教連結在一起的宇宙觀脫鉤。親屬關係規則（kinship rules）定義了血統、一個人的祖先、繼承人以及親戚網絡。但更重要的是，這些規則將性與文化聯繫在一起，反而使生物學的意義在確定親疏關係中只能起到次要作用（例如，在某些部落中，母親的兄弟會被視為某一孩子的母親）。[103]誠如馬歇爾・薩林斯（Marshall Sahlins）的定義，親屬關係是「『生命的互依性』（mutuality of being）：一群彼此生命具有內在固有關係的人」。[104]從這層意義上說，由親屬關係規則制約的性是從內部被組織的，也是由相互依存的系統來組織的。不僅如此，就像恩里克・波克雷斯（Enric Porqueres）與傑羅姆・威爾高（Jérôme Wilgaux）所主張的那樣：「基督徒透過《聖保羅書信》以及同一時期的《塔木德經》，嚴肅地對待此一觀念：夫妻藉由性行為而**『合為一體』**。」[105]而這裡的「合為一體」，無論從隱喻或是字面上來看，都是兩個身體的結合。[106]前現代基督教的性觀念把靈魂和身體的結合奉為神聖。這種類似聖禮意義的性，代表人們參與了那將他們結合在一起的文化世界。

在將性與親屬制度分開時，也就是說——將性從大多數內婚制的規則中解放出來時；將性從男人、女人、性與宇宙形成單一實體的宇宙觀中解放出來時；以及將性從「夫妻婚後肉身合為一體」的看法中解放出來時——「自由的」或是「解放的」性便創造出一種新的內在層次，在那其中，性身體成為其自我的參考點，與其他身體和個人脫鉤的參考點。如果說性是一種「自然本能」，那麼性身體就可能變成純粹由荷爾蒙和末梢神經支配的生理現象，那麼它經歷的過程就與在理性科學觀察下的自然沒有兩樣：它的意義（將人格〔personhood〕與有關自我之更廣大的宇宙與道德概念聯繫起來的意義）被清空了，而且身體變成了物質性，成為自身被賦予動力的東西，旨在實現一己歡快，而這歡快又被視為一種生物力量（或是一種衝動），也被視為一個獨立個體的財產。說得更確切些，這種以自我為參考點的性身體會在消費市場和治療場所提供的真實性、歡快和自我肯定中找尋意義。

性革命所帶來的第二個轉變是：人生中伴侶的數量發生了巨大變化，性體驗和性探索成為許多人在不同社會經濟群體中呈現的重要而獨立的面向。正如歷史學家巴瑞・瑞艾（Barry Reay）所描述的那樣：

> 我們必須注意，道德和慣俗會隨著時間而改變。……馬丁・金・懷特（Martin King Whyte）一九八四年的《底特律地區研究》（*Detroit Area Study*）發現，在一九二五年至一九四四年間結婚的女性表示，她們以前約會的對象平均是四至七位男性；從一九四五年

至一九六四年結婚的嬰兒潮世代女性，其約會對象平均為十至十四位男性；而從一九六五年至一九八四年間結婚的這一代女性，估計曾擁有十二至十五個可能的婚前性伴侶。那些被評價出擁有婚前性經驗的女性，其比例從百分之二十四（一九二五～一九四四）到百分之七十二（一九六五～一九八四）。但是，如果在最後這群體中進行更精細的劃分，則分別為百分之五十六（一九六五～一九六九）、百分之六十七（一九七〇～一九七四）、百分之八十五（一九七五～一九七九）和百分之八十八（一九八〇～一九八四）。[107]

換句話說，大家越來越能接受婚前性行為，從結識第一個性伴侶到選定一個固定性伴侶之間的耗時越久，當事人就越容易積累性經驗。[108]如今，這意味著性行為被認定是積累接觸對象並結識大量伴侶的經驗。在這種背景下，性行為也成為地位和能力的一種新形式。處女身分先前被視為負有社會聲譽以及價值，並且具有平等性質（因為某處女的貞操等同於其它任何處女的貞操），「性感」（sexiness）和「性表現」（sexual performance）成為一個人在性領域中地位的象徵。

性革命的第三個影響是在以下三種不同的文化邏輯、制度和論述之間，將浪漫邂逅從內部加以裂解的：婚姻市場、情感經歷與性行為。情感、婚姻和性這三種文化結構存在於不一樣的社會層面，每一個層面都有不同的（甚至是相衝突）現象學及規範的結構。例如，在性市場上，一個人在發生性關係後並沒有和對方保持聯繫的道德義務，然而在情感或婚姻市場上，一個人比較有可能對自己的行為負責。[109]這三條途徑（情感的、婚姻的與性的）的自主化意味著，性已變成獨立於情感交流或是家庭共享生活之外，並且成為一種名正言順的行動領域，此外，此一自主化還意味，這些領域中的每一個儘管仍彼此相連，但如今都已遵循其自身的文化邏輯發展。這就像法國社會學家呂克・波坦斯基（Luc Boltanski）和洛杭・戴夫諾（Laurent Thévenot）所說的那樣，性已形成一種「行動機制」（a regime of action）。[110]這種將情感與性邂逅歸於不同行動機制的現象，乃是性自由的主要影響，並且產生令男女雙方互動變得較不確定的可觀後果（我將在第三章中探討這點）。儘管男人和女人都接受了性革命，但它卻使他們走上了截然不同的社會問題道路，讓他們以不同的方式駕馭情感、婚姻與性（見第四章和第五章）。就像大家經常主張的那樣，男人往往比女人更容易將性與情感區分開來，而女人往往認為自己在情感上表現得比男人更出色（見第五章和第六章）。

最後，性自由乃是以一種自由意志為前提的。這種自由意志能夠制定社會關係的契約定義，並且重新定義性倫理的內容。對於性自由意志主義者蓋爾・魯賓（Gayle Rubin）而言，性方面最大的道德弊端是不平等以及雙重標準。魯賓將傳統的性道德與種族主義的意識形態進行比較，因為前者能使某一個群體自詡具備性美德，並將性無德（sexually non-virtuous）的帽子扣在地位較低的、道德上較危險的人頭上。蓋爾・魯賓提出一套替代的性倫理：

> 民主的道德應該藉由伴侶間相互對待的方式、能關懷體恤對方的程度、是否存在脅迫、

以及他們彼此為對方提供之歡愉的質和量來判斷性行動。無論發生性行動的人是同性還是異性、是成雙的或是成群的、是裸身的或是穿了內衣的、是付費的或是免費的、有影片或是無影片助興的，都不應該成為道德問題。[111]

這種對於性道德的重新定義（適切反映了一九七〇年代之後性行動的歷史變化）造成了銳不可擋的效果：藉由一種輕盈的、程序性的規範，將性與浪漫愛情的領域從姑且稱之為「沉重的規範」（thick normativity）中解放出來。沉重的規範包括精心構思的故事以及訓示，而這些故事以及訓示會從善與惡、不道德與道德、純潔與不純潔、可恥與值得讚揚、良善與卑鄙的二分法角度來界定行為，從而將人類的行為與文化的宇宙體系以及宏偉的集體故事（例如原罪或是純潔）聯繫起來，而這些體系和故事一概包含了對善與惡、道德與不道德的明確概念。另一方面，輕盈的、程序性的道德賦予個人決定其所偏好的道德內容之權利，並且強調尊重個人心理和身體自主權的規則和程序。

因此，這種輕盈的、程序性的道德對於行為的道德價值相對較為沉默，並會根據行為對主體自主權的尊重以及體驗歡愉能力的程度來評估行為。儘管性顯然仍是道德、政治以及社會激烈奮鬥的標的，但是性的重心已然轉移：當代人不再一心惦記純潔或是原罪等問題，而是關切性平等以及「合意」（consent）的問題，比方性侵、墮胎、色情電影、性騷擾或青少年懷孕等，已然成為社會和公眾辯論焦點的議題。在上文所提及的關鍵行業中，對於女性身體形象的規範、性騷擾或約會強暴等問題，都緊密地與「是否合意？」的問題相關聯（例如，女性能否／應否同意參與會將其貶低和商品化的產業和慣俗？一個人在要求別人與自己發生性關係時應該說得多直白？）。「合意」這一概念源自於以身體為基準的認識論（因為當事各方的身體是獨立的，是不容侵犯的），並且將關係視為一連串碰面的組合（從原則上講，關係過程中的每次碰面，都應確保安全）。將「合意」此一概念當作主要的倫理論述，此舉意味著規範性主體間，性道德和性倫理的論述已然發生了深刻的轉變，並且對於關係的締結（基於主體意願以及慾望）產生不容小覷的影響（見第五章）。

性解放的過程中，性的四個轉變（其一，被消費市場和網際網路技術復原的性身體內在性；其二，基於性經驗的積累而形成的一種經驗類別；其三，異性戀的性邂逅分岔為不同的可能途徑；其四，符合「合意」之程序倫理的轉變）為異性戀關係的建立開闢了新的領域。上述的所有轉變，使市場的價值、語彙和語法對於性發揮了高度的滲透性，使性成為自我肯定以及男女相互較量的場域。

性的所有這些特徵以及變化，都具有性互動的儀式性，並使性關係充滿了不確定性和消極的社會性，亦即一種男女經常頻繁投入關係又頻繁退出的社交特性。在接下來的章節中，我將進一步分析，性的社交關係如何轉變成為我所謂的「消極」機制。

Chapter

3

令人困惑的性

他經常換女人，是因為他得出一個結論：
只有第一次遇到的那一個才是值得的。
基本上，他已將甩女人這門現代藝術玩到爐火純青的境界了。

——艾琳．涅米羅夫斯基（Irène Némirovsky）[1]

很少有哪一個文化項目能像性自由那樣完整，因為它讓性從罪惡和羞恥中解脫出來，並且在心理學家的幫助下，它也使性成為情感健康和幸福的代名詞。這也是一個旨在使男人與女人、異性戀者和同性戀者得以平起平坐的項目。[2]因此，從根本上看，這簡直是個政治項目了。此外，性自由也使性歡愉成為天經地義的事[3]，也因此向人們灌輸了享樂主義（認為個人有權獲得性快感以實現美好生活的模糊文化觀念）的想法。最後，性自由乃是「真實性」（authenticity）文化的一部分，也是進行自我驗證的一種方式：性可以揭示並實現一個人的真自我。[4]但是，令性自由成為普遍文化結構的原因乃因此一事實：它是在經濟領域中被採用和實踐的。性透過經濟得以被有效地遂行（反之亦然），而且經濟實踐也被融合在性化的自我（sexualized selves）與履行中。

工業資本主義是以工廠和家庭為基礎的。這兩項是組織經濟和生殖繁衍的中心支柱。[5]前一章所探討的婚前求愛制度，乃是資產階級家庭更廣泛的社會化環節，而且該階級的家庭又儼然成為工業資本主義的無形支柱。個體在家庭接受薰陶，養成資本主義職場所要求的犧牲小我、自律和合作的態度。在第二次世界大戰之後，尤其是在最具決定性的一九六〇年代以後，資本主義文化的一個重要面向發生了變化：正如吉勒．德勒茲（Gilles Deleuze）所認定的那樣，資本主義「不再強調生產，而是側重產品本身，也就是說，側重販賣或是行銷」。[6]德勒茲進一步主張，這種新的資本主義形式實質上是彌散的：家庭不再是經濟生產的社會支柱。個人作為具備創造力的工作者與真實消費者，已取代工廠工人（也許還取代了家庭本身）成為建構自我的特別核心。[7]這種彌散的資本主義形式已不需要那種制約性邂逅、並將其導向建立家庭為目標的傳統社會動力。性不僅是人們在臥室裡做的事，而且也是重新塑造身體、身體外觀、個人與自我的關係、個人慾望、自我呈現、以及一般社會關係的無數種消費習慣。事實上，性已成為經濟領域固有的內在成分，以至我們可以合理主張：一種新的作為形式（亦即性作為〔sexual action〕）出現了。在那其中，一個人的身體、文化策略、價值觀、目標和自我意識是從一個核心內接受指令的，而且這核心意識到自己同時具有性的、心理的和經濟的功用。[8]最能夠恰當呈現資本主義中關於「性」的這種重大轉變，乃是「隨意性愛」的社會形式，這裡應以一種性的形式加以理解，它與穩定的性關係有所區別，然而卻名正言順，甚至值得讚許。

隨意性愛及其難以捉摸的影響

隨意性愛（多重性伴侶性愛）的現象本身在歷史上並非沒有先例。[9]但是它的現代形式乃是源於一種政治和道德的需求，亦即將性從宗教禁忌和經濟交換中解放出來的需求。至少在原則上，這種現象是不分性別的，並且與自我肯認、真實性以及獨立自主的實踐相關聯。隨意性愛的行為發生在現代的空間場域（例如城市或大學校園中），因此使來自不同地理區域、種族和社會地位背景的男人和女人得以相互交流，從而遠離了由初級團體與次級團體正式或非正式地施加在一個人身上的社會控制。從這層意義上說，隨意性愛的行為已抹除了迄今為止將社會群體分隔開來的社會、種族和宗教的界限，是民主的一種鮮明表現。因此，隨意性愛行為一方面包含了新的道德規範，另一方面充分利用了商業化的休閒領域。這兩個面向全都融合在一個基底中：隨意性愛行為乃是個人自由的一種體現。

「隨意性愛此一行為是自由的終極標誌」，此觀念在艾麗卡．瓊（Erica Jong）那令人難忘的「短暫而激烈的肉體關係」（the zipless fuck）用語中被恰如其分地捕捉到了。那指的是一種問心無愧、不覺羞恥的性互動，除了獲取當下的經驗外，再也沒有其它動機，也就是說，除了性互動本身之外，別無所圖。[10]隨意性愛的行為並非靜態的形式，它會與時俱變，成為一種獨特的社交形式，而且還有不少的同義詞，例如「釣人」、「苟合」、「約炮」之類。[11]在法語中，它被稱為「plan cul」（一夜情，直譯為「屄方案」），擺明是男性對於隨意性愛行為存在的明顯偏見。套一句性史學家巴瑞．瑞艾說過的話，隨意性愛行為是「短暫的、過渡的，是長期性關係框架外部或是補充的東西」。[12]由於隨意性愛的伴侶是萍水相逢的關係，並且在時間上安排相對較好，所以能以商品的形式體現，非常適合消費空間、奇遇冒險和體驗的快速消費。隨著網際網路技術的出現，隨意性愛行為與消費之間的類同變得十分明顯。網路除了加速並強化作為市場性邂逅的安排（人們以價值為依歸，決定是否見面），並且將這種邂逅變成了可以隨意購買和擺脫的商品，畢竟在網路上有眾多可利用的網站，以及如Tinder的應用程式。以下段落引自《浮華世界》（*Vanity Fair*）雜誌中一篇關於Tinder的文章：

> 「手機約會」（mobile dating）大約在五年前成為主流。到了二〇一二年，它已經超越在線約會的比例。當年二月的一項研究報告披露，有近一億人（也許光是Tinder網站就有五千萬人）將他們的手機當作一個每週開放七天、每天開放二十四小時的手持單身俱樂部，在那其中，他們可以像找到飛往佛羅里達的廉價機票一樣，輕輕鬆鬆找到性伴侶。就像投資銀行家丹（Dan）以線上餐飲配送服務作比喻時所說的那樣：「這就是無縫訂購產品的概念。只是現在你訂購的是人罷了……約會應用程式是自由市場經濟滲進了性領域的現象。」[13]

我這裡想在符號互動主義和現象學的傳統中，審視隨意性愛這種行為的特徵[14]：隨意性愛行為和人際關係的普遍性化如何改變人際關係的形成呢？就像我將在下文剖析的那樣，異性戀的隨意性愛產生了巨大的不確定性，而這種不確定性一方面由科技、消費文化（將互動定義成「為了享樂而享樂的短暫行為」）所提供的大量互動機會所觸發，另一方面由性別的不對稱（在資本主義競爭的組織中依然很吃得開）所驅動。

根據社會學家兼治療師萊斯莉．貝爾的說法：「目前女孩子初次性經驗的平均年齡為十七歲，也就是說，在目前二十七歲的平均結婚年齡之前，她們已有十年的性行為經驗。這些女性毫不猶豫會與伴侶同居或是推遲婚姻大事，直到自己的事業步入正軌為止。」[15] 根據這種觀點，性活動只是延後結婚的時間點，也就是說，在探索性的過程中創造了較長的緩衝階段。這種視角隱含的觀念是，自由的性並不會從根本上改變傳統關係以及婚姻結構，所改變的只是起始階段罷了。然而，貝爾卻對於她的顧客所表現出的不適感到困惑。正如我現在說明的，性活動的增加以及隨意性愛行為的蔚為風尚，並不僅是建立了緩衝期，它們還對關係的形成產生了影響，而且這種影響不但巨大而且難以捉摸。消費文化和科技所建構起來的自由之性，在情愛關係的結構上造成震撼，並且產生了各種形式的不確定性，而這些形式又是消極關係的核心所在。

有關隨意性愛的描述數不勝數，但都強調以下這個事實：人們可以在不知道伴侶姓名的情況與其發生性關係。這表明「匿名」乃是隨意性愛行為的一項特徵。[16] 正如麗莎．韋德（Lisa Wade）在她對美國校園性行為的分析中所披露的那樣，參加派對的男生通常藉著將生殖器頂在女人背後的方式來暗示他的性意圖。「因為男人通常是從後面靠近女人，所以有的時候，女人一時之間並不知道那個將陰莖頂住自己後背的人是誰。」[17] 作為一種社交形式，隨意性愛行為的象徵策略即是將性伴侶「去特定化」（從後面接近某人便可以不看到其臉部，從而將對象去特定化）。另一方面，名字既可以識別一個人，又可以將其特定化。就隨意性愛的純粹形式而言，從事該種性愛的人必須彼此保持陌生。從這層意義上說，隨意性愛模仿了消費領域中互動的匿名性和短暫性，並融合了兩個相對立的特徵：一方面是距離和陌生（就像在其它不知道當事對象名字情況下的互動一樣），另一方面卻是親暱關係（親暱關係的文化標誌包括：裸露自己、分享自己的臥室或床鋪，共享性的歡愉）。它讓身體與自我脫鉤，因為它將身體視為獨立自主的快樂泉源，亦即純粹的物質性。最後，隨意性愛嚴格要求性伴侶對於未來不抱任何期望。隨意性愛理直氣壯地使互動具有短暫存在、享樂至上、自我參照、其行為即是其目的等特徵。結果，就像其它所有的匿名關係一樣，隨意性愛行為也具有一項關鍵的標記：它削弱了平等互惠的原則。[18]古典文學學者丹尼爾．門德爾松（Daniel Mendelsohn）的回憶錄《留不住的擁抱》（*Elusive Embrace*）清楚地詮釋了這一點：

被勾引的快感，知道他們想要你，那是種無上的歡愉，為時短暫卻令人興奮。……我應該算一下那些男孩的數目，那些一旦擁有了我就立刻逃開的男孩；那個溫柔、對未來懷抱希望、來自南方的鄰居，我們最終親吻之時，他微甜的氣息透著傑克丹尼爾牌威士忌的味道。隔天他再打電話給我，我就不接了。他寫給我一張宣洩怒氣的紙條，指我前一天假裝對他感興趣，隔天卻把他扔進垃圾桶裡。彷彿他寫張紙條就能如願傷害我似的。健身房的高大男孩，肌肉發達漂亮，銅色頭髮，我在寄物室裡認識他，然後一起去吃晚餐，他卻變得極害羞，只想談論作家以及寫作的事。我之所以盡力配合，那是為了確保他會跟我回去我的公寓。儘管我已知道（因為他告訴我）他不喜歡搞一夜情，最終我還是把他弄回第二十五街，然後動手解開他襯衫的鈕釦，他抗拒了一下，最終還是屈服了。兩週之後，他打了最後一通電話來，我仍然沒有接，只是坐在那兒同步聽他留在我答錄機上的語音訊息。我因為驚慌失措，所以沒辦法拿起話筒。或者其他男孩，網路上認識的、在餐館和酒吧塞給你電話號碼的，還有那些注意到你時令你受寵若驚的男孩，以至於你願意做任何事、對他們說出任何話，為的只是留住他們、享用他們，然而目的一旦達成，你就需要另外一個，必須換其他人，換個不同的人，找個新的來填補先前的那個男孩，前幾天晚上你曾經拚命爭取的那一個，你不得不讓他消失，因為如果你再與他見面，他將變成一個特定男孩，而不只是「男孩」。「男孩」不僅是讓你整晚或是通宵達旦上網的標的。你希望那人像其他許多「男孩」一樣，能夠光臨你的小小公寓，將你充作慾念的對象，而且他也是你暫時可以掌控的東西，一個與恰巧同處一間房間的人毫無關聯的東西。[19]

在這段敘述中，隨意性愛令人迷醉，因為它肯定了主體的自由，並源源不斷、穩定地供應慾求的對象，但是它卻抹除了相互關懷、依戀以及形成紐帶的可能性。實際上，這種互動的樂趣之一，可能在於當事人不必將自我牽連進去，也不需要相互關懷。《紐約時報》一篇關於隨意性愛文化的文章成功地分析了這一點。這篇文章介紹了一位頗具代表性的年輕男子杜凡·吉拉爾多（Duvan Giraldo），根據文章分析，隨意性愛並不是基於互惠原則的。吉拉爾多聲稱，令伴侶滿意「始終是他的使命」，並補充道：「（在隨意性愛中）我不會像對待自己真正關心的人那樣表現主動。」這可能是因為要與剛認識的女性談論性需求是很尷尬的事。他說：「在那階段，你們實際上還只算陌生人而已。」[20]正如麗莎・韋德所言：「在隨意性愛的文化中，男性比女性更常有性高潮，因為這種文化不會提倡平等互惠。這是專為男性性高潮設計的制度。」[21]

正如社會學家史蒂芬・塞德曼（Steven Seidman）所暗示的那樣，隨意性愛是「以獲取性快感為核心目的的」，它講究實際行動，具有可替代性，並且「任何對於親暱、許諾和責任的期望都僅限於萍水相逢的期間」。[22]從這層意義上講，隨意性愛是種社交形式，它包含的那種與陌生人的多重關係正是現代城市消費場所的特徵，而「匿名性」通常在其中扮演重要的角色。正是因為邂逅的核心動機在於最大程度地享受身體歡快，所以它不具有終極目的（就像上一章中我們討論的涂爾幹的單身男性那樣）。

作為一種社交形式，隨意性愛已從艾麗卡・瓊的「短暫而激烈的肉體關係」中演進出來。在名為「Quora」的在線問答網站上（其宗旨為「為任何問題提供最佳答案」），我們可以發現以下有關現代隨意性愛的範例：

> 是的。大學時代。在俱樂部遇見一個女孩。我們倆都非常興奮。我們調情還是談話甚至沒有超過兩、三句。她是我宿舍一位女性朋友（名叫艾比，是個辣妹）的朋友。我們這群人包括三個女孩和我本人。

大家開始真正興奮起來，女孩開始互相碰觸（不是撫摸，只以手指輕輕滑過肩膀或是撩撥頭髮），然後相互輕吻。我只是驚奇地坐在那裡享受這種經驗。她們三個坐在同一張沙發上，我坐在另一張。兩張沙發面對著面。

過一會兒，我的朋友艾比和另外兩個女孩的其中一個真正開始愛撫起來。另外那個坐在旁邊，只是撫摸著那兩個女孩，但是最後顯然感到自己被冷落了，於是便來坐在我旁邊。我們開始接吻，幾乎立刻就從輕吻變成深情的吻。接下來我只記得她伸手抓住我勃起的屌，然後隔著我的褲子撫摸它。

這樣過了大約十分鐘後，我抓起她的手，將她帶到通往浴廁的走廊上。走廊經過兩間浴廁，然後拐了個彎，那裡有兩扇鎖著的門，門後應是供員工使用的房間或是儲物空間，從那裡可以通到樓下的一個消防出口。我以前曾因好奇進去過那個地方，所以十分熟悉。我帶領她轉過拐角，走下樓梯。她顯然知道我在動什麼腦筋……否則為什麼要帶她躲入俱樂部那個不對顧客開放的空間呢？

走下那裡之後，我們繼續彼此愛撫。我的手在她的全身到處游移，但還沒有伸進她的衣服下面。她開始在我的皮帶上下功夫，但由於這皮帶不是典型款式，所以很不容易解開。我動手幫忙她，她跪下來。我褲子的拉鍊才一拉開，她就開始吃我的屌。她的口技一流，所以不能讓她幹活太久，否則我們小小的約會時間恐怕比我想要的縮短許多。我抓住她的手臂，將她拉上來親吻，然後襲向她的褲子。我把她的外褲和內褲完全脫下，她將一條腿搭在我的肩膀上，方便我舔她的屄。她的毛剃了一部分，所以我埋頭辦事的時候十分來勁。（在這節骨眼上，如果有毛跑進嘴裡，如何保持興致？）在我大吃特吃的時候，她來了幾次高潮，然後她拉我站起來再度親吻。之後，她指示我褪下褲子，躺在混凝土地面上。接著她跨騎在我身上，擺出女牛仔的體式。這是我一生中唯一一次在非一夫一妻制的固定戀愛關係中沒有使用保險套的經驗。但是，那時我正處於銷魂狀態：一個美女騎在我身上，與我無套性交，是我這一生中數一數二精彩的性經驗。她的動作並未變得猛烈，主要是她在我上面篩搖屁股，或者偶爾迅速從上而下套弄著我。我們做了大約一個小時（令人驚奇的是，我們沒有被人撞見），最後我的朋友艾比走到樓梯上方叫喚我們。她雖無法完全看見我們，但應知道我們在做什麼。剛才和艾比相互愛撫的那個女孩已回家去，現在她一個人待著。她繼續和我們說話。這種場面按理應很怪異，但是可能我們玩得酣暢，因此感覺完全自然。艾比問可不可以下樓來，在她的朋友還來不及開口前，我回答「沒問題」。但是那個女孩只是微笑，所以我覺得她能接受。艾比走下樓梯，靠著牆壁看著我們，然後將手伸進自己的褲子裡。片刻之後，艾比不再看我們了，閉上眼睛，頭部後仰。她說喜歡聽我們做愛的呻吟，但其實那時候我們算很安靜，偏偏這就是讓她興奮的原因，輕柔的呻吟聲還有肉軀小小的撞擊聲。她只管一直跟我們說話。她招認自己的慾火又燒起來，並有燎原之勢。我的目光只顧在那個女孩和艾比之間來回。我不知道誰更吸引我的注意，是騎在我身上的這女孩，還是雙手插在褲子裡的艾比？

我告訴艾比，她自慰應先脫褲。她問為什麼？我回答她，我的屌被人用的同時，如果眼睛還望著個屄，那就更加刺激了。聽見我這樣說，她開始瞪著我，表情兇巴巴的。我想她對我很不滿，這時我那勃起的屌軟下去了。我決定保持冷靜，並送給她我能裝出來的最迷人的微笑。然後，她也回我一個淺淺微笑，開始褪下褲子。在這時候，我的屌又勃起了，比整晚任何時候都硬。她脫掉鞋子和外褲，身子向後靠，再把手伸進內褲裡。當然，她還穿著內褲，所以我看不到她的陰部，不過我決定先沉住氣。她的朋友現在也像我一樣熱切地注視著她，但屁股卻仍在我身上磨蹭。接著這個朋友說道：「艾比，內褲也脫了嘛！」她們兩個對望片刻，最後艾比聽她的。令我震驚的是，艾比走到我們所躺的大片空地的另一側，找到一個能抬起腿並將其擱放的地方，再度將身子向後靠上牆壁。她的上背部靠著牆壁，但她的腿離牆至少一呎。這使我們可以將她的屄看個一覽無遺，她似乎很樂在其中。這次她不只一隻手，而是雙手並用。她將陰唇掰開，以便讓我們盡情欣賞，接著她開始揉捏陰蒂，插進一根手指、兩根手指、三根手指後便自顧抽送起來。大約十分鐘後，她的朋友邀她過來，然後抓住艾比現在已經完全濕透的手，然後又吸又舔，將它弄乾淨了。艾比現在開始用另一隻手撫摸陰部。然後，我抓住艾比的腳踝，讓她的雙腿岔開跨在我頭部的左右側，並要她蹲下。

我繼續吃著艾比的屄，同時可以聽到她和朋友激情接吻的聲音。令我驚訝的是，她們隨後決定互換位置，她的朋友坐在我的臉上，而艾比自己則插坐在我的屌上。才過不久，每個人都狂野起來，坐在我臉上的女孩先達高潮，接著我和艾比也同登欲仙欲死之境，誰料坐我臉上的那個又跟著噴了我一整臉的水。

我只躺在那兒，而兩個女孩則輕柔地互吻著。她們最終站了起來，然後再度互換位置。這次是要替我清理乾淨。艾比一面親吻我，一面品嚐她朋友的愛液，而她的朋友則吸吮我那漸漸消腫的屌，同時品嚐我的精液與艾比的淫水混合起來的東西。等她舔乾淨了我的雞巴，她就拉起艾比，讓她靠著牆面，也幫她清理了起來，甚至將舌頭鑽進去，啜食我射在裡面的汁水。

就在這時，我的屌又重新變得像石塊一樣硬，準備再幹一場，但是艾比的朋友不得不走了……我們在這裡已經待了兩個多小時。時至今日我仍然很好奇，為何我們沒有被人逮個正著。

大約一個月後，我和艾比一起去做性病檢測。我們沒有染病，所以她就沒有多費周章請她朋友也去檢測。

我和艾比約會了一段時間，有時甚至邀她那位朋友加入我們的性愛戰局。我們的關係一直持續到暑假開始之前，然後她畢業了，並且搬到其它地方讀研究所。[23]

這段長長的插曲包含許多社會學上值得玩味的元素。首先是每個參與者明顯的性表現，因為每個參與者似乎都能夠流暢地掌握為自己和他人製造性快感的社交關係語法。這裡我們無法區分誰主動誰被動、誰能力強誰能力弱、誰放不開誰放得開。如我在上一章所主張的，性表現是社交能力的一種相對較新的形式，由性學家、治療諮商、軟核色情和硬核色情的圖像以及各類「性快感倡導者」（sexual pleasure activists，包括某些類別的女權主義者或是性工作權的支持者），加以整理並且賦予固定體系。[24]此外，上文所描述的那種互動要求參與的每一方彼此進行複雜的協調，而其目的旨在讓這些個體同時滿足性伴侶並且被性伴侶滿足。這段插曲顯示出多個彼此幾乎不認識的行為者之間擁有高度協調以及默契。發生這種情況的原因，恰恰是這些參與者都具有很好的性表現。他們的舉動就像是在排演每個人都瞭然於心的色情片場景一樣，也就是說，所有參與者都表現出老練的一面，甚至彷彿按照腳本操演似的（很可能是從唾手可得的色情片中學來的）[25]，好像是種場面調度，大家只管配合性幻想的文化編劇和陳腐的色情題材（兩女和一男發生性關係，她們彼此取悅也取悅那個男生）。這個場景的高度腳本化是視覺的，而不是敘述的或是規範的。其中的性是公開的（在俱樂部裡），不是預先計畫好的，而且是自發的，同時超出習見的性二分法（私下／公開、同性戀／異性戀、一夫一妻制／多妻制）。這個場景相對也是比較平等的：它並沒有特別凸顯哪個性別的歡快。每個參與者的性高潮都是使互動向前推展的內隱規範。所有參與者在性事上的得心應手與其說源於政治意識形態，倒不如說源於這個事實：性身體以超越性二分法的方式來尋求歡快。任何身體（無論是男性的還是女性的）都可以成為歡快的施予者或是接受者，因為身體已然超越性別（儘管上述插曲所呈現的與傳統的男性性幻想相呼應），而以其物質性被人看待，是性高潮享受的功能性來源。在這個場景中，參與者「一對多」的特質指出了性歡快的廣泛流布：性在自我擴散，變得包容而非排拒，不是集中於一個人，且其氛圍是擴散的、無分性別的，並非兩個人之間專有的授受。此外，上述的場景是公開行為，而非私下見面，並且所謂的「公開行為」是具有多層意義的：其一，它發生在公共場所（俱樂部的樓梯與儲藏室）；其二，它是一種表演，是在一組人眼前進行的，超越了傳統的雙人天地；其三，這次邂逅後來又在Quora這個「為任何問題提供最好答案」的網站上被公開講述出來。從這個角度看，它反映出性在網路上日益公開的傾向；其四（這點甚為重要），那場相遇並不是人生故事的肇始點。它是作為單一事件被陳述的，而這事件乃是一系列重複事件中的一例，然而並不是某個故事、某件外遇或是某段關係的開端。隨意性愛抹除了傳統異性戀關係固有的線性敘事。它是作為準確的事件而存在的，所針對的並非特定個人，而是一般具有吸引力的性愛身體。從這層意義上講，隨意性愛是一種抽象的社交形式，重點並不放在事件的特殊性上。更重要的是，隨意性愛剝奪了他人的獨特性，並抵消了呂克·波坦斯基所謂的「殊異化過程」（process of singularization），而據該作者所言，這過程乃是「社交愉悅」（sociality）的重要面向。[26]從多重性伴侶身上所獲得的性樂趣、性選擇以及性經驗的積累，已經從根本上改變了異性戀邂逅的形成，改變了建構和維持穩定情感和文化框架的方式。

由於傳統異性戀規範下的性行為是有目的的性行為（無論該目的是婚姻、愛情、共同生活還是生兒育女）[27]，隨意性愛的行為顛覆了異性戀規範的敘事目的。[28]相反，這種行為旨在積累歡快的經驗，而此一積累又轉化成為一種身分信號，代表當事人的身體已經被其他身體標記為具吸引力的身體。例如，電視影集《女孩我最大》（*Girls*）的原創人、著名作家莉娜・丹恩（Lena Dunham）在名為《不是那種女孩》（*Not That Kind of Girl*）的回憶錄中，先交代自己對性表現的焦慮，接著講述她的青春期和初入成年期的階段。[29]根據她的描述，她跨入成年的過程甚長，而且在這階段中，她反覆嘗試擺脫童貞（這顯然暗示童貞是羞恥的根源）。在男孩和女孩的心目中，失去童貞標誌著有可能進入並加入某個社會階層，那是個由具備性吸引力的人所構成的階層。從這層意義上說，隨意性愛的行為乃是新形式社交資本的一部分，在這種新形式中，性、性活動和性表現標誌了新的地位以及新的價值標準。這裡總結一下：約炮、一夜情、性愛轟趴或是「短暫而激烈的肉體關係」都被定義為不會引發當事人的期待，其中每個行為者都理直氣壯地投身追求他／她的一己歡快，而不指望情感上有來有往、具持久關係或是對未來的憧憬。每次邂逅都該提供享樂，而這種邂逅的積累又會為當事人賦予身分地位。

難怪對於某些性自由意志主義者來說，賣春乃是解放的、愉悅的性行為之典範。套句性工作者組織「郊狼」（COYOTE，Call Off Your Old Tired Ethics〔放棄你陳腐的舊倫理〕的開頭字母縮寫）創始人瑪格・聖詹姆士（Margo St. James）的話：「我始終認為妓女是唯一真正被解放的女性。我們是唯一擁有愛幹多少男人就幹多少男人這種無上權利的女人，和男人愛幹多少女人就幹多少女人的權利一樣。」[30]若從這個視角切入，性行為的解放與性別平等均取決於能否「幹」到大量的性伴侶，以及能否讓性活動與情感、道德觀感與社會規範脫鉤。[31]作為一種社交活動，隨意性愛如果符合下列標準就算成功：沒有觸發任何期待、雙方不會因此擘劃未來、當事人不受阻礙地體驗肉體歡快，並在互不依戀的前提下平等相處。在這種定義下的隨意性愛類似於服務交易，立基點是短暫的、匿名的良好表現，也是將對象去殊異化，並且不談相互承諾。從這一層意義來看，隨意性愛具有一種抽象形式，就像卡爾・馬克思和喬治・西梅爾（Georg Simmel）心目中的金錢那樣。金錢是抽象的，因為它藉由將商品包含在其貨幣流通的價值中而使商品得以互換。在隨意性愛中，人們就像商品一樣，彼此同等，並在性高潮的歡快下被歸為一種貨幣。換句話說，隨意性愛使人們被納入性高潮的價值下，並使他們可以相互替換，因此將其抽象化為純粹的取悅功能。

平等主義政策乃是隨意性愛這種新社交形式的基礎，而這種新形式對男女雙方都是理所當然的事。然而，無論是在學術文獻上，還是在流行的刻板印象中，它所涉及的經常都是男性的性態度和性活動。[32]其原因不一而足。首先，男人總是比女人享有更多的性自由，因此可以在少有規範約束的情況下倘佯於性的天地中。性濫交是男人性能力的標誌，然而對於女人而言，性濫交要嘛是價值有待商榷，要嘛是道德低下的表現。第二個原因是，男人不必利用性作為獲取社會與經濟資源的手段，因此沒有理由將全副自我投注在性生活中。另一方面，女性對性的態度是比較帶情感的，因為性更具經濟價值，亦即它被當作一種資源，可以拿來和物質或是社會的其它資源進行交換。性對女性而言，「籌碼」色彩更濃，因此涉及自我。隨意性愛似乎成為男性性態度和性活動的表現，其中第三個原因是，男子氣概在定義上幾乎等於「擁有和展示許多性伴侶的能力」。誠如研究「男子氣概」（masculinity）這主題的學者羅伯特・康奈爾

（Robert Connell）所言，對許多男人來說，「要陽剛氣就是為了能夠女人」[33]，這一點在很大程度上得到瑞秋．奧尼爾（Rachel O'Neill）的認同，她專門研究那些參加「釣人工作坊」（seduction workshops，教人如何獲取最多性經驗的技巧）的男人的心態[34]。最後一個理由是，隨意性愛可造就不沾鍋的立場，而這立場反過來又提供力量，結果這就成為陽剛氣的表徵。這就像男性主義主張在經濟、政治和法律等所有領域中，將情感與理性分開一樣，霸權的男子氣概也傾向於將情感與性行為區分開來。[35]男子霸權氣概的經典定義是，「既能積累隨意性愛的邂逅經驗，又能任意處置女人」（唐納．川普便是這種男子氣概的理想典範，請參閱下一章）。例如，巴黎一位四十九歲的金融學教授安布羅斯（Ambroise）對理想女性的定義如下：

> 你和女人發生性關係後，如果對方不會深夜就離開你，想要一直賴到早晨，想討抱抱，想吃早餐。我的天哪！理想的女人其實是半夜就走人的女人。她會在你桌上留下一張紙條道別，只說前一晚棒透了，也沒有留電話號碼就走了。這才是理想的女人。

說來諷刺，也許隨意性愛之所以成為女性主義策略的標誌，正因為它同時代表獨立自主、歡快、力量以及超然立場。有個女人在時尚生活網站「Refinery29」中，描述自己在隨意性愛中所感受到的愉悅：

我有很多一夜情的經驗，也曾維繫過不少長期的戀愛關係。如果你喜歡如此，那麼這就是你生活的兩個部分。這是選擇的問題。在一夜情的關係中，我想要的只是性愛，這讓我感覺自己充滿活力又很漂亮。纏綿之後，我會不抱任何期待地離開，但心中充滿一切的力量。不過，我最近這次的一夜情的確不太一樣！他向我要電話號碼，我說萍水相逢就是萍水相逢，我們不必假裝另有指望。[36]

顯然，這裡所落實的是一種表現情感超然和不存期待的儀式，而此一儀式可為女人帶來一種有力感和自主感，讓人聯想到男人看待性的態度。大家可能會進一步猜測，對於這名女性而言，隨意性愛之所以令她感到愉快，那是因為其賦予了她與男性對稱的超然立場與不存期待的平等感。如果從歷史的角度來看，由於男人偏好隨意性愛的模式，所以女人若要實現平等，那麼她同樣該養成超然心態。在勞拉・漢密爾頓（Laura Hamilton）和伊麗莎白・A・阿姆斯壯（Elizabeth A. Armstrong）關於女性與隨意性愛的重要研究中，我們可以發現，「隨意性愛乃是（從文化上定義的話）男性性愛形式」的假設又（間接地）再一次得到肯定。藉由研究女大學生的性行為及性態度，研究人員發現，隨意性愛的行為實際上是女性揚棄婚姻理想，並且致力於職場發展的一種方法。[37]對營造人際關係不一定感興趣的大學生如果要找工作，那麼隨意性愛便是能將尋覓條件予以最優化的一種策略。隨意性愛的行為乃是更快取得進展、專心學習和實現職涯目標的坦途。對一個尚未在職場上站穩的人而言，基於作者所說的「自我發展的迫切需求」，去建立人脈網絡其實是相當困難的，畢竟建立這種網絡甚為耗時，而且需要投注太多心力。因此，漢密爾頓和阿姆斯壯意在言外地稱讚隨意性愛，因為它起到了性別平衡的作用（墜入愛河的女人會較易結婚、生子，並且早早就被排除在職場之外）。這同時也意味，隨意性愛提供一種「非關係」（non-relation）的腳本。[38]如果說隨意性愛是女權策略的標誌[39]，這是因為它模仿了男性力量，因為它是一種自主權，並隱含超脫的能力，純粹為了尋求歡快，並且免去照顧以及關注他人的責任（女性身分認同的傳統標誌），同時追求市場的主體性。女性的隨意性愛行為乃是基於平等原則，而與當事對方互不干涉。

然而，隨意性愛的行為遠非一種自我封閉的社會形式，它對關係的整個結構（尤其在異性戀中）影響頗深，並且改變了關係的形成、內容以及持續時間。換句話說，必須在更廣泛的人際紐帶的社會生態中理解隨意性愛的行為，因為它大幅度地改變了我所謂的選擇架構以及生態、性選擇與浪漫選擇的語法、世人加入與脫離關係的方式，以及彼此選擇與不選擇的方式。[40]僅就這種性行為所帶來的歡快加以分析，這就等於只對沃爾瑪公司提供給顧客尋找廉價商品的樂趣進行分析。人們可能喜歡購買便宜商品，但只針對購物者的喜悅進行分析，不會對沃爾瑪的營運及其產生的影響提供任何見解。同樣，隨意性愛給男人和女人帶來的無庸置疑以及多樣的樂趣，不能讓我們對隨意性愛所阻礙的或維持的整體關係結構有深刻的見解。因此，必須在更全面的異性戀關係之社會生態環境中理解隨意性愛，而這種關係乃是由自由投入、自由脫離的前提所定義。正如我將在下文分析的那樣，這種自由在建立關係以及選擇伴侶的過程中導入了根本的不確定性，因為在無拘無束的情況下，人在進行性交流的時候會發揮間接和微妙的力量。

隨意性與不確定性

「不確定性」和「模稜兩可」（ambiguity）意思不同，後者表示的是一詞含有多義，或是行為者的意圖並非總是透明可見。一詞多義可能令人莞爾，而意圖有時不明倒不一定引發焦慮。不確定性涉及如下這些事實：「某互動的理由無法視為天經地義」[41]、人際關係交由當事者自行定義、互動規則尚不明確而行為者卻力求清晰。因此，不確定性可能對心理造成直接影響，其範圍涵蓋羞恥、不適、尷尬、焦慮以及缺乏安全感。不確定性確實通常引起焦慮，只有少數情況可以用玩笑的態度面對。在《非洲之不確定性的民族志》（*Ethnographies of Uncertainty from Africa*）一書的導論中，編輯伊麗莎白．庫珀（Elizabeth Cooper）和大衛．普拉滕（David Pratten）強調了不確定性的情感內容，因為他們將不確定性視為「一種知覺結構……是對脆弱、焦慮、希望與可能性之尋常感受的實際體驗，是由支撐、浸潤以及維持日常生活的物質組合作為介導的」。[42]在暢快的多重性高潮經驗（multiple orgasmic experiences）表面下所醞釀的，卻是矛盾的、令人困惑的社會經驗（基本上由對於不確定性的管理所建構的社會經驗）。有些行為者精於管理不確定性，另一些行為者則透過謎面般的自我成長書籍來學習處理不確定性的方法，還有一些行為者則以自認失敗告終。

不確定的框架

根據歐文・高夫曼（Erving Goffman）的說法，人與人之間的所有互動都是在某個框架內進行組織的，而這框架可被視為一種認知的、感性的以及社交的過程，讓行為者可以從中獲得互動的線索、模式或典範，從而將該互動進行歸類，並在其中為自己定出方向。[43]如前一章所述，將性這一行動領域加以自主化的主要結果是：現代的異性戀關係不再具備內建的目的論，其過程也就變得四分五裂了。下面這個例子雖然滑稽，卻能說明問題，因為它指出邂逅被分裂成三種可能的行動機制（情感、性、婚姻）方式，而這方式為互動的框架和定義造成了不確定性。我們在發布於美國雜誌《紐約客》網站上的一段影片中，可以聽到五名年輕女性之間的有趣對話。第一位女性向一群朋友分享自己的經驗，並希望她們趕緊為她解釋一個令她頗覺困惑的處境：

年輕女子（以下簡稱YW）甲：女士們，謝謝各位今天來到這裡。我的處境十分危急，我很看重各位的判斷能力、專業知識以及謹慎態度。我盡快向你們簡單說明一下我遇到的事。我一週前的今天，第一次在我一位怪胎朋友的生日酒會上認識了凱文・哈珀（Kevin Harper）。我們聊了一下，他倒沒有向我要電話號碼。三天後，他在臉書上要求我把他加為好友，並邀我在當週較晚的時候一起出去喝一杯。我現身的時候，他正和自己的朋友聚在一起，其中有個女孩，長得比我漂亮，但是相差不大。他的朋友離開之後，我們兩個單獨又喝了一杯。我們沒有接吻。今天（音樂停止）我們面對的問題是，這算約會，還是什麼？

YW乙：他有沒有邀妳回家？

YW甲：沒有，但只是因為他失業了，現在和他姨媽住在一起。

YW丙：你們有沒有彼此碰觸？

YW甲：喝第三杯時，他的手輕輕擦過我的胸部。可能是不小心。

YW丁：是不是有調情的氣氛？

YW甲：我認為有。

YW乙：他付錢請妳喝酒嗎？

YW甲：沒有，可能只是因為窮吧？

YW戊：希望是這樣。他有沒有跟妳提起其他女孩？

YW甲：這倒沒有。

YW丙：他會不會是……同性戀？

YW戊：這不可能，我在他的臉書和 Instagram 上發現他以前至少交過兩個女朋友的證據。

YW丙：各位，沒有接吻就不是好兆頭。

YW丁：但這並不代表什麼。他可能只是有點緊張。

YW乙：不可能。這是重演〇九年馬特．懷斯曼（Matt Wiseman）的情況。約會三次，竟然沒有親嘴，不能再讓這種事情發生。

YW丙：我們都還記得馬特．懷斯曼好嗎？那傢伙配不上她。不懂妳為什麼還要提起他？

YW乙：現在的危險跡象完全相同。

YW丙：哦，危險跡象！（眾人七嘴八舌）

YW戊：各位女士。拜託拜託，我們不要離題，好嗎？這點太重要了。

YW丙：妳今天早上有沒有跟他聯絡？

YW甲：有的，我發簡訊對他說：「嘿，昨天晚上真好玩。」外加微笑的表情符號。他回信說：「對呀。」

YW丁：有沒有加眨眼睛的表情符號？

YW甲：沒有。

YW乙：他最早在妳臉書留言的時候，是說邀妳去喝一杯、喝幾杯還是灌個痛快？

YW甲：其實他是說：「出去玩玩。」……怎麼了嗎？

YW丁：每個人都知道「出去玩玩」是什麼意思。妳是幾點到酒吧的？

YW戊：當時有沒有下雨？

YW丙：妳當時在月經週期的哪個階段？

YW甲：十點十五分，有下雨呀，排卵後一個禮拜。

YW乙：（忙著計算）太早聯絡你了。（電話鈴響）

YW甲：是他。「嗨，妳能不能不要把昨晚的事說出去？我不想讓我的女朋友知道，哈哈。」

YW戊：他不想讓女朋友知道是嗎？

YW丁：那昨晚是約會無誤了。

（女孩齊聲興奮大叫）[44]

這段對話十分幽默，只因為它描述了一種典型的、能在當代女性心中普遍引發高度共鳴的情況。當事人的女性朋友與她一起進行了一場極其精緻的詮釋演練，以幫助她解讀一次框架不明確的邂逅，一場意義最終乃由男性控制主導的邂逅。由於異性戀的結構在性、情感和婚姻的領域中已然崩解，互動本身的框架於是變得不確定了。這裡再舉流行的浪漫小說《愛情芥末醬》（*The Big Love*）中的一段為例：女主角愛莉森（Alison）與自己的老闆亨利發生了幾次性接觸（無論女主角還是男主角，都認為與老闆發生性關係不是問題）。發生關係之後，愛莉森走進亨利的辦公室，並問他道：

愛：我想知道能不能和你談談我們的關係……

亨：關係？（仍埋首於文件堆中）什麼關係？

愛：你知道的，我說過了，就是「我們這段」。

亨：（從文件堆裡抬起頭）什麼？我不知道我們處在什麼關係裡呀？

愛：好吧，不叫「關係」，那叫什麼？

亨：我不知道。我從沒想過這件事，我不知道需要給它安個名字。

愛：我們睡過四次。

亨：……

愛：很好。好的，我心裡有數了。（朝門走去）

亨：有什麼數？

愛：就是打過幾炮。這樣很好。我只是想知道而已。

亨：我應該不會這樣說。

愛：不然你要怎麼稱呼？

亨：……就是玩玩嘛。介於「打過幾炮」和「一段戀情」之間吧。[45]

對話的目的，在於替他們之間的關係找出一個名字，介於隨意性愛以及將來可能修成正果之間。這種關係沒有名字，因為它立足於女人對男人的意圖和情感的不確定性上，這是唯一可以幫助這個女人在這場互動中為自己定出方向的元素。男方本人並不知道自己的意圖為何，因此無法標記這場互動。形容露水鴛鴦的字眼很多（例如拈花惹草、一夜夫妻、炮友等），這意味著，給這種暫時關係命名和描述特徵的難度非常高，同時也不容易掌握它們關乎什麼，亦即它們的「主題性」（aboutness）是什麼，然而這主題性卻是所有社交互動最基本的、最理所當然的特徵。此外，在上述那兩段作為例子的對話中，隨意性愛不僅造成困惑，而且也缺乏對稱性。在兩個樣本中，掌握框架鑰匙的都是男人。凱瑟琳．博格（Kathryn Bogle）在她的研究成果《釣人》（*Hooking Up*）一書中，對於萍水相逢的目的表現出極大的困惑，因為在這種相處模式中，女性（以及男性）經常表示戀愛關係會朝自己事先不知道的方向發展。在釣人的過程中，當事人對於互動的目標及其整體框架似乎完全無法確定。甚至在對該詞的定義上也存在分歧，因為有些人將那種行為界定為接吻，另一些人將其視為還不到性交地步的口交，還有另一些人則將其看作體驗人際關係的一種方式。接受博格訪談的女性人多數都覺得自己無法預測那種行為的結果：「釣人像擲骰子。」[46]這種不確定性，因Tinder等新應用程式的發明而被極度放大並加重了。有個很受歡迎的、名叫「AskMen」的約會網站，對Tinder所觸發的革命評論如下：

> 對於那些想要約會、釣人，或單純想看看有誰在附近的年輕人而言，Tinder已變成他們的一站式商店，而且與Tinder這類大為普及的應用程式相比，線上約會網站已顯得黯然失色了，因為大家認為前者更有可能讓他們遇見合適的伴侶。估計今天已約有五千萬人在使用Tinder，而且根據Tinder的宣傳，它從二〇一二年推出以來，即已促成了八十億次的「連

結」（儘管目前尚不清楚「連結」是否代表在虛擬世界中來往、在現實生活中見面，或是兩者兼而有之，或是其它名堂）。如今，Tinder在約會活動的領域中舉足輕重，對於許多年輕人來說，它就是約會的代名詞：**一種能為你找到夢寐以求對象的方法，不但簡單方便，而且隨時可用，或至少讓你嘗試不致後悔的釣人經驗。**[47]

Tinder可以提供快速而隨意的性愛，或是提供結識「夢幻女人」的可能性，因此可以為這兩種不同目的提供形態多樣且不明確的可能性。這同時又意味了被我稱為「框架混亂」與「框架不確定」的困難點。面對這種困難點，人們很難搞清楚自己是在何種框架之下操作的，因此很難預測該採取什麼行動路線，或該使用哪種適合的工具來進行一個行動方案。傳統的婚前交往和約會都嚴格依據腳本行事，無論是在認知上還是在實踐上都是如此（男孩到女孩家裡接她去跳舞或看電影，然後帶她回家，吻她一下，最後彼此擁抱），而當今的隨意性愛已扔掉浪漫戀愛關係的腳本，因為性行為已不是往昔那套求愛敘事的結尾，而是一下子跳到故事的開端，因此導致雙方關係的目標變得不確定了。換句話說，關係的性行為化，意味關係將性當作切入點，而性可能是、也可能不是最終目的。在被性化的文化中，性行為成為進行互動的敲門磚：不論男人和女人都以性的行為者這一身分被看待，尤其是當男人將女人視為性滿足的對象時更是如此。

拉娜（Lana）是以色列一位三十九歲的秘書，曾經是高中的輟學生。她已結婚八年，育有兩個孩子，在接受採訪的五年前即已離婚。她擁有迷人女性的所有特性。她是如此看待男人對待她的方式：

拉　娜：以前我是被父親和丈夫控制的，現在我覺得沒有人能控制我。以前我丈夫會告訴我應該怎樣穿衣服、怎樣剪頭髮、可以和誰說話。沒有人能再這樣對待我了。我從小生活在父親非常強勢、沙文、掌控一切的家裡，還被家暴。為了逃離家裡，我躲入了婚姻，但我丈夫比我父親更差。

採訪人：能說說最近和妳有過關係的幾個男人嗎？

拉　娜：我和傑奇（Jackie）曾有一段戀情，最後不了了之，因為他對我說話很兇，會威脅我。後來我和凱（Kai）交往，我非常喜歡他，因為他溫柔親切。我是在Tinder上認識他的，這是一個以性為目的的網站，你知道吧？因此，要找性的人才上去。順便說一句，我當時並不知道這是約炮網站，我對交友的興趣遠不止於性，但是對他而言，僅僅是性而已。我認為他想找的只有性，並不想做別的事。後來我發現這純粹是一個性愛網站，我真的感到很尷尬。因為這樣一來，他就會認為我也只想宣洩一下而已，認為我不過就是那種女人。反正後來他也消失了，不再回電。現在，我和一個由共同朋友介紹的人維持男女關係。

（……）

採訪人：妳過去和男人的關係中，最大的問題是什麼？

拉　娜：他們把女人當作性玩物，很少思考對方在各方面是否適合自己。現在和我約會的這個對象，最近帶我回他父母那裡。他表示自己很認真，我不僅是性伴侶而已，但是大多數男人還是只把女人當成性玩物。而且妳始終不知道要以什麼態度與他們相處。他們到底想要妳的什麼，還是他們真有想過從妳這裡得到什麼。有時，他們只想做愛就好。但妳也知道這是不夠的。我希望給人一個堅強女人的形象，能夠做自己的主人，我是非常獨立的。我害怕被任何男人控制。我知道，一旦踏入男女關係中，妳必須做出妥協，放棄一些事情，做出犧牲。但是我一旦有依賴別人的感受就會害怕。所以我投射出一種很強勢的形象，並且非常善於保護自己，總之要確保傳達出自己的那份堅韌，傳達出我沒有孤獨的問題，傳達出誰想要我就要接受我的樣子。我總是告訴男人：如果你不接受我原本的樣子，如果你想改變我，那麼損失的是你，不是我。我告訴他們，如果他們不想要我，那就是他們的損失，而不是我的損失。我從不曾向他們說，他們了不起到如果我失去了他們，我就會垮掉。

（沉默）

我年輕的時候總覺得自己不像別人那麼有吸引力。職場改變了我很多。我在一所大學裡擔任高級秘書。我在那裡認識了一位名叫漢娜的朋友，她教我要愛自己，並知道自己的價值何在。如今我知道以前的自己沒什麼自尊心。我和她一起去參加一個正面思考的課程，這完全改變了我。之後，我才能鼓起勇氣離婚。在那之前，我做不到。我很怕單獨一個人。我擔心家人和朋友的批評。在職場中，我得到很多的支持，在工作的地方，人家告訴我，我是多麼出色，多麼漂亮又多麼迷人，所以我在那裡獲得了很大的力量。它使我邁入今天的境界：不在乎別人怎麼說我或是怎麼看我。我經歷了建立自信心的過程。現在，我的男朋友告訴我：「妳一直爭著要當那個最強的。」說得沒錯。我總是需要覺得自己是最強的那一方。

這裡有些主題相當值得注意。對於這個女人而言，男女關係似乎非常難以預測，因為她很難理解自己到底是在什麼框架下操作這種關係的。使這些關係變得不確定的，是它們的性化現象，也就是說，關係的切入點是性行為的這一事實。在她看來，這意味男人可能心裡只存一個性歡快的念頭，而這點則被拉娜視為性剝削，因為對方完全忽略了「她是誰」。這就是為什麼帶有康德式懷疑的女性經常如此看待性行為的原因：性行為被視為包含將女性工具化的可能性，無法全面認知其完整的人格。這反過來又指出了，至少對於某些女性來說，「為性而性」的關係被認為是專門為男性利益服務的，是對女性價值感的威脅（拉娜在這裡藉由和其他女性的友誼來減輕此一壓力）。接下來，讓我們聽聽生活在以色列一位五十七歲的法國女性維吉妮

（Virginie）的心聲。她在接受採訪前十二年離婚，正在尋找穩定的伴侶：

維吉妮：男人和女人要的東西不一樣。也許只在某個點上，他們要的東西才會一樣。當妳開始踏入一段關係時，妳會感到他們想要不同的東西。

採訪人：比方什麼？

維吉妮：好，讓我舉一個例子。我去上一門新的創意寫作課。一起上課的還有一個年輕人。我說「年輕人」，我的意思是，他真的很年輕，才二十三歲。上個星期，下課以後，我們待在一起聊了一下，然後他告訴我：「妳知道嗎？我想和妳上床。」我回答說我很喜歡他這個人，但我不確定想和他做愛，我還需要進一步了解他。我說完這話，他站了起來，去付他自己那杯咖啡的錢，然後就這樣離開了。我才一說需要時間考慮一下，他就說，好吧，晚安了。他走了，而我就像被扔在地上的衛生紙一樣，是一件沒有用的廢物。

一旦這個女性重新定義了關係的框架，男方就離開了，這表明性關係的切入點是一個極具爭議的問題，因為女性雖會把隨意性愛視為愉悅的經驗，視為力量泉源，有時卻也視為自我被貶抑的象徵（「扔在地上的衛生紙」）。

對於和我交談的許多女性來說，性破壞了自己作為「人」而被認可的可能性。隨意性愛有時會將一場邂逅轉變為零和的遊戲：她的（潛在）伴侶一心想追求性歡快的態度違背了她的自我價值感，而這種自我價值乃是奠基於互惠和認可上的。在父權制的傳統社會中，女人的價值是根據自己的階級和性美德來衡量的，而在一個依然存在雙重標準的性自由制度中，女人的價值變得模糊且不確定。性的獨立自主性對價值的根源、對情感互動的可能性、對關係的確切定義、對關係的目的與程序，以及對情感與非性自我（nonsexual selves）的狀態，都產生了內建的不確定性。這就是為什麼女性面對隨意性愛時，在文化上總體而言比男性要猶豫的原因。

正如研究結果所表明的那樣，隨意性愛確實是女大學生中性懊悔的一個可預測因素，尤其在與男方見面後不到二十四小時即發生性行為，而且沒有後續發展的情況下更是如此。[48]在回顧了相關的研究後[49]，艾倫・伊須鮑（Elaine Eshbaugh）和蓋瑞・古特（Gary Gute）主張，女性比男性更有可能經歷「性懊悔」（後者較有可能因約炮不成而感到遺憾），並且「女性參與者比男性更有可能感到『懊悔或失望』，而且她們也更有可能對隨意性愛進行反思，並在這種經歷之後更加感到羞辱及自我懷疑。相較之下，男人更容易因這種經驗感到『滿足』」。[50]這些發現似乎再一次證實了，隨意性愛是比較適合男性的性行為模式。在男女同性戀者之間，也發現性別的差異[51]，女同性戀者比男同性戀者更注重關係的本質。葛瑞羅（C.M. Grello）等人在一項針對從未發生過性行為（亦即「處女」）、但正開始過渡到性行為階段的女性，做了一項研究發現，如果將過渡到情感性愛的青少年與那些過渡到隨意性愛的青少年加以比較，後者更有可能出現憂鬱症狀、成為暴力對象或是陷入犯罪。[52]在探討憂鬱症和青少年性愛關係的那一章中，作者寫道：「同時投身隨意性愛和約會關係的青春期女性，在活躍投入性生活之前和之後，均表現出最高程度的憂鬱症狀。」[53]其他研究人員發現，有隨意性愛史的女大學生和只有基於感情基礎的性愛之女性相比（甚至更令人驚訝的是，與根本沒有性愛經驗的女性相比），前者的自尊水準要比後者低。[54]此外，對於在隨意性愛中感到罪惡的女性，作者假設，此一罪惡感反過來導致當事人的不適或困惑，這可能與自我貶低有關。[55]更令人驚訝的是，起先作者雖然預言只有女性會因性的雙重標準而在隨意性愛發生後覺得較無自尊，然而後來作者也發現，男方和女方一樣，他們的自尊水準也會下降。在許多研究中，自尊降低與隨意性愛行為之間的關聯性很強。[56]雖然有些學者對這種關聯提出質疑，但可以說，無論這關聯的強度如何，對於女性（有時對男性亦復如此）而言，隨意性愛行為並不能提高自我價值（儘管事實已經表明，性行為已成為男女兩性一種新的資本形式，一種他們藉以追求享樂和獲得地位的手段）。女性的性行為和性態度仍然「內嵌」在社會關係中，而男性的性行為和性態度則更經常、更容易脫出社會關係的框架，甚至演變成我們所謂的「無意義的性行為」（meaningless sex）。在漢密爾頓和阿姆斯壯巧妙的定則中，女性的性行為和性態度是由「關係的必要規則」（the relational imperative）所決定的[57]（然而，有些女性排斥這一觀點，因為她們認為一來這從經驗上而言並不正確，二來從規範上而言亦不可取）。

許多人將女性在隨意性愛中的負面情緒解釋為：這是強大羞恥文化和雙重標準依然圍繞性行為而存在的跡象，因為男性可以從事隨意性愛而不會遭受象徵性的懲罰。這種解釋的主要優點是提醒我們：父權制的力量仍然隱約可見、男人和女人受到不同性規範的約束、男人享有更多的性自由，還有女性的性行為受到規範以及性別歧視壓力的限制。不過，這種解釋也存在一個缺陷，即默默地將男性的性行為和性態度作為評估一切性行為和性態度的參考點。確實，如上所述，隨意性愛的行為是依照男權主義的性觀念被塑造出來的。如果宣稱「只有超脫的性才是被解放的性」，那就等於暗示自由的性行為與超脫的性行為等價，而且男性的性行為也與自由的性行為等價。「內嵌的性行為」（embedded sexuality）更有可能反映出女性在性領域中的地位，這不僅是因為傳統上女性更會充分地將自我投入其中（她們拿性行為來交換有意義的東西，例如經濟資源與社會地位），而且還因為男人和女人在社會關懷的付出中輕重不同。

　　男性的身分認同並不是養兒育女或是提供照料，父權制的社會組織使男性成為女性照料的對象、而非提供照料的人，因此對於許多女性而言，婚姻和母親地位對其身分認同和社會經濟地位至關重要[58]，女人的性行為和性態度會比男人的更有可能是「側重關係的」（relational）。對於女性來說，給予照料和側重關係同時是一種社會角色（例如母親）、經濟地位（例如護士或是保姆）與情感／文化的認同。從這層意義上分析，側重關係仍然占據女人性行為和性態度的中心，因為它反映了這個事實：女性在照料的經濟、文化和社會生產中承擔最大的分額。[59]這也就是為什麼男人和女人在對待隨意性愛這個問題上可能會有不同態度和立場的原因。對於隨意性愛的經驗，女性更有可能將它視為會與關係和情感的培養相抵觸的因素。超脫型和關係型之間的緊張，可以從克萊爾（Claire）的例子看出來。這位受訪者是一位五十二歲的執行長，領導一家實力雄厚的法國公司。她沒有小孩，曾經有過的兩段穩定的戀愛關係都結束了，第一段維繫了十九年，第二段只有三年。她聲稱自己曾與男人有過很多的性關係。

克萊爾：在我生命的這個階段，我只想找男人睡覺。甚至不需要很頻繁。每週一次我就很滿意了。

採訪人：妳只想每週一次和男人發生性關係就好嗎？

克萊爾：不，那當然不是我實際上想要的。我希望享有完整的關係，完整的一套，比方愛情啦，一起生活啦，但這似乎很難，所以我才退而求其次，每週做愛一次就滿足了。

採訪人：那麼，如果就像妳所說的那樣，妳想要的是完整一套的關係，為什麼實際上妳還在尋覓其它東西呢？

克萊爾：我實在需要性愛。當初我以為找到一段真正完整的關係會更容易，但其實我做不到，那麼我湊合著享受性生活就好了（笑）。每週一次讓人抱抱妳的身體，這很重要。（沉默）而且，如果妳不要對男人施加壓力，如果妳不奢求「完整關係」，說不定他們會有可能希望和妳維持不負責任、不負擔義務的關係。雙方關係一旦擺脫期待，那會更加輕鬆、更易管理。男人無法忍受對未來有憧憬的女人。因為這樣，事情會變複雜。如果妳有期待，妳會更容易受傷、失望。

> 妳必須要開始談判、協議。兩個人永遠不會對做事的方式看法相同。因此，也許不帶期望的性行為才是建立關係最安全的方式。性關係就是享受。妳不需要在乎別人的情感包袱。

這段引文呈現了一些值得注意的元素。性被視為一個容易與男人接觸的方法，在那其中，情感顯得捉摸不定，只會引起人們的期待與失望。現在，會造成焦慮的是情感，而不是性行為，因為情感被認為會威脅當事人（尤其是男性）對獨立自主的要求。[60]性關係的規則似乎簡單明瞭多了，而情感關係的規則卻是難以捉摸，經營起來也頗為困難。值得注意的是，這位非常善於表達並且具有吸引力的女人，已經將自己對伴侶關係的期望定位在只求肉體關係的前提下，因為單純的性行為並不會威脅到男人的自主獨立。她情願只要不談情感的關係，定期滿足自己的性需求即可，其中的涵義是：性行為本身既是一種易於商定，又是具有比情感現實更強大的本體論現實（ontological reality）之互動領域。性不會引起不確定感，而意識層面那些傳統的「玩意兒」（意圖、期望、情感）卻會造成不確定感。性代替情感成為關係的根源。正如《浮華世界》雜誌上一篇被廣泛引用的文章裡所描述的：

> 人們過去常常透過身邊的人、家人和朋友的介紹來結識伴侶，但是現在，網路這管道已經超越了其它形式。……與今天透過普通約會應用程式發送的訊息相比，（電影）《電子

情書》（*You've Got Mail*，一九九八）中的主角彼此互寄由衷但冗長的電子郵件之做法，如今看起來很像回到老掉牙的維多利亞時代。二十二歲的珍妮佛（新奧爾巴尼東南印第安那大學一名大四學生）說：「我會收到這種短信：『來打一炮如何？』」她十九歲的的朋友雅敘黎則說：「他們會直白地告訴妳：『過來坐我臉上。』」[61]

由於「性化」乃根植於側重身體關係的認識，身體正是提供有關互動的可靠知識之來源，並成為引發互動的助力。

因此，隨意性愛反映了被學者所定義為「普遍的性化」的現象，這種定義包含以下四個組成部分[62]：其一，性魅力是決定一個人價值的唯一因素；其二，性魅力的定義是狹隘的，專指肉軀的魅力；其三，伴侶之中至少有一方的人格在性方面被物化；其四，性化無所不在，以至可以強加於人。[63]那麼，性化就等於如下的事實：性已滲入並普遍存在於許多或大多數的互動以及社會群體中。美國心理學會專案小組（The American Psychological Association Task Force）認為，性化與健康的性是相反的，後者隱含著相互性。但我本人對於性化的觀點是不同的。依我看來，性化影響的主要問題是：一旦它使身體成為互動的首要場域，這就令情感的表達和交流變得既不名正言順又不確定，並且一味強調肉軀，肉軀便成為人際知識的來源。因此，這使社會認可的過程變得矛盾，因為這過程有時位於身體，有時位於自我，而這兩種對自我知識的模式並非總是重疊的。

由於身體被認為是獨立的、自主的[64]，基於身體關係的認識論，便不易與基於互惠的社會性相適應。[65]例如皮埃爾．布迪厄（Pierre Bourdieu）就告訴我們，期待未來回報與時間性（temporality）共同建構了禮物交換的機制，從而使禮尚往來的社交儀式沉浸在時間流裡。[66]時間性與未來性乃是互惠的固有本質。然而，由於在隨意性愛中，歡快幾乎只是瞬時的（兩個身體同時短暫地享受歡快），這使得社會交流與未來脫節了。因此，隨意性愛與傳統社交大不相同，因為後者是基於相互性、敘事性、期待性以及對未來的預測（回贈禮物總是未來的事）。它也不同於與陌生人的互動，因為在與陌生人的互動中，寫在腳本裡的是可預期的、沒有斟酌空間的「非互惠性」（non-mutuality）。隨意性愛是一種不確定的互動形式，因為它接納各式各樣的可能性。對於社會學家和經濟學家來說，不確定感恰好與期望有關，更確切地說，與產生、想像與談判期望的困難有關。

> （不確定性）涉及未來，涉及我們的期待是否能夠獲得滿足，此外它還涉及現在，涉及我們產生期待的能力。通常，規範和體制是我們賴以建立期待的東西。即使它們一直多少帶有不確定的成分，它們仍支撐著明確的、不含糊的概念和期望。[67]

隨意性愛產生不確定性，這是因為它內部沒有明確的規範核心，因為其深層的體制結構乃位於彌散的消費市場（其性質是瞬息萬變的、逐漸過時的），並且因為它植基於不同且多樣關係的性別腳本上。在前現代的關係中，性別角色最終被歸入婚姻和道德的定義中，而性在消費市場中的紛亂夾纏則使性別差異和身分認同失去作用。隨意性愛是反向的社交腳本：為「非關係」（non-relationship）所寫的腳本。

這裡扼要地回顧一下：男性的性自由是以自主、超脫和積累的方式實踐的，而女性的性自由則較為矛盾。後者以自主模式和關係模式交替存在，試圖與他人達成一些共同的情感目標。對於女性而言，隨意性愛在側重關係和身體的自主性之間造成了衝突，但是對於男性而言，隨意性愛是積累性資本和地位的機會。女性的社會生命大部分仍是側重關係的，因為女性依舊在社會中提供大量的照料工作[68]，而對男性而言，隨意性愛是他們表現男性氣概（與滿足個人歡快息息相關的權力、超脫、自主與工具性）為主要特徵的方法。從這層意義上講，關係的性化與關係的規則相互衝突，並使男人和女人在性領域和親暱關係的社會結構中處於不同的位置。[69]

關係不確定的場域地理

性化以另一種方式造成困惑。在促進甚至鼓勵積累性經驗時，它模糊了關係之間的界限。現代主義建立關係的方式乃植基於劃定關係界限的能力上，即定義不同關係如何開始與結束，以及在何處開始與結束的準則。但是，關係的積累導致人們難以繼續認清情感和概念的範疇，以至無法在人際關係之間劃清界限（例如明確區分朋友和情人之間的不同）。

阿爾諾（Arnaud）是現年六十三歲的法國高階官員，在法國政府某部會中位居要津。他已經離婚十一年，有兩個兒子，並會上網使用交友網站：

阿爾諾：自從離婚以後，我談過很多次戀愛，其中一些為期很長，但最後都在某一刻畫下休止符。

採訪人：你知道分手的原因嗎？

阿爾諾：我當然知道。因為才過五分鐘（你知道我的意思，不是真正的五分鐘，只是比喻很快）女人就想搬來同住，開始考慮未來，想要認真對待這段關係，可是我做不到。我和她們在一起時感覺很好，我很喜歡她們，甚至愛上她們，但是我不能犧牲自己的自由。自由對我而言總是更加重要。

採訪人：那麼，當你遇到一個女人，你更偏好隨意性愛嗎？

阿爾諾：絕對不是！我討厭隨意性愛，我討厭一夜情。我喜歡穩固的人際關係，但是我也不想要人際關係的一切陷阱，我想活在當下，當伴侶不在我身邊時，我不想知道她在閒暇時間都做些什麼，我也不想讓她知道我在做些什麼。我們的性生活應該是自由的、彼此超脫的。

採訪人：所以你不希望投入一夫一妻制的固定關係中，我的理解正確吧？

阿爾諾：是的，完全正確。為什麼一定要對關係下定義呢？為什麼女人總需要知道「他們去哪裡呢」？（他用手比個引號手勢）我不需要了解男女關係朝哪個方向發展。我們應該彼此保持自由。

採訪人：所以對你而言，男女關係應該是開放的，不需要有明確的目標。

阿爾諾：是的！看得出來，你非常了解我（笑）。是的，這種關係只是為了當下。不必超出這個範圍。該發生的就發生吧。沒有未來。無須定義。從這個歡快時刻跳到下一個歡快時刻。這就是為什麼一想到要讓女人控制我的身體，我就覺得荒謬。

採訪人：那麼，依你看來，在一夫一妻制這框架中，愛情（我是指不凡的愛情）是不可能發生的？

阿爾諾：愛情總會結束。在我認識的人當中，我不知有誰的愛情是持續不變的。總會結束。總有產生新的慾望。總有新的身體等你探索。因此，我吸收到了教訓。我不再對未來抱有期待，我只有所謂的「安排當下」。

採訪人：你能解釋一下嗎？

阿爾諾：我以前（在訪談之前）告訴過你，我曾同時和幾名女性維持男女關係。她們每個人都知道不能獨自擁有我或者和我同住。我都在一開始就把話挑明了講，所以沒有撒謊的問題。我覺得這樣更舒服。我喜歡她們當中的每一個，但也不覺得對誰特別依戀。

採訪人：對她們每個人都一視同仁嗎？

阿爾諾：沒錯。我並沒有特別偏愛哪個。每一個都給我一些不同的東西。這是建立關係的一種非常自在的方式。我的人生哲理是，在我們還辦得到的時候，盡量給予歡快、享受歡快。這是一種更簡單、更輕鬆的生活方式。

阿爾諾提起「消極自由」（negative freedom）的福音，並繼續說道：「我只有一個原則：不要傷害任何人。除此之外，保持自由對我來說非常重要。」

阿爾諾清楚表明，隨意性愛的行為會持續不斷並重新定義長期的關係。隨意性愛排拒異性戀規範的鮮明標誌，在那種規範中，性是服從於婚姻、一夫一妻制和家庭生活等日的的。有個叫「LoveShack」的網站便能進一步說明這一點，因為在那其中，有位作者講述了如下故事，並提出隨意性愛改變浪漫情感關係生態的方式：

我和一個男人約會四個月後，一星期前終於和他斷絕關係，因為他決定還是先不要定下來。令我困惑的是，週六我和他家人見了兩次面，可是週日卻發現他整天泡在約會網站Match.com裡。自從二月初以來，這就是我在他身上看到的典型的忽冷忽熱。每當我們在愛情關係上邁出一大步，而且明明這一步進展得很順利，他卻又完全退縮回去。我們透過簡訊激動地談了一下。他基本上承認自己先前曾和另一個女孩約會（以前我不知道這件事），但後來因為對方覺得他還在尋覓其他的男女關係，因此不再和他往來。他告訴我，我看上

> 去不像會數落他尋找新對象的人……他告訴我，他這是在給我們一個可以「提升」到某種境界的機會，又說他確實在乎我、喜歡我，只是他也不確定未來會怎樣。[70]

這個故事很清楚地傳達了使主角難以理解自己和男友感受的那份困惑和不確定感。如果說傳統的文化社會學是建構在「行為者必然有行動策略」的假設上[71]，那這些例子反過來說明了，行為者真正的困難是為自己的關係擬定行動策略。不清楚他對於她以及和他約會的另一個女人的感覺如何；這個女人也不清楚男方想要什麼，或者連她自己想要什麼都不知道。這裡描述了一種關係狀態，關係之中不存在明確的界限，在齊格蒙特．鮑曼（Zygmunt Bauman）的術語中，即是「易變動的」（fluid）[72]，當事雙方似乎都不確定其追求的目標為何。關係的開放性動搖了行動表現的（expressive）維度以及手段的（instrumental）維度，令行為者對自己所從事的行為方式如何才算適當感到困惑。由於性是在連續性和開放性的情況下被經歷的，關係的社會學界線被改變了。它們彼此相鄰並且相互連續，框架重疊而且目標模糊。這樣的主體性不太能夠將他人加以殊異化，或是令當事人被他人加以殊異化。

如下是韋恩（Venn）在某個討論關係破裂或是窒礙難行的論壇上所描述的一件事：

> 二〇〇九年至二〇一〇年（當時我十九歲，讀大學二年級，她十五歲，讀國中三年級）。
>
> 在那時候，我們的關係是開放的。我真的不曾為我們的關係付出很多努力，她對我這態度

感到很困惑，好像我在這方面做錯什麼似的……她斷斷續續維持這段戀愛關係，而我總是爭取將她留住，彷彿因為我深深愛著她，所以才強迫她與我維持關係。有一次，我們的戀情破裂，她開始和幾個追求者來往，但是由於我如此堅持與她復合，她就拒絕了他們當中的大多數人……也許是我為爭取她回來所表現的堅持令她感動，但也許她只是迫於無奈，所以才回到我身邊。但是當我們又回到以前的公開關係時，我還是沒有為此付出很多努力……在戀愛關係中，總是她在付出努力……我實際上也付出了一些，但不太多。就只是愛著她，此外沒做太多事。總是她來我家，總是她想約會，要求我去教堂參加禱告會的也總是她……我認為她跟我在一起是理所當然的事，因為我對這段關係感到滿意，也認為她永遠不會離開我。我沒搞清楚的是，她其實對我的愛正在逐漸轉淡，最後淡到已不再愛我的地步……因為我太忙於遊戲和其它的事……儘管我們已到這個地步，我們仍然像真正的一對。我們接吻、手牽著手，也做出幾乎達到發生性關係地步的事，而且獨自相處時，我們幾乎經常做那種事……實際上是，我對性交從來不感興趣……這就是為什麼我六年來從未與她發生性關係的原因。

然後出現一個追求她的男生，而且對方的態度和我一樣志在必得……她實際上愛上了自己班上的一個人，那個人就是追求她的那個傢伙的朋友。她告訴我這件事，而我只是告訴她，不要和他來往，因為雖然我們的關係不是綁死的，但只要時候一到，我們就會正式在一起了。我不知道她仍繼續和對方來往，因為……那個傢伙比我更關心她、簡訊發得比我勤快、動不動打電話給她。明明前一天我們才約會、親吻、手牽著手，但隔天她就接受對方成為她的男朋友了……因此，在這一點上，可以說她欺騙了我，因為那時我仍渾然不知，一直到三個禮拜後才發現……我求她回心轉意，但是她說對自己現在的新關係非常滿意。[73]

男人這篇又長又複雜的貼文，其標題為「快要自殺」，這是他與對方多年來關係時好時壞、然而持續轉淡的過程描述。他說明這段關係如何從開放變為穩定，又從穩定回到開放，從承諾到解除承諾再到恢復承諾。換句話說，維持關係框架的能力在這裡似乎受到性的多樣性和開放性的損害。這裡的關係沒有依循明確的文化腳本開展，似乎是隨機式的。值得注意的是，在他的敘述中，他的女友之所以離開他，正是因為她的新男友能夠為她提供一個清晰的框架。儘管對於大多數的異性戀者而言，性的專一態度仍然是堅定、忠誠關係的構成要素，但鑒於可運用的技術增加，性專一的腳本就很不容易落實了，也使得設法了解其適用規則的嘗試變得困難。

正如羅伯特（Robert）這位單身且自我定位為音樂家的三十二歲法國男子所言：

羅伯特：我總是同時維持幾段關係。但大多數都無疾而終。我總愛齊頭並進，同時操作三、四件事。

採訪人：她們知道這種情況嗎？

羅伯特：當然不知道。她們為什麼要知道呢？這就是我的生活。她們不在我身邊的時候，我也不知道她們在做什麼。我不過問她們的事，希望她們也這樣對待我。

在這裡，腳踏多條船的性被認為是天經地義的事，因為它被視為個人私生活的特權，更何況「大多數的關係反正也修不成正果」。因此，隨意性愛不僅在互動的框架和目標中導入不確定性，而且也令互動的界線模糊起來（一個人前一段的性和情感關係該如何以及該何時結束，還有下一段的性和情感關係該何時開始）。

性亦是確定感的根源

說來矛盾，身體的自主化意味身體經驗乃是確定感的根源（人們知道性身體或性經驗是什麼），還有，與這些經驗相關的情感要嘛變得不確定，要嘛必須跟隨著身體的經驗。由於性化將人格集中於肉軀（被定義為生物實體與生理上的歡快泉源），因此它使情感在人們踏入關係時不再那麼重要。從此，身體成為唯一的或者至少更可靠的知識來源。正如現年五十六歲的以色列女權主義者、女同性戀畫家蕾娜（Lena）所言：

蕾　娜：當我遇到一個女人時，如果我被她吸引了，我就必須和她上床。這是我第一件要做的事，而不是去餐館、上酒吧或看電影這些無聊事。在和對方上床之前，我不會先問自己是否想要和她建立關係。我必須先和她睡，才能知道是否想要開始一段戀情。不先做愛，我就無法知道。

三十四歲的以色列異性戀女醫生艾葳娃（Aviva）也呼應此一看法：

艾葳娃：男人最先必須通過的第一關是床上測試。我想先知道我們在性方面是否合拍，明白他是否懂得該如何碰觸我，如果他懂，可以考慮和他建立關係，如果不懂，那就沒有必要繼續下去。

採訪人：就算性以外的方面一切都好，妳也不會繼續？

艾葳娃：沒錯。性生活實在太重要了。

上述引文表明了一種接觸與認識他人的全新方式，其中性行為扮演了認識論的角色，是認識一個人並建立關係真實性的一種方式。從這層意義上講，我們可以說關係的性化造成了一項矛盾：身體和性成為確定感的源泉（我們如何認識潛在的或真正伴侶的深層自我），但是關係的整體框架尚不確定。不確定感不僅與互動的框架、目的與界限有關，而且還與當事人在接觸他人時，其性魅力與性態度應發揮的效用有關。由於身體和性已成為新的關係認識論的寶庫，它們於是也成為關係真實性的反映，然而單靠它們並無法產生情感上的行動策略。

前現代的求愛始於情感，而結束於可能造成罪惡感與焦慮的性，而現代關係則開門見山便是（帶來歡快的）性，並且必須應付後續衍生出情感焦慮的問題。身體已經成為表達情感的場所（就像這句老生常談：「良好性愛表現良好關係。」），而情感則與性互動疏離了。

不確定性與消極社交心理

我稱這些關係為「negative」（消極）。在我的用法中，「negative」一詞既不是常見的意思（「有害的」、「負面的」），也不是其在哲學傳統中的涵義。在西奧多・阿多諾（Theodor W. Adorno）看來，消極思維乃是「非認同」（non-identity）思維的一項特徵，而此種思維可以幫助我們掌握個別性，且不會讓我們淪為抽象和工具性理性的犧牲品。[74]我對「negative」一詞的使用也與亞歷山大・科耶夫（Alexandre Kojève）在詮釋黑格爾《精神現象學》（*Phenomenology of Spirit*）時所用的「negative」不同。[75]科耶夫在評論黑格爾時斷言：

> 自我意識若要存在，也就是說哲學若要存在，人不僅要有積極與消極的沉思（這只揭示存在），而且還須有具否定力的慾望，因為這樣方可產生行動（action），而行動才能改變既有的存在。我生為人也必然是一個慾望的我，即一個主動的我，一個具有否定能力的我，一個藉由摧毀特定存在而改變存在（being）並創造新存在的我。那麼所謂慾望的我（例如一個飢餓的我）是否只是一種空乏（emptiness），一種渴求內容（content）的空乏，一份

想要被充盈（full）填滿的空乏？慾望的我是否藉由掏空充盈來填滿自身的空乏，而且一旦被填滿後，它就轉而取代那份充盈，並利用自己的充盈來入占空乏（慾望的我因為征服原先不屬於自己的充盈而導致的那份空乏）？[76]

「消極」的意義（一種渴求充盈的空乏之自我）進一步在雅各．拉岡（Jacques Lacan）整個的思想流派中獲得進一步的推廣，並實際上定義了慾望本身。[77]這乃是主體性的標誌，這種主體性追求他人的認可與對方的慾望，但並不以占有對方的認可或是慾望而滿足。人會發現自己始終想得到一種自己永遠無法抓住或是擁有的東西，或者必須面對占有這種東西之後所產生出來的空乏。這種消極性乃是自我的積極行動，透過將自己投射到他人的慾望上而開展的（這個「他人」即是自己想要吸收或想要與之鬥爭的對象），在某種程度上，它生成了認同感（或追求認同感）以及社會紐帶。

我這裡所稱的「消極紐帶」（negative bonds）完全是另外一種東西（一種非黑格爾的涵義）：「消極」在此表示主體不想要有關係，或者由於其慾望的結構而無法形成關係。在「消極紐帶」中，自我徹底規避了慾望和認可的機制，沒有任何試圖尋覓、了解、占有和征服他人主體性的打算，他人不過是自我表達和肯定己身自主權的手段，而不是認可的對象。讓－保羅．沙特（Jean-Paul Sartre）的「虛無」（nothingness）概念（儘管這詞是用來描述另外一組問題的），事實上在這裡管用得很。莎拉．貝克韋爾（Sarah Bakewell）這位很受歡迎的存在主義運動史作者，這樣總結了「虛無」這一概念：

> 根據沙特的看法，我們不妨想像一下：我約好四點鐘在一家咖啡館和朋友皮埃爾見面。我遲到了十五分鐘，焦急地四下張望。皮埃爾還在嗎？我同時還察覺很多其它的東西：顧客、桌子、鏡子和燈，還有咖啡館裡的煙霧、陶瓷碰響的聲音以及人聲嗡鬧。[78]

該插曲旨在闡明意識本身的某些面向，即意識是不確定的，就像皮埃爾不在場時所引發的感受。消極關係就像你在許多人、物品、空間中尋找某一個人，可是卻找不到他（或她），就是感知到這種缺乏以及意圖和慾望的不確定性。因此，消極關係不是因有上面壓下來的禁令（例如修道院的清規）而讓人自願放棄性或愛情，也不是慾望行為中內在的空無（科耶夫和拉康），而是在許多其他人的持續喧囂中，感知到那個人不在場，感知自己意圖的不確定性。

「消極」的另一層意義仍保留在相同的一套哲學傳統中，且是源於馬丁・海德格（Martin Heidegger，沙特仔細閱讀了《存在與時間》〔*Being and Time*〕[79]，並深深受到其影響）。在談論人類與世界的關係時，海德格用上了錘子的隱喻：我正使用錘子擊打，卻幾乎沒意識到錘子以及錘擊這塊木頭的用意。但是，如果出現問題，比方錘子或是釘子斷裂，我會突然開始注意到自己的工作，並以一種新的方式來看待自己。貝克韋爾解釋道：「『上手』（ready-to-hand）的東西變成了『在手』（present-at-hand）的東西：一個讓人定睛觀照的無生命物體。」[80]在關於「消極」的這層意義上，被建立起來的關係並沒有按照其應有的方式運作，它因此強迫我加以注意，它變成了「一個引人注目的對象」，被討論著，讓人去傷腦筋。關係在這裡成為反思性之超脫的出發點，超脫做事和感受的常規方式。

「消極紐帶」之所以消極，是就如下這兩層涵義之一而言的：其一，由於情況的不確定，這種紐帶涉及我無法掌握的那個不在的客體；其二，這種紐帶揭露某個沒能好好運作的事（如果關係存在，這事本來應能好好運作）。消極關係具有模糊、不確定、未受定義或其目的受到爭議；這種紐帶沒有明確之加入與脫離的規則，也沒有（或極少）因不履行而令當事人受到懲罰的機制。消極紐帶的第一種形式會迅速消失，其原因並非由於它在契約上被定義為暫時性的（例如銀行出納員與客戶的關係），而是因為它那相對較無規範可循的特性，因為它缺少明定的規則與共享的涵義框架。消極紐帶的第二種形式則與這紐帶中的某些功能無法適當發揮的事實有關。

應當說明清楚的是，「積極」和「消極」並沒有道德上的涵義；這些字眼僅僅說明社會紐帶產生的方式，無論是透過被明確表述的文化腳本（例如身為教師、父母或是丈夫），還是透過（相對）未明確表述且在規範上較為模糊的文化腳本[81]（例如隨意性愛）。消極的社會關係是由不確定性所驅動的，而積極的社會關係則是依循清晰規範所建立起來、相對較有組織、較有架構的關係。消極關係的「模糊性」帶有「模糊邏輯」（fuzzy logic）中「模糊」一詞的涵義，同時表示了一個事實：「規範性」（normativity）並不是由「規範─偏差」（normative-deviant）

的二元對立加以定義的，而是包含不清楚以及有爭議的規則。例如，在猶太教裡，女性的通姦行為在規範上的定義是極其明確的：它總是被禁止，並且總要受到很嚴厲的懲罰（例如石刑）。另一方面，男人的通姦行為在規範上則是模糊的，只有當已婚男子與已婚女性通姦時偶爾才會被禁止，但如果與單身女性通姦（這行為雖不受鼓勵），男子並不會遭受嚴厲的懲罰，而且也不會威脅到猶太法律以及家庭規範的核心。因此，男人的通姦行為便處於我所說的「模糊的規範尺度上」，而已婚女性的通姦行為則始終受到禁止以及嚴懲。

因此，我會放膽提出以下假設：在愛與性的領域中，我們已經脫離了一種文化行動模式，在那其中，文化原先密集地以符號和道德敘事來描述世界，透過普遍接受的意義或是精心安排的舉措（婚前求愛便是這種精心安排的計畫一例）來規定和指導行動。我們脫離上述的文化行動模式後即轉入一種新的文化形態，但在這種新形態中，自主和自由產生相對較未固定的、規則較模糊的互動。這種互動所產生的結果比較無法預測，亦即此種互動相對較不受規範，至少在私人和親暱的範圍中是這樣的（工作職場正好相反，已成為高度腳本化的領域）。所謂的「無規範」（normlessness），不僅指行為乃是即興式的，且其規則尚待大家表述[82]，我還認為那包括其它意思：制約性紐帶的行為規範仍不明確，沒有一套道德腳本可供依循，即使違反互惠原則，當事人也很少受到社會懲罰。無規範可依循的互動無法將恰當的行為與不恰當的行為清楚區分開來，因為對不恰當行為的相關罰則很少。這種缺乏完備規範的現象乃源於自由的落實以及伴隨而來的積極概念（例如自力更生、獨立自主以及享樂主義，這些都是自我主義首要強調的字眼）[83]。從這些積極概念即產生出了消極紐帶，而這些紐帶就規範性而言，通常是模糊的、混亂的、具有多種定義與目的的，是當事人藉由退縮或是消極選擇來表達自主權場域的。若是說在烏利西・貝克（Ulrich Beck）和伊莉莎白・貝克—葛思胥菡（Elisabeth Beck-Gernsheim）的眼裡，「愛的正常混亂」（normal chaos of love）乃是積極社交性的根源（也就是說即興發揮與豐富關係的根源），那麼這裡我所指的混亂就是消極社交性的肇端，亦即透過不確定性來重新形成關係、管理關係。

這同時也引發了對文化概念的重新思考。在傳統的人類學和社會學中，文化藉由角色、規範、儀式和社會腳本（亦即透過積極指令要求大家歸屬、認同、執行甚至即興發揮）來塑造社會紐帶。相反，在消極關係中，行為者必須自己努力面對自我行為的意義以及難以捉摸的特質。如果說當今的文化越來越常見到諮商或是自助措施，那麼這是因為在愛情、育兒和性領域中，很少會有文化模式以具有約束力的方式來指導行為，並迫使男性和女性按照議定的方式團結一致，共同遵守法則和規範。自助文化和心理諮詢包含並提出與關係相關的腳本[84]，但它並非來自一套有序的、神聖的符號，而是來自充滿不確定性的社交環境。心理上的自我管理只不過是管理普遍存在於人際關係中的不確定性而已，而在這種人際關係中，以市場語法以及語義組織起來的性自由和性歡快，已被拿來換取心理上踏實的確定感。

歷史學家肯．喬威特（Ken Jowitt）在分析自己認為將要降臨的危機時，使用了性的隱喻來凸顯新的社會秩序。他認為後冷戰的世界可以比喻為單身酒吧。

> 裡面是一群彼此不認識的人，在行話中，他們就是搞三拈四、帶回家去、打上一炮，然後各奔前程，忘掉對方名字，接著再回到酒吧裡，重新釣人。因此，這是一個由斷鏈所組成的生態。

這個美麗新世界是由彼此並不認識、一起上床、分開後不知彼此姓啥名誰、一星期後又回去物色新對象的人所組成的。[85]喬威特主張，在這個世界中，關係的締結與解體是同時進行的[86]，性在這裡成為組織政治秩序和社會秩序的一個隱喻，它一次反映出建構以及拆離。說得更確切些，隨意性愛已成為消極社交的範式。傳統意義上的選擇係指以挑揀、排序、剔除、區分等方法來選定對象，而性的消極選擇卻是藉「皮藏概念」的積累行動（多重伴侶同時並存、關係相互重疊），或是以「用過即丟」的方式來處理性對象而得以實現的。性伴侶的取之不盡及其可互換性，乃是性自由的兩種操作方式，而這性自由正是由消極選擇加以支配的。

在佛洛伊德看來，能夠掌控刺激才有歡快可言，如果自我無法掌控外在事件，當刺激具有破壞自我的風險時，痛苦就會爆發。只要隨意性愛能給當事雙方帶來一定程度的掌控和自主的感受，這對他們就是一種愉悅的經驗。但是這通常也會在互動雙方中、至少某一方的身上產生自我解體與不確定感的相反經驗。這種框架的不確定性又因自我的不確定感而增強，這正是我準備在下一章中要探討的。

Chapter

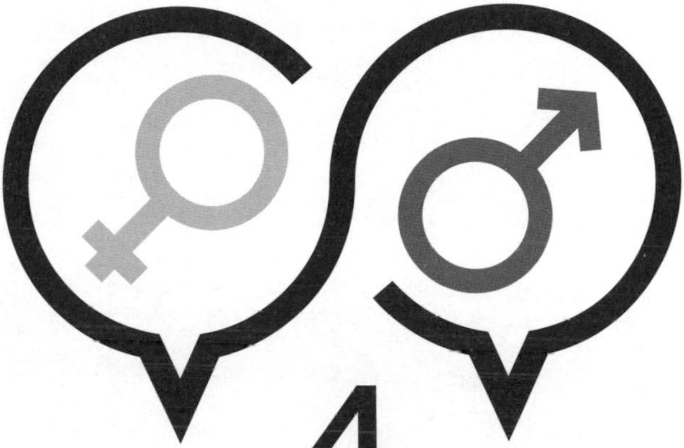

4

視覺資本主義與本體論不確定性的興起

我是醜女作家，我為醜女、為性冷感的、
為那些沒被好好幹過的或是不能被幹的、
為所有被排除在正妹這大市場外的女人寫作。
我也為男人發聲，為那些不想成為保護者的、
為那些願意成為保護者卻不知該如何著手的、
為那些沒有野心的，
為那些沒有競爭力或是體格不夠好的男人發聲。

——維吉妮・德斯彭德斯（Virginie Despentes）
《金剛理論》（*King Kong Theorie*）

在那期間，我可以觀察到你的一些事，
我一點也不在乎你的樣貌，
我只關心你說的話，
你說的話對我作用極強，
以至從那時候開始，我開始喜歡上你的穿著。

——法蘭茲・卡夫卡（Franz Kafka）[1]

問題不再是如何為你做你想要的，
而是搞清楚什麼能讓你滿意。

——史丹利・卡維爾（Stanley Cavell）[2]

哈維・溫斯坦（Harvey Weinstein）的醜聞依舊是二〇一七年的一樁重大事件。好萊塢大亨被指控騷擾或是性侵一百多名女性，而二十多年以來，同事、助手和員工對於這事情都知情不報。[3]全世界對溫斯坦醜聞的反應（因為數以百萬計的女性在社交媒體上用「#MeToo」的主題標籤，講述自己遭受性虐待、性騷擾和性侵的經歷），向社會公開了女權主義的一個核心問題：為什麼儘管已有適度且有意義地介入，但在落實平等的這件事上，男人對女人的性支配依然普遍且根深蒂固呢？[4]當然，性支配是透過男性暴力來體現的，但是性支配也可藉由比較緩慢、模糊、較難捉摸、屬於貶抑女性的過程表現出來。本章將站在前幾章的基礎上，探討經濟、社會和文化等機制如何藉由性這手段使女性受貶抑，以及女性因為一些尚未被清楚探討的機制而被動地處於可受支配的地位。

無論性是不是我們受宗教和父權制度歷史長期壓迫下的一個真實部分，或是在專家的關注下我們不得不揭露的心理真實，這個無庸置疑的事實依然存在：性已成為消費以及科技實踐的輸送帶。「性作為以及性互動已被吸納在經濟中。」[5]佛洛伊德將性主體概念化為一堆下意識的驅動力，而此一性主體後來又將這些驅動力轉變成可藉由美好生活的圖像、價值、故事和理想加以實現的慾望真相（truth of desires）[6]，而這美好生活乃是由消費市場[7]以及最近十年來各式各樣的科技設備所促成的。性身體在被消費市場和科技吸收的過程中，已成為一種經濟剩餘價值的生產者，這種剩餘價值由於尚未被充分地概念化，因此尤其令人生畏。

經濟與性的主體乃是現代性的固有主體。它透過需求與慾望、透過選擇以及越來越常見的消極選擇來實現自己的個體性（individuality），而這類消極選擇都發生在充滿親暱關係的消費領域[8]及商品化的私領域之中[9]，幾乎不可能將性與愛情、那將它們布署其中的消費與科技領域分開。性慾產生經濟價值，而商品也與性慾纏結在一起。行動的性與經濟形式一旦結合起來時，這種結合即構成了我所說的「超主體」（hyper-subject），而這種主體是由具有需求和慾望的活動，以及滿足這些需求和慾望的實踐所定義的。然而，超主體性乃是立足於此一矛盾的：它激發了**本體的不確定性**（ontological uncertainty），而所謂本體的不確定性即是對於自我本質的不確定感。本體論的不確定性是由估值（valuation）、評價（evaluation）以及貶值（devaluation）等三種過程所決定的，而這三個過程都是由男性依然強大的經濟與象徵的支配地位所決定的。這三個過程同時是經濟的、認知的和文化的，它們標誌著資本主義和親暱關係歷史的新階段。

價值並非物品所本有的，而是社會關係的結果。[10]估值是透過經濟的或是象徵的機制令某物品產生價值的過程（例如，藝術家若在國家博物館展示作品，會增加其藝術的經濟價值）。評價則是鑑定、比較和判斷物品價值的行為。[11]估值和評價是相伴隨的社會過程（藝術品收藏家或信用評鑑機構，會同時參與估值和評價的行為）。貶值即是降低價值的過程，透過例如強勢行為者[12]的言語行為等象徵性機制來達成，或者透過例如生產過剩（商品的供給量高於需求量）等經濟性的機制來實現。估值、評價和貶值，乃與資本主義文化中主體性的強化和消亡緊密相關。[13]這些過程是由消費市場、網際網路科技以及媒體產業作為介導，並且相互影響的。

身體價值

誠如社會心理學家羅伊・鮑邁斯特（Roy Baumeister）和女權主義學者寶拉・塔貝（Paola Tabet）所指出的，在女性缺乏社會和經濟權力的社會中，她們會拿性來交換男性的權力。[14]這就是塔貝所說的經濟與性的交換。在這樣的社會中，女性會以各種價碼為控制她們的男性提供性服務，這通常是耗時甚長的婚前求愛過程與隨後的婚媾，但也包括約會時的禮物收受或是賣淫賺取金錢。[15]一九七〇年代以及隨後的消費經濟中，發生了兩個重要的變化。多虧避孕藥的使用，與女性發生性關係基本上不再受限制了，男性只要付出相當低的成本，連結婚、婚前求愛甚至約會都可以省掉。[16]其次，媒體產業和時尚界對以性化女性身體為手段產出了巨大的經濟價值，而蒙受其益的人大部分（儘管不是全部）是男性。正如卡蘿爾・巴特曼（Carole Pateman）所言：「這是一筆可觀的、價值高達數百萬元的女體交易。」[17]（實際上，這很有可能具有數十億美元的規模。）

早期的解放運動曾將沒有拘束的性想像為自我的一種基本面向，是非商業性的、非貨幣化的，但是後來對於由男性控制的大量產業而言，性變成了有價的或是無價的剩餘價值之來源。

由於女體被轉化為可交易的視覺單元，於是便可以對女體進行經濟估值。新的魅力典範開始透過龐大的產業網傳播開來。從二十世紀初開始，大眾媒體和時尚化妝品產業以前所未見的規模傳播美麗而新潮的女性形象。[18]這些形象所創造的新魅力標準超越了基於社會階級的穿衣規矩，並透過社會學家阿什利．米爾斯（Ashley Mears）所稱的「造型」（指服裝風格、儀態以及身形的混合）產生了跨階級的魅力。[19]「造型」乃是在圖像經濟中流通的可交易資產。因此，個人身體透過表演化的過程成為名正言順可交易的商品，也成為模仿和反映身體公共圖像的媒介。

自我生產（self-production）和自我呈現（self-presentation）的程序，始終反映當時經濟和文化的主要關注重點所在。[20]性魅力是人體藉由媒體視覺符號和消費品項，將自己展示出來的一種新方式。而性感身體則是位於「對性普遍迷戀的核心，以及印刷媒體、廣播媒體中蓄意展露的性主軸」。[21]安布羅斯（和上一章中引述的男性是同一人）恰如其分地掌握了這一點：

> 安布羅斯：我和朋友經常在講電話時說道：「真是不可思議，街上有那麼多漂亮的女孩，好看的屁股、教你難以置信的腰身，穿著緊身的衣服或是牛仔褲，奶子那樣勻稱，如此勾魂攝魄，而且她們也很清楚該如何展示出來。」我管這個叫「街頭挫折」，你知道的，這已變成稀鬆平常的事。晚上你回到家，心裡老想：真難過啊，怎麼會這樣，滿街的性誘惑……所有這些標緻的女人，只是沒你

的份。

華爾特・班傑明（Walter Benjamin）筆下的閒逛者漫步在街道上，這街道不僅藉由新的建築設計和櫥窗展示成為奇觀，而且也因物品的性化而令人耳目一新：

> 大批群眾首先使得性物品（sexual object）有可能以百種不同的「誘惑—形式」（allurement-forms）反映出來，而這些誘惑—形式都是物品本身產生出來的。除此之外，暢銷性（salability）本身即可以成為一種性刺激。任何地方只要有大量的凸顯出商品特質的女性，這種吸引力就會增加。到了後來，隨著穿著緊身制服的女孩子被展示在大家面前，音樂廳的表演便會有意地將量產的商品引入大城市居民的情慾生活中。[22]

正如班傑明在這裡一針見血地指出的，在消費文化中，性物品以其自身的許多反照形式流布開來，而這消費文化又將商品的促銷和販售加以情色化。像安布羅斯這樣的現代閒逛者正是性的旁觀人，他將女性的身體作為性的商品—表演（commodity-spectacle of sexuality）與消費品加以消費。[23]這種旁觀人將自己注意察看的身軀視為包含性符號的視覺載體，並以持續低調的性慾流來體驗這個在城市公共空間中被組織起來的消費場域。[24]

「性感」是性作為商品形式，以及自我作為形象的新意識形態的結果。性感依賴消費品來露出、展示和凸顯性身體。性感意味（令人嚮往的）裸體，以服裝這消費品來加以襯托、表示裸體、令人聯想起裸體。若要性感，就要以某種方式（例如緊緊貼在身上）穿某些類型的衣服（例如牛仔褲）。性感比美麗更民主，因為它可以讓更大的一群人來實現，長相不管美醜，體格無論好壞都無所謂，因為性感是自我形塑的結果，而不是與生俱來的優勢，它使消費行為成為一種自我體驗且持續不斷的特徵。性魅力乃是透過消費商品以及消費習慣而被有效建立起來的，因此這是一種經濟表現，也就是說，藉著體育、時尚、化妝、醫療和製藥等商品，它使身體成為可供視覺消費的視覺表層，並且作為能引發性慾的物品而被定義。儘管「積極條件」（hexis）這個被皮埃爾・布迪厄重新定義的概念[25]暗示：一個人的階級地位是在身體中被編碼的，但視覺產業的綜合體（由美容、時尚、體育、傳媒產業的共生關係所構成）卻促使了階級性相對較低的富魅力和性感之典範，並透過與這些產業相關的新社會群體傳播開來。各門產業中的時尚設計師、模特兒、演員、攝影師、女性雜誌編輯、造型化妝師、美髮師、電影製作人以及其他更多的人，都共同促成了視覺外觀作為一種可交易商品的趨勢。

性凝視（sexual gaze）對物體和人一視同仁，並透過性感誘人的身體此一文化類別，而讓兩者之間產生無縫的連續性，而性和消費則在這種身體上相互作用以供應性凝視。一名二十八歲的以色列男子烏里（Uri）談到了自己認為哪一類型的女性具有吸引力：

烏　里：我不太喜歡「女人味」的風格；指甲塗亮亮、高跟鞋、化妝，我覺得過度的精

> 心打扮是沒有吸引力的，對我來說只像一張畫片而已。我喜歡看起來休閒樣的女性，例如穿緊身牛仔褲和緊身T恤，還有靴子。我覺得那樣很性感。

請注意，吸引（或不吸引）這個男子的性類型，是由特定的消費品和意象（或與之不同的消費品和意象）所建構起來的。在這裡，性類型實際上等於消費類型（「女性味」類型是一種消費類型；或者在男同性戀文化中，「皮革文化」也標誌著性和消費類型）。因此，被標記為「女人味」或「陽剛氣」的風格實際上是消費的亞風格，而這種亞風格所依循的是消費者認知中的視覺邏輯。誠如蓋伊・德博（Guy Debord）所言，表象社會（society of spectacle）不僅是意象的集合，它還是由意象作介導的社會關係。[26]這在性邂逅中表現得最為真確，而性邂逅其實是透過個性意象（images of personhood）在落實社會紐帶，並且這種個性意象本身即涉及了消費品，同時又由消費品加以搬演。[27]性認同藉由消費品而被銘刻在日常經驗的審美化中，而身體則成為一項視覺和審美的商品。[28]就像尼古拉斯・米爾佐夫（Nicholas Mirzoeff）所言，視覺主體既是視覺的行為人（觀看的人），又是其他人凝視的對象。視覺上性的行為者擅長根據他人的視覺外觀（迅速評估他人苗條程度、胸部大小或是肌肉張力）與其建立關係，同時意識到，自己也是他人視覺評價的對象。[29]黑格爾所謂的「識別」（recognition）[30]，是指兩個主體相遇並且相互認可的「主體間性」（intersubjective）過程，而在這裡，這種「識別」行為已經轉移到視覺以及性的層面上，而在這層面上，雙方的任一方同時是觀看者與表演者。這種對於他人凝視的自我知覺與傳統象徵性的識別過程不同：前者乃是基於媒體─市場─科技的連結，它涉及身體的外表及其「辣度」（性感程度），而且這個過程或多或少受到男性控制（男性掌握了定義女性價值和魅力的象徵能力以及經濟能力）。[31]

一個自稱被人包養的部落客透露，為了吸引有錢人的青睞，她對自己的身體投入大量的關注。她的態度說出了許多女性的心聲：

> 我和一個年紀大到足以當我父親的男人在一起真的可以很快樂嗎？是的，是的，沒錯！妳會發現，得一直花時間把自己維持得漂漂亮亮、光豔照人，這其實不麻煩。我喜歡搭配服飾、修手指甲以及腳部保養，尤其是購物。無論有沒有遇到給我好處的有錢人（當然遇到了更好），我都喜歡這些事情。說到追求完美，我就十分來勁，因為我是徹頭徹尾追求完美主義的人，這一點是沒得妥協的。此外，如果我能嫁給一個有錢人，我就可以繼續過這樣的生活……妳在街上目不轉睛看著的那個女人就是一件藝術品。她可是投入了大量的打扮工作（修手指甲、腳部保養、剪髮、熱蠟除毛、美白還有血拚），而這些都融入了藝術品中。藝術反映了妳的生活方式以及地位。如果妳要抬高身價，那麼就得準備付出努力。[32]

美不美麗、性不性感，這裡完全取決於男性的目光，因此有必要先在消費領域進行高強度的自我塑造工作，並將自己的美麗和性感形象進行循環利用與流通，以供握有經濟實力的男人消費。這個被包養的女性暗示自己既是性和經濟行為者，又是她自身價值的消費者和產出者。

產出象徵的與經濟的價值

消費文化已將性的本體論轉變為自我的舞臺[33]，這是一種可見的、公開的、以消費品為介導的表演。資產階級的性原是一種須在臥室裡保密的特權，但如今它卻成為自我的一個明顯特徵，是由一種視覺消費的制度加以調節的。誠如丹尼爾・門德爾松所言：「我和我的同性戀朋友們都活在『性慾乃是供人消費之產品』的這種文化中。」[34]同樣，「女人味」也是在男性控制的市場中的一種視覺表演，注定要由男性觀看並由男性消費。如果說以前傳統女人的性被拿來交換男人的金錢和權力[35]，那麼現代女人的性則是攤在市場上，在那其中，女人的性化身體不斷地、沒完沒了地被男人的目光占據。然而，正是因為要實現自由，她們才需要表現出自己的性本錢。她們將其身體的性價值轉化為審美的、象徵的以及經濟的表現，將這視為一種權力行為。因此，如果說女性的身體被如此廣泛地性化和商品化，那是因為性化既具有經濟價值，也具有象徵價值：具吸引力的身體是消費文化的基石，可被回供生產領域，並且產生資本。

這種資本的第一種形式，可以在那些講究從業人員須具備魅力和「討人喜歡」外表的行業中找到：餐廳經理、空姐以及公關代表等，所有這些職業都要求具備引人注目的外型，或者像凱瑟琳・哈基姆（Catherine Hakim）那頗受爭議的說法：具備「情色本錢」。[36]從這層意義上講，性屬於「無形勞動力」（immaterial labor）的範疇[37]，而這種勞動力的定義是：行為者為職場貢獻一系列無形的技巧和能力，且在某些情況下，甚至可以據此確定其職涯的地位。正如阿什利．米爾斯曾指出：「越來越多公司想尋找能符合自家外觀形象的員工。」[38]在工作場所發揮魅力的重要性產生了一種類似於自我品牌營造（亦即有意識地把自己當作擁有一整套獨特技巧與魅力的人物推銷出去）的管理方式。的確，「自我品牌塑造可能被認為是一種情感的、非物質的勞動，也是個人為了獲取注意、聲譽以及潛在利益而付出的行動」。[39]

性自我（sexual selves）產生價值的第二種方式，是透過視覺（媒體）產業來達成的。在這種產業中，性是透過廣告、電影或電視產業（甚至是色情行業）中的影像而被消費的。直到一九五〇年代，電影都是招搖地以時髦衣物來展示女性身體的，這些衣物欲蓋彌彰地顯露她們的性徵部位，而到了一九六〇年代之後，身體的裸露以及性已成為電影與後起的電視產業中司空見慣的特色。一直以來，若說到解衣露體的角色，那女性是遠遠超過男性的。「到一九九九年，超過三分之二的晚間電視節目都包含涉及到性的內容，這比前一年增長了百分之十二。若說性在一九九〇年代具有什麼關鍵性的特徵，那就是它無孔不入了。」[40]

因此，我們可以說，在整個二十世紀，對於具有魅力之性感身體形象的消費已經大幅擴展，從而增加了各種視覺產業的收入。這些將女性推向前臺的產業，絕大多數的老闆和經理都是男性。[41]《紐約時報》專欄作家莫琳．道得（Maureen Dowd）指出：

儘管買票看電影的人有一半是女性，但在過去十年中，最賣座的前一百部電影中，只有百分之四是由女性執導的。女性只占編劇的百分之十一，占電影攝影師的百分之三，占製片人的百分之十九，占剪輯員的百分之十四。[42]

色情出版影視業乃是女性身體商品化現象中最赤裸的一環，在生產和消費方面都以男性為主。[43]正如希瑟・魯普（Heather Rupp）和金・沃倫（Kim Wallen）所言：「鎖定男性受眾的色情雜誌和色情影視是價值高達數十億美元的產業，而專供女性消費的類似產品則很少見。根據估計，每年觀覽色情網站的四千萬成年人中，男性占了百分之七十二，女性只占百分之二十八。」[44]色情產業只會放大直接或間接地存在於其它領域中的女性性身體，將其充作專供男性目光消費的視覺商品（許多性行為的場面包括對女性進行的情色暴力）。

一旦身體被當成可供性消費的視覺單位，它也可以被轉換為第三種的經濟價值形式，而這種價值形式的產生，乃是藉由將性身體的表現和能力訂出價值。這種能力（例如「怎麼達到性高潮？」／「怎麼找到她私密的性感帶？」／「怎麼口交？」）已被各種經濟領域廣泛推銷以及販售：自助成長書籍、諮商與治療、製藥產業[45]、情趣用品業、賣淫以及色情伴遊服務（越來越多不同社會階層的女性加入這支大軍）。所有這些加總起來，就促成了數千億美元的生產和流通。[46]

人體因為性化而被賦予第四種價值，這是靠網路平臺和社交媒體（利用智慧手機技術進行廣泛傳播）所建構的口碑經濟來實現的。吸引人的身體照片（有穿衣的，也有裸體的）透過手機得以廣泛流通。[47]這類圖像的流通可以透過公司的贊助或廣告，而在網路平臺上被資本化。[48]例如，可將由並非在美容美體產業工作的女性所開發的美容美體影像部落格，充作巴黎萊雅等大型公司的平臺，以便透過被認為不屬於該產業的普通行為者來對女性進行訴求。[49]在 Instagram 或其它平臺上擺姿勢的頂級模特兒，單靠一張照片即可能賺進數萬美元。[50]

最後，在日益擴大的短期或長期的性交易市場中，「性人格」（sexual personhood）的視覺化可被轉化為資本，而且這個市場也已經藉由網際網路技術被強化和正式化了（例如在各種「認乾爹」的網站中，有人以「送禮物」或「一起玩玩」為幌子，來提倡中產階級的軟賣淫）。性的、情愛的和婚姻的市場模糊了付費和免費之間的區別，並以多種形式加以落實：隨意性愛、約炮、短期或是長期約會、同居或是結婚。性魅力的培養構成了在交易市場上經營自我品牌的一種方式，而這種市場既是經濟的、又是性的。媒合「乾爹」和「甜心寶貝」的交友網站有力地證明了，市場形式越來越常介入性邂逅中，使男女直接處於受供需機制調控的視覺展示以及競爭中。就像某個網站所描述的：「網站『我的甜心老爹』於二〇〇四年上線。它強調的通常是以下這種乾爹和甜心寶貝的組合：願意讓你開心的女孩子，年輕、美麗而且心懷憧憬；有錢、愛照顧人且出手闊綽的老練前輩，願意寵溺特別的妳。」[51]女性將自己的臉蛋和身材暴露在一個有組織的市場上，公開供各界隨意瀏覽自己的個人資料，從而將自己的身體轉變成圖像，也因此成為可交易甚至可拍賣的商品。[52]生產價值的一方（女性）以及消費價值的一方（男性），都在一個以市場形式存在的社會場域中相遇了。根據報導，唐納．川普曾與色情明星有染，後來又與曾擔任模特兒的女子結婚，這兩個例子都充分說明了情色資本在相異的社會場域、在兩個不同的視覺市場（色情和模特兒產業）以及在性與婚姻的市場裡，都變成了可代換的商品。

這裡總結一下：女性身體的吸引力和性是可代換的商品。女性身體耗用各式各樣大量的消費品，用以改善和塑造容貌體態，而這樣的容貌體態又被「投資」在多個市場上，用以產生資本。這種市場中的金流是靠象徵性的經濟來維持的，而這種經濟可使性和性魅力成為「女人味」的一種屬性，令其變成一種生產出來以供觀賞的真實商品。YouTube 上的美容美體影像網誌、色情電影、公司業代工作、有錢丈夫、灑錢供玩樂的凱子爹、偶爾釣來一起出遊的男朋友，凡此種種，都是作為圖像的性變成了可交易商品的例子。我們不妨因此認定，性身體的形象是我所謂「視覺資本主義」中所固有的，而且這種資本主義藉由身體和性的表演化，藉由將身體和性轉化為在不同市場中流通的圖像，於是創造出巨大的經濟價值。視覺性（visuality）使身體成為由消費物品塑造出來的消費場域；它被轉換成勞動生產領域中的一種資產，成為可在各種視覺產業中出售的圖像；它讓性成為一種需要消費專家諮商的能力形式；它可以藉由口碑經濟在媒體技術中傳播；最後，它還可以為行為者在性領域中獲得重要地位。在視覺資本主義中，「外貌儀表」是一種自我投資的形式，它沿著金錢和性的脈絡傳播開來。在這個消費和性連鎖中，經濟和性無縫地相互構成，而性正是金錢源源不絕流通的一個點。我們大可直白地說，不同市場藉由性身體與性交換組成了一個縱橫交錯的網絡。這種交錯產生了更可觀的視覺市場，在這些市場中，價值是透過對性身體圖像的估量來創造的，而這些圖像則專被經濟市場和性市場中的目光所消費。美的視覺標誌和消費品都被一條連續的鏈轉換成具有性魅力的身體，而這一條鏈更藉著將魅力身體變成價值來源的方式，在經濟體系中不斷地反覆補充這種身體。凝視乃是提取這種性和審美剩餘價值的重要方法。交友網站和社交媒體的出現，使得視覺方法被放大和增強，而這些網站和媒體也使行為者處於能彰顯理想化和富吸引力的自我位置，令這自我得以在各式各樣的視覺平臺中廣泛傳播。這些平臺使身體和性邂逅的市場正式化了。

根據女權主義理論的批判，女性在家庭中的無償工作令資本主義的引擎得以形成，並且維持運作。[53]消費資本主義藉由推出具性魅力身體的工作機會，來對女性進行不同方式的利用。在工業資本主義的民間社會中，男性要求女性的身體只能透過婚姻或是賣淫出售。[54]而消費資本主義改變了這一情況，因為那將性組織起來的社會與經濟結構已使女性不再受家庭的約束，並使女性身體經歷普遍的商品化過程，而這過程可令女性身體進入市場（同時是經濟的和性的、性的和婚姻的）流通。這種對於女性性身體的挪用構成了馬克思意義上的「價值剝奪」（expropriation）：一個階級（男性）從另一階級（女性）的身體榨取價值。這反過來又解釋了當代女性之社會存在的一個自相矛盾的特徵：儘管女權主義已然獲得力量，變得名正言順，但女性卻因性身體的關係重新被導入由經濟所主導的關係中。

評價

正如阿克塞爾・霍內斯所主張的，「認知」(recognition)具有兩層意義：其一是知覺性的（看見某人、注意到某人的存在），其二是象徵性的（須經一番努力才能弄清他人的社會地位和價值）。[55]對於霍內斯而言，第一種比第二種重要，前者甚至是後者的先決條件。然而，知覺識出(perceptual recognition)不僅僅是一種知覺行為而已。注意到他人的存在須取決於歷史上可變的道德及認知工具。人格和社交關係的視覺化確實需要新的理解與感知模式，而這反過來又會深刻地影響認知。評價即是影響認知這一感覺行為的一種理解方式。

越來越多人認為，評價是現代互動重要的認知和社交的特徵，主要透過正式的測驗而被教育體系與企業所用。[56]評價也是關心估量、績效與生產力的官僚機構工具。但是，它目前已成為擴展到媒體的普遍社會活動（例如真人實境秀），並透過「讚」和「分享」鍵蔓延到社交網絡。實際上，如果不把評價視為社會和技術活動上的一種關鍵作用，我們就很難思考社交媒體。評價是內建在網路平臺上的，但在企業和學校中也獲應用。評價已成為行為者認知定位的一個普遍方式，與價值的認知相呼應，而且行為者雖是評價者，同時也以與他們本身作為圖像消費者的相同方式受人評價，並將自己轉變為他人凝視的圖像。人格的性化將邂逅轉變為視覺評價的執行。由於視覺評價具有許多關鍵認知力的特徵，因此對於關係締結和解除的方式具有影響。

視覺化彷彿用上了快照功能，讓人得以即時做出評量；對象通常在幾毫秒的時間內就可以被感知並且受到視覺評量。[57]正如認知心理學家所發現的，視覺評量是一種「既快速又儉省」的識別行動，它只依靠少量的訊息就可以形成對某類對象的偏好。[58]由於視覺評量的速度極快，行為者傾向重視傳統上普遍被大家所接受的魅力特徵，因為這些特徵已在媒體圖像和時尚產業中被組合成一套標準（乳溝、窄腰、長腿、金髮、皮膚白皙光滑、體型纖細等）。因此，視覺評價往往會偏好那些最接近標準典範和魅力形象的人，而將不具這些條件的人拒之門外，從而造成大量缺乏吸引力的人。

視覺評價的快速特質也使性的評價成為社交互動中相對較片面、較缺互動的事。視覺評價與要求象徵性和社交交流的認知正好相反，因為前者原則上可以在沒有任何重要互動的情況下進行，而且可以片面為之。它由評價者的目光作為介導，由評價者自己決定誰有吸引力、誰沒有吸引力。

視覺評估的第三個特徵再一次與它的速度有關，因為它將價值的屬性轉變為一個二元的過程：一個人要嘛「火辣」，要嘛不「火辣」，要嘛吸引人，要嘛不吸引人。就像一位四十一歲的以色列男記者丹（Dan）所說的：「每次我遇到一個女人時，我立刻知道自己是不是想吻她。」這種二元分類又一次建立在媒體圖像的常態評價方式上，而這些圖像將「女人味」和「陽剛氣」（相對比較次要）定義為性吸引力和性感的標準。

視覺評價的這三個屬性（快速、片面性與二分法）已透過 Tinder 等應用程式進一步被正式化和制度化，並將人轉變為被消費的形象。的確，Tinder 的主要技術創新恰恰在於實現高速以及二元特性（大家都知道的「向右滑或向左滑」）。這種情況令視覺評價具備了第四個屬性，而令其實現的正是網際網路技術，因為它的速度有利於更大量的互動機會。「向右滑或向左滑」需要一種純粹基於視覺的快速評價方式，讓人能夠快速選擇以及快速互動，因此能更有效對上尋找性伴侶的人的胃口。Tinder 加重了視覺評價的快照特徵，而這是透過辨認出那套已被完善組合成魅力特徵的標準來實現的，並且具有區分的效果（要嘛「火辣」，要嘛不「火辣」）。人簡化為肉軀，而那能行動、會說話的肉軀又變成了靜止圖像或是快照，而評價的舉措就成為瞬間估量出某一靜止鏡頭的行為，進而落實為精準、快速和區分性質的「要」或「不要」，也因此在性人格視覺化和技術兩者之間形成了無縫的和諧。

凡妮莎（Vanessa）是出生於奧地利的一位行銷公司的創意文案。她住在倫敦，現年三十二歲。她提供我們一個範例，讓我們看到性人格的可視覺化為何特別適合網際網路技術：

凡妮莎：我在柏林的幾位朋友以前沒有使用 Tinder 的習慣，但現在他們都使用了。

採訪人：妳本身會使用 Tinder 嗎？

凡妮莎：喔，當然會。

採訪人：妳能向我描述一下 Tinder 上典型的互動情況嗎？

凡妮莎：妳可以先瀏覽其他人的個人資料。妳其實不會喜歡他們大多數人的臉。手指向左滑的感覺其實很有趣。妳用這個動作來對付那些看起來霸道的、傲慢的或愚蠢的男人嘴臉其實很棒。

採訪人：但妳總有看上眼的吧？

凡妮莎：當然。

採訪人：那麼接下來會怎樣？

凡妮莎：那妳的手指就向右滑囉，如果他們也向右滑，我們就可以開始聊天，互傳文字。一般來講，交談很快就會扯到性的問題。

採訪人：比方說？方不方便告訴我呢？

凡妮莎：哦，沒問題！過程大概是這樣的：「嗨！想不想見個面？」「好啊！」「告訴我，你有什麼打算？」妳的回答通常會帶有性暗示。「我突然很想要。我十分鐘內可以在（酒吧名稱）和你見面，我真的很想要。」如果妳真想讓男人把持不住，不妨再加一句：「我想好好吹你一下。」

採訪人：妳說這是見面之前進行互動的一種正常、標準的方式嗎？

凡妮莎：是的。完全正常。誰都認為這沒什麼大不了的。我的意思是，這不就是妳為什麼要認識對方的原因嗎？

Tinder將性對象定位為一個圖像，並將互動建立在視覺評價的二元機制上，亦即選擇或不選擇，向右滑或向左滑。性圖像可在多種技術平臺和社交媒體中傳播，以便受人評價。[59]例如，

「用手機發送色情照片或色情簡訊」（sexting）的做法，已經成為一種非常普遍的交流方式，這代表了性、視覺性、技術和評價之間的交互作用（更多內容請見下文）。

視覺評價的普遍化創造出標竿化（benchmarking）的過程，這使人聯想到公司企業的做法。

> 標竿管理是管理階層用來改善自己部門或組織營運的技術。……該技術由兩個部分組成：衡量組織關鍵營運項目的表現和效率，然後將其與其它組織的最佳績效進行比較，以便鎖定需要改進的領域。[60]

標竿管理需要有意識與無意識地參照某個標準（性能或是美感等），以及拿出評比的心態（將評估對象與其它對象進行比較，同時期望進一步的優化）。性的標竿化也被網路文化放大了、體制化了，這就好比網路用戶（職場的或是個人的）會努力美化自己的簡歷以及自我介紹來增加吸引力。Tinder 透過魅力指數的運算為用戶進行配對，從而將迷人身體的視覺市場交付給某種標竿管理的形式，而這種形式又因演算法的運用而更趨完善。[61]視覺自我既已成為一種在社交網絡上展示自我的首要方式，那麼在社交媒體上傳播的視覺自我已然成為（套句《紐約客》某評論員的話）「折磨人的理想化形式」。[62]我相信，這是時下人家普遍用手機發送色情照片或色情簡訊進行交流的原因之一，我們可以將其視為評價性身體並且受人評價的做法。

邂逅場合權充評價面試

視覺評價主導浪漫邂逅，且是它的先決條件。然而，由於自我是以品牌化的「自我」身分與人碰面的（設法展現自己的最佳外表形象），人格屬性的非視覺評估也普遍存在碰面的場合中，尤其當事雙方旨在建立品味、生活方式以及心理特徵等協調性的時候，更是如此。由於受到交友網站的影響，這種評價越來越常以訪談的形式加以落實。就和視覺評價一樣，「訪談」評價也越來越常成為二元化的評價。卡提雅（Katya）是一名六十一歲的法國女性，在接受採訪時已離婚九年，她仔細描述和男人見面時所承受的壓力：

卡提雅：出去約會壓力真的很大，因為和對方見面後，妳心裡便一直想：「會不會就是他了？」然後妳會盡力朝「不是他」的方向去想。只要對方一點失當，我就不考慮他。

採訪人：比方什麼樣的失當？

卡提雅：各式各樣。比方對方整晚都在談論自己，幾乎不問有關我的問題。或是自誇：「我是第一次做這個」或是「這檔事我最拿手了」。我覺得那些故意展現男子氣概的傢伙特別可笑。有的喝太多酒，有的抱怨食物，或者表示不喜歡我在意的東西，例如歌劇。碰到這種情況，我只能將他放生或是給他不及格的分數。

這造成我很大的壓力。……以前不是這樣子的。比方妳因工作關係或經朋友介紹認識某一個人，妳會有很多機會對他們進行第二次或第三次的考察。記得年輕的時候，我主要是在自己身處的環境中（例如大學校園或是職場）認識男性的。我還記得有個叫菲利普（Philippe）的，一剛開始我根本沒注意到他。他相當低調，長相又普通，並不是那種會讓妳多看一眼的人。然後有一天，在我們認識了幾個月後，我們和幾個朋友一起吃晚餐，他當時說了一些最好玩的笑話，突然我看待他的眼光改變了，我心想：「哇，這個人可能很風趣。」所以我提起興趣了。我們前後約會了兩年。妳看過《BJ單身日記》嗎？妳看過那部電影嗎？

採訪人：看過。我也讀過原著。

卡提雅：我沒讀過原著，不過看得出來那顯然不是什麼藝術鉅著，但我確實喜歡那部電影，前後三集我都喜歡。他們一開始並不喜歡彼此，但持續有碰面的機會，就這樣過了二十年，還是十年吧，最後他們終於以不同的眼光看待彼此，以前行不通的地方如今行得通了。所以他們給對方很多「第二次機會」。他們屬於同一個人際圈子；他們犯了錯誤，然後改正錯誤；他們相互之間都犯錯誤，但是他們也在彼此身上看到了以前從不曾看出的長處。他們就這樣慢慢地認識彼此。並不是那種妳當下就得決定取捨的情況。

卡提雅非常恰當地呈現了一種評價模式的轉變，而這種轉變是消極的，也就是說，當事人參照了不容置疑的、高度腳本化的合適伴侶典型，而且從統計數據而言，其結果通常就像職場面試那樣，最終令其做出「要」或「不要」的二分決定。在公司企業中如此普遍的面試機制自此滲進了浪漫邂逅中：其目的在於過濾掉、排除掉不符的資格候選人。另一個例子可以在拉爾夫（Ralph）的陳述中看出來。拉爾夫是一名現年四十四歲的經理，在倫敦和蘇黎世的一家投資公司工作。從我們在訪談前所進行的討論中，我發現他十年來一直在尋找可以與之安定下來的女人，但是沒能成功。他說：

拉爾夫：我已經約會二十多年了。我可以告訴妳，自從我二十多歲開始尋找女友以來，這些年來情況發生了什麼變化。我年紀雖然沒那麼大，但其中的變化我是看得清清楚楚的。

採訪人：請你描述一下這種變化好嗎？

拉爾夫：如今想吸引女人的注意力好像很困難。她們似乎一直沉浸在手機、臉書和Instagram裡，只關心別人對她們的評論。她們不斷檢視自己的郵件。我二十幾歲開始約會的時候從未有過那種感覺。今天，我深深感受到她們的心不在焉，反正注意力不在約會現場就對了。她們很難專注在你身上。也許你會說，這只

> 是我自己選出來的一個樣本，那些留在市場上的樣本可能不是這樣。但是我不同意。我認為這是十分普遍的現象。（到了採訪的後半段）最近我遇到一個女的，她竟不知道邁阿密在哪裡。她以為洛杉磯比邁阿密更靠近歐洲。我覺得好尷尬。我沒耐性和這種人打交道。出局。一秒鐘就決定。我沒耐心，Tinder 上還有成千上萬的對象在等我呢。

透過科技發展，人們越來越容易相互結識，而在開放市場上被組織起來的開放的性也引起對人加以評價的問題。科技可提供大量的潛在伴侶，這使評價他人的行為具備了正式的特徵，即類似於「面試」的場合，而當事人必須據此有效地區別合適的和不合適的候選人。由於那些潛在的伴侶是「去背景化的」，也就是說，是從他們各自的社會框架中被抽離出來的，所以行為者變成了純粹進行選擇和評價的當事人，只能設法從抽象的脈絡（而這脈絡本身即具有抽象商品的形式）中理解一個人的價值（就像公司是抽象空間那樣，咖啡館、酒吧或餐廳也是標準化的抽象消費空間）。此外，會面時的提問通常採用標準考試的形式。對於卡提雅和拉爾夫來說，和潛在的伴侶碰面就相當於參加一次要嘛及格、要嘛不及格的考試。儘管這種「面試官」並不總是清楚了解自己的偏好何在，不過他們確實對自己不想要的東西胸有成竹，也因此利用這些碰面的場合做出「不及格」的判決，並且透過類似於 Tinder 應用程式中代表「不選擇」的手指左滑動作，來表達他們個人品味與判斷的原則。

消費評價

性與愛情的交流不僅以先前的消費行為作為先決條件，同時也在消費的場域中完成，而且當事雙方也被視為消費者。在二十世紀浪漫情感與依戀的形成中，數一數二最深刻的、最重要的社會學意義之變化，可以在愛情互動對於消費品味那無法割捨的依賴中看出端倪。在二十世紀初，傳統的「友伴式婚姻」（companionate marriage）被「婚姻是消費者共享休閒」的觀念所取代。[63]約會本身即是在消費場域內部進行的。餐館、酒吧、電影院、觀光場所和迪斯可舞廳構成了邂逅和互動的主要場所。[64]《紐約客》有一篇專欄文章即以諷刺的筆調評論了當今約會和談情說愛的狀況，這確切地說明了愛情、休閒場域和消費品味之間的密切聯繫：

> 有段時間，你們通常都在餐館和酒吧裡見面，但是今晚你們決定待在一起做飯吃。人家都說在家做一頓飯的秘密食材是愛情。確實如此。**其它重要食材還包括在商店買莫札瑞拉乳酪時產品說明提到的印象派畫家。**[65]

這個例子很好笑，只因為它掌握了時下約會的一個基本要素：約會地點通常選在一個商業的休閒場所，並且包括相似的消費品味的認同，而這些品味有些是感官方面的（對的乳酪），有些則與文化能力（印象派畫家）有關。在《紐約時報》一篇描述人們墜入愛河的許多方式的著名專欄文章中，作者提出一個問題：你是怎麼知道自己墜入愛河的？其中一個答案是：

> 當你覺得自己遇到了一個從你夢中走出來的人。保羅・魯斯特（Paul Rust）三十六歲，是美國網飛（Netflix）喜劇電視影集《愛》（*Love*）的編劇、導演兼執行製作。當年在家鄉愛荷華州勒馬斯（Le Mars）的時候，他這個十來歲的少年一直夢想能結識一個像他一樣喜歡地下龐克搖滾的人，也就是具「藝術家心性」的人……多年後，他在洛杉磯參加一場令人生畏的生日派對時，躲進了廚房裡，並在那裡遇見HBO《女孩我最大》電視影集的編劇，來自紐約、三十八歲的萊斯利・亞芬（Lesley Arfin）。他與對方四目交接，然後攀談起來。她也喜歡**龐克搖滾**。她是一位作家，既伶俐又漂亮。[66]

請注意龐克搖滾在這裡的重要性，也就是說，音樂品味正是他定義夢中人的特徵，是眾裡尋她千百度的指標。在這個例子裡，陷入熱戀乃是藉由消費評價來實現的。從二十世紀的前幾十年開始，尤其到了一九七〇年代之後，共享偏好的休閒活動以及文化品味的能力在配對上起了決定性的作用，而且這種親密的體驗還鞏固了消費的主體性。於是，消費品味以及評價會從內而外建構配對過程及慾望本身。它們加重了一個人獨特的主體感。下面這個反面例子，說明了消費評價如何影響一段關係。蒂娜（Tina）是一名五十歲的德國女同性戀者，她講述了自己上一次的戀情：

蒂　娜：我患有乳糜瀉。妳知道那是什麼病嗎？

採訪人：一種自身免疫的疾病，妳會對麩質嚴重過敏。

蒂　娜：沒錯。所以我不能吃任何含有麩質的食物，連一點點都碰不得。讓她（蒂娜的前女友）煩惱不已的一件事是，我不能吃她喜歡吃的一些食物。她抱怨我無法品嚐到她最愛的一些東西，無法分享她對食物的熱愛。

這位女士先前的伴侶還是可以繼續維持自己的飲食習慣，但是這個伴侶卻對她無法分享自己對食物的感性愛好而遺憾，這暗示了消費品和消費習慣在構建親密關係中的重要作用。消費品味的共享是建立親暱情感與感官的平臺。如今，依戀關係是圍繞著嗜好、美食、品酒、旅行、體育和文化消費而建構起來的，使消費者的習慣成為評價的對象。如果兩個人難以一起投入休閒場域，一起欣賞同樣東西，這就意味他們難以組織親暱關係並且據此產生情慾。商品在這裡充當了形成和鞏固紐帶的介質，同時也是關係轉淡和消失的因素。從精神分析學家唐諾・W・溫尼考特（Donald W. Winnicott）的角度來看，它們都是過渡性的（transitional）物品[67]：它們組織了外部世界與內在自我間的界線，並主導著自主性和依戀感，因為這同時是一個人表達個性以及投入與他人之間依戀關係的基礎。身體、個性和品味是不斷受到評價的對象，也是建立和解除關係的過渡點。

性的貶值

根據女權主義學者愛麗絲・埃克斯（Alice Echols）的觀點，第二波女權主義的主要目標是提出對治「文化賦予男性價值而令女性貶值」的戰略。[68]然而，儘管一些女性（但仍不多）已在經濟和政治領域方面嶄露頭角，她們似乎在性與情愛的場域中遭遇了嚴重的貶值過程。[69]許多女性主義者和性經濟學（sexual economics）學者都對這種貶值進行了分析，他們認為性被「廉價化」了，[70]因為男人不再需要為性付錢了。對於馬克・雷格內魯斯（Mark Regnerus）而言，免費的性是以下三項獨特的技術所成就的結果：「其一，避孕藥的廣泛使用以及由此產生的一種心態，即性生活的目的本就不在受孕；其二，大量生產的高品質色情影片；其三，線上約會／紅娘服務的出現與發展。」他委婉地將這三項技術形容為「抑價因素」，亦即降低約會與性愛成本、貶抑女人價值（最後這項是我們假定的，作者本人並未這麼說）的因素。[71]然而，這種解釋忽略了一件事：男人也會珍視許多自己不須付費的活動（例如上教堂、參加義工活動、去海灘散步等等），因此等於無法解釋為何一旦不再需要為性（以及由此延伸出的女性本身）付費時，性就變得完全沒有價值或者價值甚低。無償的性歡快使得女性身價貶值一事必須加以說明。被某位女心理學家描述成所謂的「約會療癒」（dating rehab）計畫（這個命名其實不太正確），正呼應了我對女性貶值的想法：

如今，約會已變質了，證據就在一些徵兆上。看看妳自己是否曾經歷過以下任何一種情況：

妳和一個似乎對妳很感興趣的男人見面，誰料他對妳的熱情很快便消失了，他才踏進妳的生活立刻就跑掉了。妳害怕再度燃起希望，因為妳不想再度失望。妳在一場派對上又和人來電了，感覺心中有種東西在醞釀，但是隨後卻不見他有任何行動。妳可能回想自己是不是誤解了他的示意，或者以後妳可能發現他實際上正和別人交往。那麼，為什麼他要和妳調情呢？妳以後又怎麼能信任任何人，更不用說相信自己的直覺了？妳和網上「邂逅」的人互動頻繁，並且在第一次赴約的途中興奮不已。然而現實卻與妳的想像迥然不同，因為對方與他自己所描述的出入極大，讓妳左看右看都不像。妳的期待結果一無所獲。後來妳的確開始固定與某人交往了，但是當妳率先提到承諾的問題時，你們的關係開始降到冰點。妳不禁後悔自己說出的話，並想弄清自己是不是徹底又把事情搞砸了。

這些情況發生在妳身上時，妳可能會感覺很怪異，但其實這是極為普遍的事。**原先看似緊密的關係突然變得微不足道，事先根本沒有或是幾乎沒有徵兆。其實這已變成男女互動的行為準則了**。據我觀察，這種情況在我那些單身的客戶中發生的頻率如此之高，高到令人心驚，以至於我知道如今約會這碼事再也行不通了，因為它已經演變成一個端靠運氣的行為，這舉措在創造**紐帶**方面上的無能為力，教人悲嘆。

開玩笑嘲弄女人的身體、揶揄過胖的女人、貶損年齡和自己一樣大或是比自己大的女人、對女人的外表品頭論足、約會強暴、無差別地積累性伴侶的數目以拉抬自身地位、根據美醜和胖瘦來訂出價值等級，凡此種種，都構成了貶低女性身體與自我的司空見慣策略。然而，這些策略通常被視為約會行為中無傷大雅又不可避免的一環，誰知女性卻須藉由自助成長書籍以及心理諮商等方式，來對付這主要由她們承受的心理負擔。性邂逅可能會產生價值貶抑的痛苦經驗。雖然有些人或是多數人會快樂地為一場尋伴經歷畫下句點，但這並不能改變「貶抑女性似乎已成為性生活的固有現象」的事實。

在女權主義的批判理論中，「物化」（objectification）與「性化」的概念經常被用來解釋女性價值的貶低。正如琳達・斯摩拉克（Linda Smolak）和莎拉・穆爾南（Sarah Murnen）所言：

> 性化作用發揮普遍的影響力，它以多種形式存在，並令性感的人獲得回報。此外，不遵守性感規範的人則會受到懲罰，或至少機會減少了。[73]

這個定義忽略了一個事實：物化能提供愉悅、賦權以及主體的感受，因為它使女性得以從自己的身體中產生經濟和象徵的價值。如果忽略性化的經濟底蘊，「自我物化」（self-objectification）的概念最終會將女性甘願參與該過程的現象簡化為「虛假意識」（false consciousness）[I]，並無視其中所包含的（象徵的和經濟的）估值機制。此外，上述定義也無法區分男性貶抑女性的各種不同過程，因為這種貶抑行為部分是有意識的，並與男性靠貶抑女性以達到建立自己地位的目的有關；部分是無意識的，源自於在面對廣大的性市場時，當事男性在賦予女性價值時碰到認知上的困難。性或甚至性化本身，並非天生即包含低下的東西。事實正好相反，那是因為性處於一個由男人控制的市場中，而這市場使得性化成為一群人的支配經驗，同時成為另一群人的屈辱經驗。儘管它們提供了權力在握和愉悅的感覺，但我還是要批評性的商品化以及文化色情化[74]，因為這兩個因素構成了（性）市場中藉由看似隱形的男性之手來控制女性的機制。

男性對性市場的控制是以多種明顯的（或隱藏的）方式進行的。首先，如上所述，男性控制了大部分的性／視覺產業，因此定義女性價值的關鍵點由他們說了算。控制「凝視」（gaze）造成經濟和意識形態上的可觀結果，尤其對於男人定義女人價值何在以及女人自我定義價值何在的方式，更是影響深遠。這裡我舉一個例子：就像哈佛大學經濟學家森狄爾．穆蘭納森（Sendhil Mullainathan）所主張的那樣：「一項研究發現，男性不太願意與比自己更聰明或是更有野心的女性約會。」[75]應該補充一點：同樣這個男性幾乎不會介意與一個比自己更具性魅力的女人約會。這背後的原因是：藉由性魅力來定義女人的價值，確實是一種間接削弱女性才能和智識的手段，目的在使其社會地位不要凌駕男性之上，並且確保男人在經濟和社會上的支配權。其次，男人掌握女人魅力標準的定義，比方他們會將女人的青春年少視為一等一的重要指標，然而青春年少並不是男人魅力獨特的或是必要的特徵。這是因為女性並未控制塑造魅力和美之標準的意識形態／視覺／經濟手段。相較之下，男人的吸引力是透過他們在社會場域中的立足點反映出來的：這主要是由他們的社會地位和財產所確立的。[76]收入較多與受過高等教育的男性在性領域中地位更高的事實，為他們帶來了三項突出的優勢：其一，他們的性魅力非但不像女人的那麼容易過時，甚至可能與時俱增。男性的吸引力比女性的吸引力持久，這使得年齡成為性領域的一種資源與資本形式[77]；其二，他們可以接觸到更多潛在的伴侶，因為他們有機會接觸同年齡和遠較年輕的女性[78]；其三，男人的性與社會經濟目標之間存在重疊，甚至緊密地契合。男人的性能力與其社會權力並非截然不同或者相反，兩者可以彼此增強力量。然而女人的性地位和社會地位卻比較容易相互衝突。

美會過時

「物化」一詞具有多重涵義。物化某人，意味著根據我的凝視和認可來定義其價值，使其成為我權力和控制力所作用的標的。如果說性化讓一方具有定義另一方價值的能力，那麼就可以得出以下結論：在關係中，性化的客體實際上處於劣勢。

> 性化有助於女性發展出這種信念：性感的外表很重要，不僅只為吸引男人，而且保證能

I　虛假意識：某些馬克思主義者使用的名詞，係指資本主義社會中，刻意向無產階級灌輸的有關物質性、意識形態和體制等誤導性想法，目的在於隱瞞無產階級正在被剝削的事實。

在生活各方面取得成功。這種信念是將性凝視內化的關鍵，亦即自我物化。[79]

大多數道德哲學家將自我物化視為自我道德價值的減低。對哲學家阿維賽・馬格利特（Avishai Margalit）和瑪莎・納思邦（Martha Nussbaum）而言，物化是指透過貶低他人價值的手段來與其建立關係的現象，無論這是因為以貌取人，還是將其視為劣等（例如對待動物那樣），或是僅從性的角度切入，只專注其身體（或其身體的一部分）。[80]物化的第二層涵義，乃從「自我商品化」（commodification of selfhood）的觀念衍生出來，而且意思與其近似。這不僅意味我們從身體和視覺外觀的標準對他人和自己進行評價，而且還意味我們將自己的身體視為市場上與其它相似的競爭商品並列。身體成為估量、排名和判斷登不登對的物體。最後，一些站在女權主義立場的批評者大多擔心這個事實：男性那物化女性的凝視一旦內化之後，身體與人格的整體觀便分裂了。[81]

這些觀點忽略了我認為自我物化的一個更為重要的面向：它們使一個人對自己的價值產生不確定感，從而產生自我貶低的經驗。這是因為對於大多數女性而言，其性價值的產生實際上仍然沒有實現。在馬克思主義社會學中，商品的價值乃是在具體的社會互動中（例如購買或是以物易物交換）才得以充分實現的。但是，女性能生產的價值，通常會被阻止在性市場或經濟市場上充分實現出來。[82]例如，人家會認為女性「年紀太大」，而無法聘來擔任某些特定職位或是適合與其建立關係。對於女性而言，她被賦予的性價值通常成為即使生產出來也沒有用的資本，其價值只能產生不確定的或是微薄的回報。這與男性的吸引力形成鮮明對比，因為男性具有更長的保質效期，並且與他們的社會價值相吻合，從而創造出較穩定的自我形式。

此外，由於視覺評價本質上就不可靠，因此本體論的不確定性也就跟著產生。研究表明，如果長時間關注同一個對象，則基於視覺吸引力或視覺暗示而形成的觀點會很容易改變。比方，如果你注視一個戴眼鏡的人不超過十五秒，你會覺得他比沒戴眼鏡的人聰明，但是，如果觀看的時間一拉長，上述的差異便消失了。[83]視覺評價包藏不可靠的本質。安布羅斯是這樣思考自己那段失敗婚姻的：

訪談人：你認為自己為什麼會離婚？

安布羅斯：因為我喜歡漂亮的女人。

訪談人：你喜歡漂亮的女人？我不確定是否聽懂你的意思。你是說你外遇不斷是吧？

安布羅斯：不是。我的意思是說，我娶我太太是因為她很漂亮，簡直辣翻了。我很喜歡跟她一起外出，然後看著別人羨慕的眼神，羨慕我能和這樣的美女作伴。但妳知道，可惜我們沒有將美色變成好個性的妙方。她的性格教人不敢恭維。因此，無論我多麼愛她的身材和臉蛋，最後我還是得和一個「人」打交道。我自認今天已不輕易再犯相同的錯誤，以為美貌會與良善的性格並存。但話說回來，我依舊很難抗拒漂亮的女人。

由於男性性資本的象徵便是有能力展示具有性魅力的女人，因此男人最初的選擇很快就會與其它評價模式（例如她的「性格」）相衝突，這最終使他原先基於外表條件的選擇變得不可靠了。

此外，視覺評價被建構為二元體系（「有魅力」相對於「無魅力的」），因此鼓勵男性快速做出評量，然後放掉其他的人。例如，在《紐約時報》暢銷書《紐約文青之戀》（*The Love Affairs of Nathaniel P.*）中，主人翁奈森尼爾結識那名在小說大部分篇幅裡會與自己維持重要關係的女人後，他是如此思考的：

> 如果漢娜當時能顯得更火辣一些，**他很確定自己前一天會更看重她**，那晚她只是在場一個相對能引起他注意的對象而已。[84]

小說後來將漢娜描寫成一個非常聰明、大方、機智、沉穩的女人，但由於明顯缺乏「騷勁」（媒體通常強調的性感跡象），奈森尼爾本來可能會輕易忽視掉她。這是視覺評價固有的二元性，並且已由科技設備加以落實。那麼我們不妨說，在視覺資本主義中，性價值也是一種能見度偏高的東西[85]，遵循「辣」／「不辣」的二元邏輯，而且這邏輯反過來又意味人們經常遭受被拒絕的經驗，同時也積累了拒絕他人的社交技巧。不過，被拒絕的原因通常只是自我表述時，某個次要細節不符對方期待。換句話說，視覺資本主義創造了迅速打發和處置他人的機制。「過時」也是放生他人的一項指標，因為性感也代表消費品在評價他人時有其特殊的重要性。例如，貝瑞妮絲（Berenice）是一名三十七歲的法國離婚女性，工作是劇院舞臺的裝潢師，她陳述道：

貝瑞妮絲：自從我離婚以來，我曾經和幾個男人約會過，但我發現這是非常困難的事。問題不是出在男人，而是出在我身上。

採訪人：這有什麼困難？

貝瑞妮絲：有些細節會讓我失望。

採訪人：比方什麼？

貝瑞妮絲：我和一個男的約會到了第三次，前兩次的約會中我還滿喜歡他的。誰料第三次他來赴約時穿著一件齷齪的、低級的、令人替他臉紅的襯衫，不是帥氣好看的工人階級襯衫，而大概是他祖父在一九四〇年代舊物店淘來的貨色。我暗自想，他要嘛連最基本的品味都沒有，要嘛他真的不在乎我，或者他和我隸屬於不同的世界，也可能是這個傢伙沒見過世面。就因為這樣，就因為他那件襯衫，他對我的吸引力頓然消失。我這樣說可能有些誇張，只是我覺得心思不再那麼放到他身上了。我努力想要找回被他吸引的感覺，但說來尷尬，那件襯衫確實是個轉捩點。

性魅力在這裡是由消費品引發的，而且很容易被不對的「造型」或外表所動搖，因為性魅力的形成如今在很大程度上取決於真實人物是否能與媒體展示的偶像、圖像和商品站在同一條路線上。視覺評價將人格和商品縫合在一起，是對消費品味以及情感偏好的肯定。因此，消費品是造成放棄對方的關鍵點。在另一個例子中，有位明豔動人的四十八歲法國女人克蘿汀娜（Claudine）講述了與她以前男友的關係：

克蘿汀娜：有一次，他在星期天一大早來找我，他正好旅行回來，就來按我門鈴。我那時還沒有刷牙，也還沒有換好衣服。我穿著睡衣，沒有化妝，頭髮也不是特別整齊。他走進來，我看到了他的表情。他對我說：「發生了什麼事？妳病了嗎？妳還好吧？妳看起來和平常很不一樣啊。」

採訪人：妳回答他什麼？

克蘿汀娜：我摟住他，以為他會吻我，但他沒有。這件事讓我開始思考，有一天我老了，長出皺紋了，這個傢伙到底還愛不愛我。

就像兩個例子所啟示的，當最初的視覺條件（最初促成好印象的前提）消失時，某人原有的魅力很容易便受到質疑了。如果消費品已經成為魅力的內隱背景，那麼它們也就可以和人格畫上等號，並且在物品與人之間建立起無縫的對等，從而暗示會將人作為物品那樣進行正面或是負面的評價。

最後，視覺魅力的整個經濟都依賴於「魅力＝時尚＋年輕」這方程式不斷推陳出新所產出的「造型」（因此，無論是透過化學方法還是手術，抗衰老產業尤其蓬勃發展）。[86]由於年輕女性在性資本中處於最高一階，她們在性領域中占據了頂尖的位置，尤其是在握有高經濟資本的男人圈裡（唐納·川普再次成為這種市場邏輯的典範例子）。[87]但是，若與其它形式的社會資產相比，「年輕」這項本錢天生就包含「會過時的」內隱機制：在時尚產業中，二十三歲的模特兒被認為已經過氣。[88]這意味性領域是由「過時」此一特質（以及伴隨而來的焦慮）所建構起來的，而這特質正是資本主義經濟的重要組成部分，因為它藉由維持青春和魅力的消費品來不斷更新和改善一個人的外觀。[89]下面這個例子說明了視覺評價所導致的過時：泰芮（Terry）是一名三十四歲的法國女性，曾經是高中的輟學生，現在開計程車為業，沒有小孩：

採訪人：妳有男朋友嗎？

泰　芮：妳看到我的頭髮了嗎？什麼顏色？

採訪人：紅的。

泰　芮：沒錯，是紅的。我的紅頭髮不是天生的，是染的。妳知道我為什麼要染嗎？

採訪人：不知道。

泰　芮：因為我男朋友離開我的時候，我的頭髮一夜之間變灰白了。他拿走了我的錢，就這樣離開我，才過一個晚上。那是一年半前的事，我到現在都還走不出來。我受不了，一直哭。我受不了。

採訪人：妳受不了什麼？

泰　芮：我覺得我當初應該做一些後來終究沒能做的事。

採訪人：比方什麼？什麼是妳應該做卻沒有做的？介不介意說出來？

泰　芮：我覺得我不夠寵愛自己的身體。我沒有為了他而善待自己的身體。我沒有像其他女人那樣修指甲、擦指甲油。我穿著運動鞋，穿牛仔褲。我工作，我喜歡工作，我覺得他會認為我是個男人婆，女人味不足。我那時應該穿得漂亮一點，化化妝，去做頭髮，妳知道我的意思對嗎？

採訪人：我知道妳的意思。但是我敢肯定，很多男人還是覺得妳很漂亮。

泰　芮：妳是因為好心才這麼說的。（突然哭起來）我覺得自己不漂亮。我像發瘋似地愛他，並把所有的錢都給了他，現在人家來搬走我的家具，我還不是因為他才欠債的。但是我仍然覺得這是自己的錯。

採訪人：妳有這種感覺，我很難過。為什麼妳認為這仍然是自己的錯？

泰　芮：因為也許事情本來很容易解決的。成為他想要的那種女人應該很容易，但是我沒那麼做。

這名女性因為沒能讓自己符合女性魅力的標準而責怪自己（何況她男友還捲走她的錢），此舉證明男性看待她的眼光已經被她內化了，而該眼光正是透過審美基準對她進行負面評價的。正如泰芮的話所隱示的那樣，依據一把理想的標尺來進行評價，依然是戀愛關係中一個恆久的特徵，而且在這種關係中，伴侶（尤其是女性）繼續以其外貌是否性感而受到對方評判。有位結婚已三十八年的六十八歲奧地利女性，表達了同樣的心聲（我問她為什麼常和丈夫拌嘴的問題）：

> 朱莉婭：他批評我對自己的體重不夠在意。我們經常為此吵鬧，但重點是：我這輩子一直在節食呀。喬治真的不喜歡體重太重的女性，哪怕是超重一點點都不行。所以我這輩子不得不一直注意我的體重。不過我喜歡這樣做。到後來，即使我是為了他才控制體重，而且我們還為此拌嘴，我也很享受這件事，因為這能使我保持魅力。

甚至連已婚的女性也感到如影隨形的恐懼以及身價貶值的威脅，因為以性作為標竿乃是異性戀關係能否存續的重要因素。大量的研究表明一個矛盾的現象：女人對自己的性魅力越關注，就越對自己的身體以及總體不滿意。[90]性標竿不但用來衡量別人，也用來衡量自我，因為人也會根據美的標準來進行比較性質的自我評價。這反過來又隱示了，對於大多數女性而言，在性市場中很難創造或維持（或是兩者兼而有之）價值。正由於創造價值不容易，人們對於自我概念產生了不確定性。[91]誠如一位評論家所言：「女性仇視自己的身體已蔚為一種日常現象，而我們卻沒注意到，這種仇視如何深深沁入我們對於自我的感覺。」[92]由於預期他人會對自己做出評價、預期他人會拿完美身體與完美心理的理想來作參酌標準，由於擔心身價貶值的威脅，性化身體已成為自我傷害的場域與起因。[93]

男性評價女性及其外貌的原因是，男性處於競爭的性領域中，由其他男性對其進行評價。四十七歲的法國男子亞當（Adam）是某大型製藥公司研究團隊的負責人，他的陳述即說明了這一點。他曾和一名女子維持了三年的戀愛關係。但就像他在訪談中告訴我的那樣，儘管他忠於女友，但他仍然不願意將她介紹給自己與前妻生的兩個小孩，也不願意介紹對方和自己的朋友認識：

採訪人：你為什麼不介紹她給大家認識？

亞　當：我的回答保證會嚇妳一跳。

採訪人：試試看，我膽子挺大的。

亞　當：我們是在 OKCupid 網站上認識的。我當時在瀏覽那個網站，但完全不相信自己會遇到什麼好運。後來我看到她的照片，她看起來真的非常非常漂亮。她是黑白混血，渾身異國情調，一張漂亮的臉蛋，瘦瘦的身材，像藝術家，又像受過良好教育而且風趣。我們約了見面。當我見到她時，她看起來很不一樣，有一點肉，長得不錯但稱不上驚豔。我想立刻買單走人，但出於禮貌，我不想傷害她的感受，於是留下來和她說話。令我訝異的是，我竟然很喜歡和她說話。她既聰明又風趣，很容易和她聊開。我對她的感覺很好。後來我見了她第二次、第三次，不知不覺中我們已經愛上對方。我們的性關係實際上也很棒。但是我就是沒辦法把她介紹給我的那群朋友。就是做不到。

採訪人：你能說說為什麼嗎？

亞　當：我以前的幾個女朋友都很漂亮。我想，其他人會如何看待我，他們會不會根據我交往的對象判斷我？這一點很重要。跟一個胖胖的女朋友出現在大家面前，雖然她算漂亮，但是對我來說還是很難辦到。這彷彿要我承認自己哪個地方吃不開了。

亞當和安布羅斯一樣，兩者都表露了男人如何利用女人的性魅力作為社交和象徵性資本的方式，這些男人覺得自己在爭奪魅力女性的競爭中會被其他男人評價。如今，男人是在其他男人的目光下注視女人的，因為性已成為（男人）社會價值的指標。由於亞當享受到了情感幸福，同時又從對方那裡獲得性愛滿足（這等於表明視覺評價的市場具有很大的象徵意義，甚至超越其它形式的評價），因此男人的目光和評價的功用就更驚人了。女性身體的貶值在這裡之所以會發生，是因為她們的身體正位於男性競爭的場域，而在這場域中，男性乃因與其發生性關係的女性而被其他男性評價。

解離造成貶值

另一種視覺貶值的機制，可在「解離」（parcelization）的過程中看到。就其本質而言，視覺上的性化具有將性與自我（是組織價值觀、情感和目標的核心）解離並且專注於情色器官的能力。這是將自我分割為性的器官，使這些器官獲得了自己的作用力，進而產生認知性的行為者的新方法。

在一個有趣的認知實驗中，研究人員透過大量的證據得到以下結論：如果人們以完整一體的方式關注某物體，那麼當這物體被倒置時，他們辨識和記憶該物體的能力就會降低。然而，如果他們以分解的方式關注某物體（即把它視為不同成分的集合），那麼無論該物體是以直立或者倒置的方式顯示，它都可以很好地被辨識和記憶。基於這項實驗，研究人員便證明了，無論以何種方式展示女性（直立或是倒置），都沒差別，但是如果以倒置的方式展示男性，那麼別人就比較難記住他或是回憶他。這反過來又暗示了，女性乃是以身體不同部位的集合體被對待的，而男性則是以一個整體被對待的。[94]這是對性化作用影響極具說服力的經驗證明，這種影響傾向於關注「性的器官」（sexual organs），從而將女性的身體加以裂解。分割現象慣常發生在男性注視女性並與其建立關係的方式上（將女性視為「乳房」、「臀部」或「一雙腿」等性的器官），但也成為在科技文化中圖像傳播的普遍特徵。分割化是忽略女性自我的關鍵認知機制。安吉（Angie）是一位二十六歲的英國女性，目前在柏林擔任電影助理和創意編劇：

採訪人：妳有男朋友嗎？

安　吉：我剛和某個人分手。我想這會持續一段時間，因為我無法立刻回到 Tinder 上再找另一個。

採訪人：為什麼？

安　吉：只要我再連上去，就會開始收到老二照。這不對我胃口。

採訪人：妳說妳會收到什麼？

安　吉：老二照。妳不知道這是什麼嗎？

採訪人：不太確定妳的意思。

安　吉：（笑）他們會發給妳一張自己陰莖的照片。

採訪人：妳是說和妳聯繫的男人只向妳發送他們的陰莖照，而不是臉照？

安　吉：沒錯。只有陰莖。這就是大家現在約會的方式。

採訪人：現在約會的方式原來是這樣嗎？

安　吉：絕對正確。歡迎來到 Tinder 時代。

採訪人：妳不喜歡這樣嗎？

安　吉：不喜歡，一點也不喜歡。

採訪人：妳能說說為什麼嗎？

安　吉：我的說法可能不很酷，不過我覺得挑一個人只看他陰莖的尺寸，這未免太粗鄙了。彷彿我們除了性器官之外，其它什麼都沒有。我覺得這樣做很下流。即使我是挑選男人的那一方，但如果我是根據他陰莖的尺寸或是形狀而選擇他，我還是會覺得被他傷害了。我知道自己明明是女權主義者，按照道理不應該在意這一點，但事實上我很在意。我只覺得這樣很損人，但不明白為什麼。

將性器官的照片發送給別人的做法，形同將身體壓縮為性器官，此舉不僅令器官與人格解離，而且使器官與對於身體的整體視界隔閡開來。因此，身體的視覺化與性化使得身體與自我脫鉤，使得身體成為迅速一瞥的對象，又令器官成為互動的標的。安吉提到的那些男性自我裂解的現象，說明他們也將女性視為一組分割開的的器官。安吉在詮釋自己的反應時表現得猶豫不決：「女權主義」的觀念告訴她要夠酷（亦即見怪不怪），但這種要求自己得冷靜以對的心態卻與她那「展露性器官是低俗做法」的觀念相互衝突。誠如羅莎琳德．吉爾（Rosalind Gill）所深切提醒的那樣，這種自我性化（self-sexualization）與較早的那種性的物化（sexual objectification）形式有所不同，因為前者是對女權主義的一種**回應**，是一種貌似內行和好玩的行為，來自於那些覺得自己有能力操弄大男性主義的符碼並以其人之道還治其人的女性。[95]最後這點也許最值得我們注意：我們無法清楚知道，在這種互動中誰是主體，誰是客體？男人和他的陰莖才是獨立的主體呢？還是他們與自己的人格脫離，以至於他變成被女人專用的客體呢？陰莖到底是被物化了，抑或它是物化的主體？這很難說，因為那是同時發生的事。男人藉由陰莖來自我呈現，而他本身也將自己潛在的伴侶視為一組性的器官的集合，後面這一方式不過是前者的鏡像。「以莖取人」的方式吸引女性參與一種特別類型的互動，在那其中，男性站在較強勢的一方，因為他們具有較強的解離能力。不過這也吸引女性採取同樣的解離辦法。

自我的視覺化及其帶來的新視覺機制是一種「物化」的過程，因為這過程將自我分解成部件，並且將這些「部件」放置在市場上，以便讓大量互別苗頭、已商品化的性的器官透過高速評價的形式被人分類揀選。由於性化過程將身體分解為性的器官，它傾向於將身體與其它社會身分的來源分開，從而反映並放大了身體與自我之間的二重性以及割離。此過程便是造成色情簡訊越來越氾濫的主要原因。凱西・馬丁內斯－普拉瑟（Kathy Martinez-Prather）和唐娜・范迪維（Donna Vandiver）在美國一所南方的中型大學調查大學新生，發現「大約三分之一的受訪者表示，自己在高中時代曾使用手機向別人發送自己的色情簡訊或照片」。[96]李・穆瑞（Lee Murray）等人也對雪梨不同教育機構的年輕人（十八歲至二十歲）進行研究，發現百分之四十七的年輕人表示自己會發色情簡訊或照片。[97]這種做法將性、視覺和技術混合在一起，並將身體分解為器官。

分割造成貶值，因為從定義上來看，器官不如整個身體或是整個人那麼特別或是獨一無二。這就是為什麼法律學者理查．波斯納提倡可以設立器官（腎臟）市場而非身體市場的原因了。[98]實際上，器官比起一整個人更像商品，因為器官可以與身體的情感或是心理的自我解離開來，也因為它們數量較多且較容易替代。器官與身體不同，因為正如女權主義學者卡蘿爾．巴特曼所言：「身體與自我之間存在著不可分割的關係。身體與自我並不相等，但是自我與身體是密不可分的。」[99]

漢斯．喬納斯（Hans Jonas）區分了前現代技術與現代技術。[100]他主張，構成現代技術的部分特徵是，手段與目的之間的關係不再是線性的，而是圈形循環的，以至於「新技術可以啟發、創造甚至強加新的目的，而且這些目的以前從不曾被設想過，因為新技術只提供可行性而已……因此，技術增加了人類慾望的標的，包括以技術本身為標的之標的」[101]。我們可以說，技術確實增加了新的性標的，擴大了性的器官的商品化、分割化與流通。

以上這一切都表明，性化和識別是處於道德光譜之相對兩端的東西。識別意味著有能力正確認識一整個人，認識其目標和價值觀，並且與其建立依存關係。[102]評價乃是透過預先建立的標準來估量一個人的價值。評價和識別乃是兩種不同的認知態度，而前者比後者漸占優勢的事實，說明了被我稱為「消極選擇」的社會風氣漸占上風的原因，畢竟評價常常導致放棄。

阿克塞爾．霍內斯在坦納講座（Tanner Lectures）的演講中主張，物化是識別（recognition）與認知（cognition）之間複雜的相互作用[103]，並深具洞見地指出，物化會導致對識別的遺忘，同時提出如下問題：認知如何使先前的識別被遺忘，亦即我們所感知的東西以及我們感知的方式如何使我們無法正確地牢記他人的存在或是人性。性市場即提供了這種遺忘的有力證據。霍內斯提到，注意力（尤其是低注意力）的作用可以解釋得通這種識別行為是如何被遺忘的。我將再進一步主張，由視覺控制的注意力會導致注意力不集中，尤其當視覺對象以商品形式呈現時（亦即商品大量存在、相互競爭，而且近在眼前、易於互換）更是如此。我們引用霍內斯的一段話，說明這可以是一種感知上的物化：「在這種情況下，我們的社會環境彷彿是自閉症兒童的感知世界，裡面盡是只能被眼睛看到但缺少心靈脈動或情感的物體。」[104]視覺評價在這個人體的大型圖像市場中，便因注意力不足而導致人體的貶值。

品味提升導致貶值

皮埃爾．布迪厄和他的許多追隨者所啟發的品味社會學（sociology of taste），大部分都是基於以下假設：品味不僅穩定，而且構成了自我的最深層核心，是組織一個人選擇、社會軌跡和身分認同的基礎。[105]品味是透過一個人階級地位的培養，以及不斷實踐其在一生中形成的習性而變得根深蒂固的。因為這樣，品味是深刻、持久的，並且建構出一個人的身分認同。它主要透過選擇和評價來體現，也是布迪厄認定之品味的自然結果。[106]根據這種觀點，因培養共同品味而建立起來的關係必定是牢固的，因為在階級慣習的強大決定因素中，這種共同品味找到了依靠。然而，這種品味概念不足以反映消費文化和性文化既與選擇有關，也涉及「退選」（nonchoice）

的事實（後者係指放棄先前所選擇的東西）。這種「退選」的形式被包含在我所謂的品味細膩化中。

正如我在其它地方所闡述的，品味的提升破壞了慣習的穩定性，並使選擇的動力從根本上變得不穩定。人的基本需求與品味的提升正好相反，因為前者是固定的，而後者從本質上而言是不穩定的，因為品味即包含了「自我超越」的意思。[107]從這層意義上講，品味的提升會破壞慣習的穩定特性。所謂的「慣習」（habitus），乃是以受固定的社會決定因素所形塑的主體性為前提，而品味的精煉則導致個人形成偏好的不穩定性，這使得一個人先前的選擇不再令其滿意。這種動力也衝擊到情愛關係，要嘛因為性的行為者將其伴侶視為有待精煉的消費品，要嘛因為他們自己消費品味的提升導致他們放棄品味跟不上自己的人。

亞歷山大（Alexander）是英國一名五十二歲的猶太裔資深會計師，二十七歲離婚後就從不曾再婚：

亞歷山大：我唯一感到很遺憾的是，沒能和一個二十年前認識的女人結婚。

採訪人：你後悔哪一點？

亞歷山大：她不信教，而我那時變得更加虔誠。當時我沒理解，這個差異並非那麼重要，因為我完全沉迷於這種新的生活方式。我認為這對我來說極其重要。我當時以為我們不可能有相同的生活方式，而且將會爭吵不斷。就因這樣，我決定不和她結婚，因為我認為大家以後會相處不來。但我錯了。換作今天，我會一點也不在乎，但那時候誰知道呢？

這名男性以前將消費領域移轉到情感領域裡，把生活方式與情感親暱等同起來，使選擇伴侶的條件建立在消費者認識論的基礎上，而這種選擇正是培養品味和主體性的要素。當年，這名男性正處於提升自己品味的過程，正在改變自己的身分認同，因此認為不符合這種新生活方式的人不會是合適的情感寄託對象。他的這項決定非常恰當地說明了亞當・菲利普斯（Adam Phillips）和里奧・伯薩尼（Leo Bersani）那引發爭論的主張，即「知道自己想要什麼就是激發暴力」。[108]由於情愛關係是圍繞著有意識養成的品味、嗜好以及消費行為而組織起來的，因此這種關係就會被當作生活方式的選擇與消費者的偏好行為而受評價。生活方式、嗜好和品味構成了當初評價的準則，如果他人後來不再置身在我們品味的基礎上（「不符我的品味」），往往就容易造成對他人的價值貶損與「退選」。因此，「拋棄他人」變成持續鍛鍊品味（既涉及消費品，也涉及了伴侶選擇）的應備條件。

轉移評價的基準點

透過視覺、個性和消費評價進行配對的過程，乃位於必須面對許多其它競爭過程的市場中，因此必須利用「比較認知」（comparative cognitions）的辦法。在尋覓的過程中，「比較」即使不是唯一主要的認知方式，至少也是其中之一。比較和選擇受到一個人判斷基準的影響，而這基準又對另一個人的價值估量產生深刻的影響。

商品的價值如果想在市場上實現，就必須被賦予象徵性的價值，而該價值本身又取決於此商品相對於其它商品的所處位置。社會學家詹斯・貝克特和派翠克・阿斯珀斯（Patrik Aspers）認為：「評定某物價值，必須根據品級標準進行估量與比較。」[109]認知心理學的研究表明，如果基準點發生變化，那麼對於某物品的評估（判斷它的價值）將會發生顯著變化。芝加哥大學的兩位心理學家奚愷元（Christopher K.Hsee）和張嬌（Jiao Zhang）研究了評價過程及其與決策的關係。他們表明，評價過程的變化取決於一個人是否考慮了不同的選項或者他（她）是否只專注於單一的經驗。他們稱前者為「綜合評估模式」（joint evaluation mode），稱後者為「單一評估模式」（single evaluation mode）。在綜合評估模式下，人們會將屬性加以比較並且注意各客體之間的差異；然而在單一評估模式下，人們則依據自己喜歡的或是認為美的東西進行評價，然後鎖定某個對象，就像在拍賣會上買進物品那樣。[110]在綜合評估模式下，人們會權衡得失，計算自己做出特定選擇時會失去或者獲得什麼利益；然而在單一評估模式下，人們只會以非計算性的方式忠心於某個對象。簡而言之，在超市和拍賣會上，我們對物品的價值進行不同的評價：傾向賦予拍賣會上的物品更高的價值，而賦予超市中的物品遠遠較低的價值，這完全取決於評價行為是否引發認知上的比較過程。這連帶意味著，當我們將客體加以比較時，要賦予價值就變得較為困難。更確切地說，這些客體失去了價值。有個人在網路上講述一個發生在自己身上的有趣真實案例，即生動地說明了這一點：

> 共有四個對象：
>
> 牙買加女人：她快拿到史丹佛大學的文學博士學位。約會次數：一（咖啡館）。問題：對於我這個一輩子平均只配拿B的蠢蛋來講，她未免聰明過頭了。
>
> 越南女士：她在牙醫學院就讀。約會次數：二（一次在咖啡館，一次在可麗餅餐廳吃晚餐）。問題：雖然她很迷人，但我無法忘掉她曾和已婚男人有染的事實。噁心，我好想吐。
>
> 高加索種女孩：學生，她對亞洲男人特別有好感。約會次數：一（咖啡館）。問題：她是雙性戀。嗯，想想看，確實傷腦筋。
>
> 非裔美國女人：攻讀精神病學。眼睛迷死人，俏臉逗人愛。約會次數：二（一次在咖啡館，一次在我家看影片）。問題：安靜的人令我抓狂，讀精神病學的安靜學生尤其是。她在分析我嗎？她看出什麼端倪了？我才不想知道。[111]

這段文字說明要找到「合適的人」有多困難，因為每次遇到新的人時，他評價的基準點都會跟著變化，從而使他難以評估，最終貶低了每個約會對象的價值。這同時也意味著，當我們處於市場情境時，若要將一個客體與另一個具有類似價值的客體進行比較，我們實在無法真正知道如何評估該客體的價值。此外，正如社會學家阿什利・米爾斯談到模特兒產業時，一針見血地指出的：在許多文化領域中，模特兒、藝術品或是演員的價格或價值是不確定的。「估值問題說明了文化生產者所面臨的更大困境，而且還說明了在任何無形資產市場中人們所面臨的困境。這是不確定性的問題，因為一個人無法事先說明想要什麼。」[112]

前現代的愛情評價者在作選擇的時候，就好像在拍賣會上一樣，因為他們是在客體稀缺的條件下操作的。現代的性與愛情的評價者在作選擇的時候，則好像在超市裡挑東西一樣，缺乏明確的參考基準，不知道自己想要的是什麼。被導入消費市場中的愛情和性的行為，其價值都因此縮水了。由於性的行為者是在市場情境中邂逅的，因此這些行為者面臨著我們所謂「情感通縮」（emotional deflation）的狀況，這和通貨緊縮的經濟機制並無二致，也就是說，商品整體價格或是價值的下降，乃是因為競爭壓低了價格，或者因為更高的生產效率降低了生產成本。性自由、避孕藥、女體被轉化為性的圖像、網際網路的技術，凡此種種可以說都是造成以下現象的機制：增加性機會和性競爭、男人更有效率地利用性伴侶、性互動對於男性而言成本降低、男性控制的視覺產業產生巨大的經濟剩餘價值、男性名正言順地藉由連續不斷的性行為機會而獲得地位。其結果是，在性市場上要嘛貶低女性身體的價值，要嘛使其變得沒有價值，講白一點，就是很難對這客體進行估值。如今，性邂逅已具備了一種市場形式，並且在經濟上受到視覺市場的形塑，此一事實為價值的建立或是保持一個人價值的穩定（或是兩者兼而有之）造成了困難。

在估值的過程中，如果我們強調稀缺這一面向，那麼局面可能就改觀了。希娜・艾思嘉（Sheena Iyengar）和馬克・雷沛（Mark Lepper）進行的實驗揭示了這一過程（雖說這點並不是該實驗預設的目的）。[113]在該實驗中，受測者被分為兩組，其中一組必須對許多類型的巧克力做出評價，而可供另一組選擇和評估的巧克力種類則非常少。實驗結束時，主持人向受測者提供了兩種報酬的選項：現金（五美元）或是巧克力（價值五美元）。結果是令人驚訝的。那些只對很少種類的巧克力進行評價的人，更有可能選擇巧克力（而非現金）作為報酬。這點清楚地表明了，選項減少會有利於估值的過程，或者換個不同的方式說，選項越是繁多越會導致貶值，因為在選項豐富的情況下，物品和人變得更加容易相互置換。當巧克力的種類一多時，它們就變得可以互換，因此容易被貶低為其抽象的貨幣價值。這若讓馬克思來看，他應該會預言，交換價值相對於使用價值的重要性將日益增加。那麼就性選擇的充足度而言，至關重要的問題是，確立性對象的價值及其隨後的貶值。因此，儘管資本主義的生產者創造了一種能在社會上實現的價值[114]，女性透過消費文化創造和產生的性自我價值（sexual self-value）往往只是部分完成，甚至根本沒有完成，因為身體的商品化增加了性選擇的豐富度，從而貶低了身體（要嘛由於它們很容易被替換，要嘛由於其價值很快就過時了）。說到維持性資本的社會價值的問題，女人須比男人付出更大的代價。由於男人的價值主要位於較持久的資產中，因此他們的價值不會隨著時間的推移而變差（甚至還會增加）。換句話說，性和消費的整個體系是建立在這種對比上的：女人難以保持其象徵價值與經濟價值，而男人的價值則是穩定的或者與時俱增的。

根據馬克思的觀點，利潤率的下降會使工作價值減少。[115]同樣，我們可以說，女性身體的價值會隨著年齡的增長而減少。女性的性化身體以商品的方式呈現出來，成為評價的對象，並且承受貶值風險。正如大衛．哈維（David Harvey）慧眼獨具所指出的那樣：「商品、迄今為止用以生產的工廠和設備、金錢和勞動力等，其大幅貶值乃是資本主義的普遍現象。」[116]貶值是資本主義與生俱來的現象，因為它能夠創造出用於填充消費市場的新價值。既然性身體和性品味在消費經濟中廣泛流傳，因此必然迅速過時，然後迅速更新，以維持經濟上的生產力。性和情愛的邂逅不僅由消費市場作為介導，而且具有市場的特徵。性身體是被塑造來創造價值的，所以需要持續加以管理與自我品牌化，同時設法建立與維持自身的價值，畢竟它們處於必須和其它身體進行無休止的競爭狀態。性身體接受外部的評價與標竿測試，必須不斷面對價值的風險與不確定性。如果說性和消費品味產生了價值（包括經濟價值和象徵價值），那麼這種價值就會不斷在評估、比較、標竿測試和貶值的威脅之下化為無形。

亞當．阿維德森（Adam Arvidsson）認為，普遍可用的知識和訊息已改變了經濟交流中的關鍵點。商品生產已然成為平凡現象，商品成為一種共享資源[117]；因此，資本家面臨的問題不再是生產商品，而是要為商品找出獨特性（「創新」和「品牌」即是將商品獨特化的方式）。同樣，由於性行為已唾手可得，所以現在的重點乃在於找出（或是發明）獨特性，而這獨特性便以我們所謂的「墜入愛河」或「戀愛」呈現出來。這一切都是為了讓人找出自己得以依附的獨特點。

關係的性化會產生大量的性選擇以及基準參考點的改變，從而降低了自我在估值、鎖定單一對象、將他（她）獨特化等方面的能力，也降低了自我在認知和情感專注的軌跡上與他人交往的能力（也就是在「物以稀為貴」的心態下看待對方）。此一現象與當代資本主義狀況的相似程度遠遠不及於此。就商品的實際價格而言，經濟市場天生即包含了不確定性。信奉新自由主義的理論家主張，只有不受阻礙的市場才能讓供求來決定商品的**真實**價格，並據此對治價格不確定性的問題。[118]然而，正如性市場的例子所表明的那樣，市場形式**加重**了一個人價值的性質和穩定度的不確定性。性選擇的豐富度會觸發損及識別（亦即看待他人為整體自我並加以殊異化的能力）的評價過程。[119]識別困難會引起本體論上的不確定性，而這種不確定性牽涉到參與互動的自我價值，最終導致對本質的不確定性。

令主體困惑的處境

對性化持正面看法的人不接受「物化」這個觀點，並可能將上述所有過程（貶值和不確定性）看成一個人為了獲得更大自由而必須付出的代價（雖不愉快但必不可少）。有位作者在評論美國心理學會一份否定性化現象的報告時[120]，以反感的語氣說道：「該報告中根本不探討性、性化或甚至物化是否有自我節制的可能性，其本質是否具有積極面、具有讓人充滿力量或是提升慾望的可能性。」[121]

這場在女權主義學者之間進行的辯論，本身就是有關性化主體令人極其困惑的有力例證。性的行為者（女性）究竟是客體還是主體？實際上，這是區分批評性自由和擁護性自由的人主要的問題之一。本人認為，之所以很難以明確的方式回答這個問題，原因乃是與客體化本身已經改變的事實有關，因為客體化已經採取了主體化的形式，或者就像我在本章所稱的「超主體」形式。[122]這種超主體性很矛盾地是建立在對主體地位根本的不確定性上。

瑪麗（Marie）今年二十六歲，是法國藝術科系的學生，此刻已在義大利的一所藝術學院研習數個月：

採訪人：妳有男朋友嗎？

瑪　麗：問得好！我有，我在巴黎有個男朋友。但是我來到義大利後便覺得俗話「眼不見、心不念」說得真對。我的手機一直連著Tinder……我想三個禮拜吧，就找到了一個男朋友。他是加拿大人，和我一樣因參加交流計畫才來義大利。儘管我還是可能和法國的男朋友繼續走下去，但我還是和他分手了，因為他想來義大利看我，情況變得越來越複雜了。

採訪人：妳還在用Tinder嗎？

瑪　麗：哦，還在用。我不喜歡孤獨一個人。不管去哪裡，我都可以碰到人。我發現很難孤獨一個人。不，我換個說法。能和別人在一起更好。

採訪人：妳和法國男朋友分手，他是不是很驚訝？

瑪　麗：不會吧，我想不會。我想，如果換成是他，他也會這樣做。如果我們當中任何一方遇到更好的機會就抓住吧，我想我們都是如此理解。這種事大家都了然於心，不需要明講的。反正當初我們在一起的時候，也沒決定要共同生活，我們也不覺得那是一場偉大的愛情。事實上，我和他分手後鬆了一口氣。當初我和他在一起的時候，只感覺自己就像一塊肉或者類似的東西。

採訪人：妳說的「一塊肉」是什麼意思？

瑪　麗：他不是很疼我，很明顯只在乎做愛。即使我比較希望以其它方式互動，不過我也學會只為性而維持關係。我不確定自己想要什麼。我想我也想做愛。我想做愛，但我只覺得像一塊肉。因為那是建立關係和經常能發生性行為的方式。但我常常覺得自己像一塊肉。沒有感覺，就只有性。

採訪人：妳和新男友關係就不一樣了？

瑪　麗：是的，我覺得不一樣。我們有話得說明白（笑）。我的意思是，他和前女友還有一些未了的問題。他仍覺得和對方藕斷絲連，這點讓我很煩，有時會冷落他。他們因為爭吵而分手，但他仍然依戀對方。我跟他在一起不會覺得自己像一塊肉。我們真正能溝通交談，我們會一起做事，我們對彼此感興趣。不過我有一種感覺，改天我離開這個地方，這段關係也就結束了。我們倆都知道。我們之所以會在一起，那是因為我們都是單獨來到這個陌生的地方。Tinder 將我們連接起來了！（笑）。

採訪人：因為你們彼此說開了，所以才明白這情況嗎？

瑪　麗：不，並沒有。就像和我以前的男朋友那樣。妳不必多說就能猜到會發生什麼事。我們都知道這是此時此地才碰巧發生的事。

這位年輕女子對愛情關係是有清楚認識的，但由於她將性行為作為與男人交往的主要模式，因此才接受「一塊肉」的感受。她以身體和男性建立關係，因為根據她的認知，身體等同於它的性功能，沒有內在固有的道德或是情感意涵。只有這樣做，她才體驗到自由主體的感覺。但是這種自由是特殊的，因為性化使得投入情感的要求變得名不正言不順了，並且迫使這名女性重新定義自己的期待和慾望，促使她配合男人對他倆關係的性化態度，從而讓她將自己視為一個物體，一個缺少意圖的性身體，就是一塊肉。因此，身為一個主體，這名女性處於一個困惑的境地：她不願意設想自己能投入情感，只是同意被當成「一塊肉」。她感到自己被物化了，但是連帶也將她的男朋友物化了，只利用他來滿足自己的性需求，同時賦予自己權力。因此，正是透過因性需求而相互工具化的手段，這種貶值和賦權才得以實現。[123] 彷彿唯有對方被貶值了或被工具化了，一個人才能重新找回權力在握的感覺。因此，性的物化是性文化中不那麼隱晦的邏輯，但它卻賦予男性和女性一種握權意識，而這意識乃源自於將他人加以「性物化」的事實，且似乎是一場零和遊戲。如果說物化他人（男性或是女性）的能力已被龐大的性產業普遍地加以商業化，並且或多或少被許多女權主義的流派所認可，那是因為這種能力被重新定義為享樂、賦權及超脫的主體性。[124]五十二歲的史蒂凡（Stephane）是法國一家投資公司的策略顧問。他根據自己使用 Tinder 的經驗提出以下看法：

> 手指左滑右滑，這動作真令人振奮。它給你一切操之在我的感覺。我認為 Tinder 的設計師當初下了不少功夫在上面。你會覺得自己的感情前途一片大好。這種陶醉的感覺顯然不是我們日常生活中天天都能有的。

因此，我們的主體性因透過以情感超脫立場物化他人的能力而增加了，也因透過選擇以及退選的消費能力而強化了。藉由選擇和退選，性領域已受到工具理性的支配。[125]基於性化作用的自我物化將自我與身體解離，而且為自己的價值及慾望帶來不確定性，而這在史提夫・麥昆（Steve McQueen）二〇一一年的電影《性愛成癮的男人》（*Shame*）中，很恰當地獲得詮釋。在這個陰鬱的、風格化的剖析中，一個人的自我被分割成性和情感的兩條途徑。男主人翁布蘭登（Brandon）是一個性愛成癮的人。他觀看大量的色情影片，經常買春，並從事速戰速決的約炮。他愛上一個同事，電影清楚地交代了，這是他與人建立深入有意義之關係的機會。然而，他們兩個一旦上床，他卻無法勃起。等對方離開房間後，他卻能與召來的妓女發生酣暢的性愛。

因此，這點向觀眾隱示了一個令人心痛的事實，亦即性和感情一走陽關道、一走獨木橋，彼此並不相涉。布蘭登依循的是一種新的性愛方式，在這種方式中，科技、視覺（上網看色情片）以及取之不盡、快速輪換的匿名炮友使身體成為唯一的動力來源，與我們傳統所認知的慾望、自我和情感沒有關聯。在這個情節中，我們很難說布蘭登是否仍然是個「主體」，畢竟他的身體似乎已經擺脫了他的情感意志並獲得了自主權。此外，由於他無法滿足其他主體（他只能與被他視為性玩物的女性互動，而不能與被他視為主體的女性交媾）。我們同樣不清楚他本人的主體性究竟達到何種程度。我們不妨說，布蘭登是個典型的現代主體，經驗自己密集的性消費，將它以一種自我肯定的、超主體的成癮形式表現出來。此一令他上癮的自我，肯定也是一種重複發生的退選經驗，而且這種退選是普遍被體制加以支持的：廉宜之技術的、視覺的、性工作者的支持。另一方面，情感卻幾乎沒有或是根本沒有外部的體制加以錨定，無法將感情組織為安・斯威德勒（Ann Swidler）所說的「行動方案」。[126]因此，一個以科技為根基以供消費的性，如今已成為高度體制化的行動領域，對於那些大量消費色情影片和性工作者的男人尤其如此，也造出了自我被裂解的形式。性自我、科技自我以及消費自我，已經站在同一個強大的基石上連成一氣，並與情感自我相對分離。位於這些過程核心位置的自我，既是被物化的客體，又是物化的施動者。

女性的性經驗同樣混亂、分裂。由於性已成為展現「女孩力量」的舞臺，女性已經將性視為自主權的源頭，並且享受將性威勢加在男人身上的感覺。然而，性邂逅於女性而言仍然充滿對自我價值的威脅。幾乎不可能將物化與識別區分開來，因為如此多女性的價值是取決於她的性吸引力和性能力的。因此，超主體性與（對自己與對他人的）物化過程是伴隨而生的，兩者都牽涉到我們不妨稱之為的「對主體地位之本體論的根本不確定性」（fundamental ontological uncertainty）：誰是性主體？什麼是性主體？她（或他）是否想要作主體或是客體？這很難說。

本體論的不確定性是由許多因素決定的：在許多場域，性、情感和消費生活方式中慾望的分裂；以面對視覺表演的態度塑造人格、看待人格；透過美的標竿基準進行評價；透過視覺化的、受競爭驅動的性市場與他人謀面；身體的裂解（讓性互動與身體整體以及自我脫鉤）。凡此種種，都使女性難以形成穩定的自我價值。

一個人對於自身價值以及對於慾望本質在本體論上的不確定，造成了兩者高度相似的面向：一方面是我們與自然的關係，另一方面是我們與其他（性化了的）人的關係，也就是海德格在〈追問關於技術的問題〉（The Question Concerning Technology）這篇論文中所稱的「備用資源」（the standing-reserve）。[127]「備用資源」的概念表示我們對世界的一種基本態度，而在這種態度下，我們將他人和大自然置於儲備的狀態下，以便應付我們的不時所需。我們可以讓海德格「備用資源」的觀念染上女性主義的色彩：避孕藥、消費文化中性的體制化，以及網際網路技術的高速發展，在在使人類（尤其是女性）從此處於滿足他人性需求（尤其是男人的性需求）的備用狀態。海德格聲稱，這種可被利用的狀況實質上同時威脅到客體和主體。客體失去作為客體的能力，抗拒我們意圖的能力。一個再也沒有目的的世界（在那其中，客體不再抗拒我們的慾望）

會危及我們主體性的結構。我們不禁要問，關係的普遍性化是否會讓人類（尤其是女性）成為「備用資源」？[128]徹底改變主體性的本質，並使本體論的不確定性成為主體性核心的東西，正是客體／主體關係的結構，對於女性而言尤其如此。本體論上的不確定性源自於一個人難以堅持一種價值感和身分認同感，令一個人無法抗拒淪為他人注視以及性占有的「備用資源」，無法抗拒自己被人性工具化（instrumentalization through sex）。

估值行為（以視覺評價他人時，在經濟市場和性市場中創造主體價值和經濟價值的過程）解釋了女性如何因為評價機制而遭受貶值的過程。我們可以採用另一種性評價的方式，藉由對比來闡明上述這點。熱烈地愛上維吉尼亞・吳爾芙（Virginia Woolf）的貴族維塔・薩克維爾—韋斯特（Vita Sackville-West），在見到這位著名的作家時對她的描述如下：

> 她完全沒有一絲的矯作：身上沒有配戴任何飾品，衣著叫人不敢恭維。起初，你會以為她很平凡，接著一股靈性美開始吸引你，然後你覺得她越看越迷人了。[129]

維塔的視覺評價不可能發生在許多其它類型的市場中，因為那不是二元對立的「好」或「不好」。維塔看到了「叫人不敢恭維」的和令人深深著迷的東西。消費品在決定吳爾芙如何有魅力的這一點上全無用武之地，因為她的打扮實在不怎麼樣。這裡的評價並非一翻兩瞪眼的快速判斷，也非依據何種標竿基準而來；它隨著時間的推進而演變，實際上脫胎成為一種識別的過程（維塔稱之為吳爾芙的「靈性美」）。維塔的目光並非投注在魅力身體相互競爭的市場中，而是辨認出一個奇特點。他那目光毫不費力便創造出價值了。

當代視覺市場包含強化了的評價和貶值的機制，這也許在異性戀市場的邊緣地帶最為明顯。這裡舉兩個例子就夠了：第一個例子是著名法國作家維吉妮・戴彭特（Virginie Despentes）。她成為了女同性戀後，對於異性戀的看法是這樣的：

> 我對愛情的看法沒有改變，但是我對世界的看法已經改變了。身為女同性戀是一件非常愉快的事。我不太在乎所謂的女人味，不是男人叫好的女人味，不是女性為了取悅他們而要求自己具備的種種東西。而且，我也不太在乎自己的年紀。如過你是異性戀者，年紀變大是件較難承受的事。女孩也會彼此誘惑，但那比較冷靜。你不會在四十歲之後行情慘跌、遭人晾在一旁。[130]

戴彭特對於自己從異性戀轉向同性戀的解釋，明顯表現出比較不被物化、比較不依賴男性目光與認可的感受，因此擺脫了消費市場的強大控制。或者，我們還可以聽聽一位出於類似原因而拒絕西方世界性態度的伊斯蘭部落客：

每當我穿上西式服裝時，男人總會盯著我看，把我物化，或者我總會按照雜誌中模特兒的標準來審度自己，然而那些標準總是難以企及，甚至隨著年齡增長而變得越來越高不可攀，更不用說一直展示自己還真累人。可是，每當我戴上頭巾或是穿上罩袍時，大家便將我視為個體，而不是物品。我覺得戴上面紗時才受尊敬。131

我並不是暗示同性戀或者伊斯蘭信仰的性態度才是解決異性戀規範壓迫的唯一方法。我提出這些揚棄異性戀規範的女性所做出的證詞，以便強調：男性支配以及消費物化之間在共同創造出新的分類、社會價值和象徵性支配形式時彼此間相互滋養的關係。

女權主義者曾將性物化現象視為權力的表達和實踐而進行熱烈的辯論。但是物化的問題其實不在這上面。由於性化是以賦權與物化的方式被經歷的，因此它對人的自我及其價值產生了本體論上深深的不確定性。它之所以能夠賦權，那是因為它讓估值的機制動起來。它之所以造成本體論上的不確定性，那是因為主體化和客體化已經難以分辨清楚。自我被兩組東西弄得四分五裂，一邊是身體及其器官與用於產生自我的消費物品，另一邊是產生性互動的消費活動與消費情境。由於視覺評價缺乏穩定性、消費品味會改變，又由於資本主義商品與具吸引力的身體乃植基於結構性的過時之上，自我不斷受到評價，自我價值及其它價值具不確定性，難怪許多女性在異性戀市場中遭遇的是痛苦的經歷。二〇一七年的 #Metoo 運動在世界舞臺上爆發出驚人的力量，因為女性不僅是暴力的對象，而且還是一種較難觀察到的、陷入更普遍貶值形式的對象。儘管 #Metoo 運動因為以一體適用的方式譴責輕重程度不一的冒犯而稍顯混亂，但是它還是有力地反映出女性經常性地、習慣性地在性領域被貶抑的各種方式。這些帶有父權象徵性質的暴力形式具有高度的彈性，因為這些形式是建立在被我稱為「視覺資本主義」那影響深遠的經濟和文化結構之上的。

Chapter 5

自由受到多重限制

我害怕冒犯我所愛的任何人，
尤其是我對其負有責任的任何人。

——安東尼．特洛勒普[1]

他們彼此相愛，但他們倆都不願彼此承認：
作為敵人，他們彼此見面，幾乎因愛而死。
最終，他們分手了，有時只是在夢中見到對方：
很久以前他們已經死了，但他們幾乎好像還不知道。

——海因里希．海涅（Heinrich Heine）[2]

著名音樂家羅伯特．舒曼（Robert Schumann）很早就認識弗里德里希．維克（Friedrich Wieck）一家人。他愛上了克拉拉．維克（Clara Wieck），並請求克拉拉的父親答應他倆的婚事。由於女方的父親拒絕，羅伯特和克拉拉於是向法院申訴，要求駁回維克先生的決定。經過法院一年的艱困纏訟，法官於一八四〇年八月一日終於做出對這對情侶有利的判決。他們在一八四〇年九月十二日結婚。[3]當年家長的這種拒絕並不罕見，這代表當時人在決定自身感情問題時，絕不是理所當然享有自由的。情緒既不自然也不自明。黑格爾是堅定站在支持情感自由的立場上的，因為在他看來，和心上人結婚的權利應該受到保障（可能是從一個人有權根據良知行事的原則所衍生的自由）。一樁在道德上站得住腳的婚姻，應該以當事雙方的意志和自由為基礎，而且這兩人應在這基礎上將自己託付給對方。[4]然而，儘管黑格爾提倡婚姻自由，父親、家庭、法院和社區仍繼續阻撓個人選擇配偶的自由。甚至在黑格爾死後很長的一段時間裡，根據個人意願結婚的權利仍然受到激烈的挑戰。這種婚姻自由之於公民社會與私人生活，就像言論自由之於政治領域。

阿克塞爾·霍內斯進一步闡釋黑格爾對於自由的理解，主張自由是對私人領域及公共領域同等重要的整體現象。對他而言，一個制度或是做法站不站得住腳，端看他能實現多少自由[5]，而且婚姻、家庭和愛情都是實現自由的首要場域，其重要性並不低於政治場域。霍內斯所稱的消極自由和反思自由，即是使個人得以專注於私人身分認同和目標的兩種自由，也是使他們在不傷害他人的前提下追求自身偏好（而且他們無須為這偏好負責）的兩種自由。[6]另一方面，社會自由在溝通行動的領域中直接將個人帶回社交舞臺。[7]在社會自由中，我們以相互識別以及互為主體的方式，而非以流浪者的身分相遇。因此，社會自由克服了自由思想的兩難困境（自由思想素來處於調和個體自主與相互依存等問題的困境）。愛情即是行使社會自由的場域，而這一觀點呼應了我們文化中的許多文化層面的規範主張。誠如某個名為「愛得自由」（Loving in Freedom）的網站所言：「理想的愛情應該是：源於雙方完全自由的選擇，是一種心甘情願的承諾，並且可以隨心所欲更替。」[8]

這種自由觀念乃是自由主義在政治和經濟領域中關鍵的道德原則，亦即「契約倫理」

（contractualism）的精神。行為人透過契約尊重他人的自由，並且藉由擺明與確定自己的目的而投身與他人的關係中。契約並不是社會自由所認定的唯一形式，只是如今它已成為主流。正如卡蘿爾．巴特曼在她那本經典之作《性契約》（*The Sexual Contract*）中所說的：「契約理論是最卓越的解放信念，它肯認普遍的自由乃是當今時代的原則。」[9]

然而，當我們從經驗的角度仔細考查消極的自由和反思的自由此二領域時，我們不禁要問：這兩種自由實際上是否已成為干涉社會自由的強大文化力量，也就是說，干涉透過契約形成主體之間紐帶的可能性。反思的自由讓主體可以仔細考查自己的意志，從而使這種偏好成為錨定關係的東西，並且根據滿足需求的功利原則使關係變得合情合理。另一方面，消極自由旨在尊重他人自由，但並沒有具體規定一個人投入社會關係的程序，也沒有規定彼此的相互義務。正如我自始至終所主張的那樣，消極自由和反思自由並不能真正讓人形成兼有情感和性的契約。

作為一種社會哲學以及經濟實踐，契約理論乃是以自由意志為前提的，這種自由意志讓一個人基於自己的目標和偏好來決定是否投入某項互動。這種信念已經深入了公民社會與私人關係。誠如卡蘿爾．巴特曼再度呼應黑格爾所指出的那樣：「社會生活和人際關係不僅源於社會契約，而且還恰如其分地被視為長長一系列的個別契約（discrete contracts）[I]。」[10]在這種脈絡下，親暱關係被看作是兩個意志之間的契約，這一觀點得到了立法制度的支持，而此種制度越來越使個人的「合意」態度成為使人際行為與交易合法化的核心。[11]

契約倫理已經成為規範婚姻和親暱關係的主要社會觀念。直到一九六〇年代，世界上大多數國家僅承認「過錯離婚」（at-fault divorce），也就是說，只有當婚偶其中一方可以證明另一方做出了「不符婚姻要求」的行為時，法院才能同意離婚。時至一九七〇年代，許多國家開始採取「無過錯離婚」的原則：只要婚偶任一方片面聲稱自己不願繼續婚姻關係，即足以將其解除。[12]這種變化反映了「合意」原則（亦即婚姻之中當事雙方的積極意願）在法律和道德上的重要性。與這些變化並行的是，立法使得「合意」成為性互動中新的、必要的道德和法律的要求。契約作為一種基於兩造自由意志的關係，已成為思考親暱關係的關鍵隱喻。愛情、婚姻和性愛只要兩造同意，即被視為已簽訂契約，即是合法的。

安東尼·吉登斯在將現代親暱關係定義為契約時，對這種情況進行了著名的理論詮釋。正如他所說的那樣，純粹關係（pure relationships）「是為締結而締結的，每個人可以從與其他人彼此的持久紐帶中獲得，而且，只有當雙方都認定它能讓自己足夠滿意，值得維繫下去，那麼它才有理由繼續保持」。[13]在吉登斯看來，契約倫理預示了整個社會紐帶進一步的民主化（即使這是以本體論上的不確定性作為代價，而吉登斯也認為這種不確定性是對由兩個自由意志所支配的「純粹關係」之威脅）。然而，正如前面各章所呈現的，吉登斯輕易就忽略了契約倫理所

I　個別契約：指僅有物品單純交換的契約關係，當事人在完成即時性的交易之外不再存在其它關聯。在民法制度下，契約是完全獨立對等的個人之間透過自由談判締結的協議，與契約以外的其他人、事不發生任何關係。這種契約理論也稱為「原子化契約論」。

產生的本體論不確定性所造成的影響，並且沒能提出一個更為根本的問題，即有關權利的法律語言，是否可以在不改變其涵義的情況下搬移到親暱領域。誠如尼爾・格羅斯（Neil Gross）與索倫・西蒙斯（Solon Simmons）所言，投入純粹關係中只是「臨時起意」。只要對方能夠滿足自己在性和情感方面的需求，這種契約即會繼續有效，並且雙方都充分了解到，那些需求是可能隨時改變的。「如果伴侶雙方的價值觀、利益和身分認同開始以非互補的方式產生分歧，那麼這種關係也就失去存在的理由，然後潰解掉了。」[14] 自由主義和現代主義親暱關係模式的核心問題如下：作為法律和經濟領域的一種制度化和完善化的社會形式，契約可以在不威脅到親暱性和主體性的前提下，確實轉移到人際關係中嗎？巴特曼曾很令人信服地主張過：社會契約和性契約之間是存在巨大差異的。[15] 前者讓男人獲得了自由，但是後者卻令女性不得不繼續屈從。吉登斯完全忽略了男女在性契約形成過程中的不同立場，只是單純認定他們是平等的簽約人。除此之外，他的理論是在即時的和虛擬的通訊科技普及化之前提出的。這類通訊科技已然消解了契約的核心概念，因為它們破壞了或是迴避了作為這些契約前提的恆常意志之傳統文化標誌。最後，該理論寫成的年代早於這件事尚未被人理解之前：新自由主義政策的出現凸顯了一種非常特殊的企業家意志[16]，這種意志必須在工作場所和互動中獨自提供並確保自身價值的基礎，而此行為後來卻會破壞訂立和維護契約的可能性（見下文）。試圖訂立性與情感契約的自我只忙著評估對方的意圖，同時忙著計算風險。

同意什麼？

契約是個隱喻，用來描述當事人在投身或是退出一段關係時所掌握的自由。但這隱喻用得如此深廣，以至於已擴展到了情感領域：伴侶雙方有時候會明確規定契約條款，有時甚至白紙黑字簽署實體文件。例如，在廣受歡迎的《紐約時報》忠告專欄「現代愛情」（Modern Love）中，新關係的模式是如此被定義的：

> 幾個月前，我和男朋友為自己倒了兩杯啤酒，然後打開筆記型電腦。現在是重新審視我們的關係契約條款的時候了。
>
> 我們是不是要改動一點什麼？馬克和我把每個類別檢查了一遍，我們同意進行兩個小小交換：我星期二溜狗的活兒換他星期六溜狗的活兒，我清潔廚房流理臺，而他負責浴缸。
>
> 最新版的「馬克與曼迪的關係契約」是一份長達四頁、單倍行距的文件，也經我們簽名並且標註日期，其有效期持續十二個月。之後我們可以選擇對其進行修改及續訂，正如以前已完成的那兩次一樣。契約詳細條列從性事、瑣事到財務，再到我們對未來的期待等所有內容。我喜歡這份契約。
>
> 訂立關係契約可能聽起來有些過於計較或是不夠浪漫，然而每一種關係都是契約性的，我們只是把內容說得更明確而已。它提醒我們，**愛不是天上掉到我們身上的東西，而是我**

們一起經營出來的東西。畢竟，這種方法首要的好處是將我們團結在一起。[17]

該份證言將契約主義視為將生活組織起來的理想方式，也是定義角色、職責以及權利的實用解決方案。契約具有平等主義的精神，前提是當事人各方都可以自由投入關係，並且有系統地陳述退出條件。這種合約亦具有功利主義的內涵，因為它將關係轉換為一組實用的規定，萬一不再能滿足主體雙方時，那些規定就功成身退了。

但是，異性戀的契約包含（無論其「簽字人」知不知情）不同形式的合意。契約這一概念掩蓋了以下事實：兩個試圖訂立契約的意志可能彼此很不相同。正如巴特曼所主張的那樣，在性契約中，女性仍然站在屈從於男性的位置。[18]男人和女人在進入性與情感契約的過程中，是以不同的方式形成其依戀和慾望的，而這正是此一屈從現象發生的原因。下列一部票房大片和一本暢銷書，都恰如其分地表達了這種不對稱性。在二〇一一年的愛情喜劇片《好友萬萬睡》（*Friends with Benefits*）中，男主角迪倫・哈珀（賈斯汀・提姆布萊克飾）和女主角潔咪・雷利斯（蜜拉・庫妮絲飾）在各自遭遇痛苦的分手經歷後相遇。他們開始建立友誼，然後逐漸轉變為隨意的性伴侶。根據雙方約定，他們應在不帶感情或依戀的情況下進行性愛。複雜的情節圍繞著一個事實開展：潔咪開始對迪倫產生感情，而他卻拒絕對方將他納入自己情感天地的嘗試。最初，雙方在無拘無束的性關係中同樣感到自在，然而女方卻片面違背了純粹的性契約。男主角的害怕承諾反映出社會現實中普遍的刻板印象，而女主角則無法或者不願在性和情感之間做出區分。這部浪漫喜劇片將此份契約作為當代性和浪漫關係的關鍵主題，並與同年出版的全球暢銷書《格雷的五十道陰影》（*Fifty Shades of Grey*）相互呼應。三部曲的第一部圍繞著以下主題展開：男主角克里斯欽．格雷（Christian Grey，有權有勢、相貌英俊）向年輕的處女大學生安娜塔希婭．史迪爾（Anastasia Steele）提議一份虐待狂／受虐狂關係的性契約。雖然安娜塔希婭最終拒絕了這份性契約，但作者充分讓讀者看出，她依然愛著對方，至於克里斯欽的感情則動向不明。讀者只知道他的性意願而已。在《好友萬萬睡》和《格雷的五十道陰影》這兩件作品中，性契約都在隨意性愛與情感之間劃出了明確的界線，然而最終並未受到女性遵守，因為她們想兼得性與情感而非純粹維持性關係而已。

情感無法恰當地被契約化的事實，解釋了為何性／情感的契約在本質上就充滿困難點與不確定。在純粹關係中，紐帶可以任意建立起來，這和經濟／法律契約顯著不同，因為後面這類契約對於違約的當事人訂有罰則，所以才具備約束力。經濟／法律契約乃是建立在「約定內容將被執行」的內隱前提和承諾上的，而性契約卻不具此一特質。可以任意投入以及中止關係的自由造成了不確定性的條件，而這一情況又說明了人們為什麼會快速從關係中抽身而退的原因。如此一來，契約這個隱喻便不足以涵蓋在一個開放的、無約束的性市場（沒有規範、限制或是罰則）中所生成的關係形式。套用克利福德．格爾茨（Clifford Geertz）那有名的說法：已然成為形塑親暱紐帶的此一主導隱喻「契約」，其實所代表的關係模型是非常不完善的，因為它一方面沒能描述關係如何形成，另一方面並未提供這種關係應如何被塑造的配定模型。[19]

意願混亂

就定義而言，關係的性化就是兩個個體間肉軀的關係。這樣看來，性邂逅的知識論難怪會與另一種制約身體的倫理（亦即醫療倫理）具有密切關係，因為醫療倫理和性倫理一樣，都將「合意」此一關鍵置於兩造（病人與醫生）互動的核心地位。性倫理和醫療倫理越來越常將身體視為一個無法被他人占有、擅用、侵犯的實體，因此必須事先在身體主人知情的前提下取得其明確的首肯。換句話說，「合意」乃是醫療契約與性契約在哲學上及法律上的先決條件。這裡的重點並非契約本身，而是它的前提。合意是有條件的，先決條件是主體能夠而且必須理解自己決定讓他人占有其身體、讓該身體感到快樂或痛苦的意義與影響何在。不過，性倫理和醫療倫理學之間仍存在一個重要的差異：在後者中，醫生和病患所冀求的可能是同一件事（病患恢復健康），然而在性領域中，兩個身體各自具有不同意願，兩個意願可能重疊，但也可能不聚合。我可能同意被人親吻，但不同意性交。或者，如果把性交當作開啟一段關係的方法，那我可能同意性交，但如果只是一夜情，我就不會同意。正因為在性互動的任何時候，雙方意願都可能產生分歧，所以性關係中的合意概念便與病患／醫生合意的概念有所不同，並且比大多數需要合意的領域差別更大了。在一篇有關「半推半就被性侵」（gray rape）的文章中，著名作家勞拉・塞席恩斯・斯特普（Laura Sessions Stepp）提供了一個很有說服力的例子：

> 艾麗西亞（Alicia）邀請一位男學生凱文（Kevin）成為她在大學聯誼會上的名義男伴。他們兩個先和朋友出去吃飯，然後再去跳舞。她記得他們都喝醉了，但不至於到放浪形骸的地步。跳完舞後，他們進去凱文的房間，然後開始深度愛撫。她直截了當地告訴凱文，她不想要性交，對方說沒問題。但是才過幾分鐘，凱文就把她推到沙發上，然後壓在她身上。她輕聲說：「快停，不要。」事後她檢討自己拒絕得不夠有力。凱文無視於她的抗議，還是強行插入，她緊張起來，只能麻木以對一直到結束。之後他睡著了，她離開了宿舍。根據她的說法：「我有一種被弄髒的感覺，不知道該怎麼辦，該找誰說出來，**也不知道那到底是不是我的錯**。」雖然她感覺自己好像被性侵（她並不想與凱文發生性關係），**但她並不確定那是否就是別人所稱的「性侵」**。[20]

這裡我以粗體字強調「**但她並不確定那是否就是別人所稱的『性侵』**」，因為這句話清楚表明，這位實際上已被性侵的女性很難以規範的標準方式評價對方的暴力行為，因為她不確定自己是否真的明確表達出自己不同意的立場。這種困難源於以下事實：性化不言自明地以性意志作為預設前提，並且使對自己（以及對他人）明確表達「非性意志」（non-sexual will）的可能性變得較為混亂。儘管社會對性侵的普遍警覺以及執法的力度有所提高，然而性化的文化會將人依其是否處於性愛的待機狀態來加以評價，將性感和性表現作為評價的準繩，也使「非性意志」不論對自己還是對別人都顯得說不過去、較難理解。這位女性很難評估對方是否違反了她的合意原則，這種情況表明，她的意志已因這與意志競爭的性化規範以及男人性權勢的自然性而變軟弱。「合意」的前提是意志不受壓迫，然而，由於文化通常以性的條件以及男人的性權勢作為價值的衡量標準，它所普遍施加的壓力使得「非性意志」（對女性和男性而言都是如此）變得不合情理、不吸引人。如果性是邂逅的目的，如果性沒有（或是很少）情感內涵，如果它脫離了較普遍的人格觀念，如果它的內在沒有互惠結構，那麼合意就變成了「隨意」了，是假設的東西，不是必要的東西，被視為與核心自我沒什麼深刻聯繫的行為。隨意性愛的文化定義是酷的、輕鬆的、情感上超脫的、無明確定義框架的、只一味強調性能力，凡此種種都使「合意」成為「隨意」，只被推定而非確保。這也使女人的意志變得模糊不清，因為為了遵循性化的規範，女人就被認定為是隨時待機、可以配合做愛。人們以前為性自由而戰，如今性自由卻反過來成為一種壓迫的規範。

而且，由於性合意被錨定在身體上，因此它避開了關係的情感內容。我們在情感關係中「究竟同意什麼」的問題，遠沒有在性關係中「究竟同意什麼」的問題來得明確。在性關係中，一個被虐狂會同意什麼東西顯然相當清楚，但是一個不滿意的或是受虐的女性到底同意什麼（甚至她是不是根本就不同意）卻是遠遠難以釐清。由於男人和女人在性領域中的立場不同，因此他們投身性和情感契約的方式也不同。下面是一個很具說服力的例子。卡蘿琳（Caroline）是一名二十八歲的荷蘭學生，她在巴黎攻讀建築專業：

採訪人：妳有男朋友嗎？

卡蘿琳：我直到兩個月前才交上半個男朋友。

採訪人：（笑）妳為什麼說他是半個男朋友呢？他是不是住得很遠？

卡蘿琳：我是說我們明明在一起，卻又不像在一起。

採訪者：妳這話是什麼意思？

卡蘿琳：我喜歡他，甚至還非常喜歡他。只是我們在一起很長一段時間後，什麼事都還沒有發生。我們一起出去玩，但是什麼也沒發生。然後有天晚上終於發生了。我參加派對後去了他家，我們兩個都喝醉了，結果就做了，這是我長久以來盼望發生的事。我現在回想起來，他是機械式地辦完事的。我深夜到他那裡，所以囉，他當然要和我一起睡了。我想男人不會錯過任何和女人睡覺的機會。對我來說，我很早就想和他睡了。後來我們又一起睡了幾次，但過了一、兩個月後他告訴我：「唉，連我自己都不確定。我的意思是，我不確定自己在性之外是否還想要其它東西。」他還說：「所以我不想利用妳或是之類的事。」我告訴他沒關係，這樣很適合我，我還開玩笑說，是我在利用他當性工具。我想讓自己看起來一派輕鬆，不要像那種**巴望獲得什麼**的女孩一樣。我真的很喜歡他。對我而言最重要的是，讓自己看起來與他平等對稱，但其實我默默盼望著……但究竟盼望什麼，我也說不上來，也許隨著時間的流逝他會改變，也許性生活美妙到他離不開我了。我們的關係就這樣繼續下去，繼續做愛。這樣過了三個月，有一天他因為搬進新公寓而辦了一場熱身派對，但沒有邀請我。之後，我透過幾篇臉書貼文發現他辦派對的事，人家拍照後張貼上來。我好傷心，說實在話是崩潰了。我拿這件事去問他的時候，他驚訝得不得了。他說這是他為好友辦的一場小聚會，那和我們之間的關係八竿子打不著，還說他的態度一直很清楚，他的作為從來沒有任何故意誤導我的意思，更何況我自己也同意只為性而和他交往，還說我是為了造成他的內疚才這麼說的。起初我感到很困惑，我認為他也許是對的，也許我不應該有所冀求，因為我同意只做愛不要別的。過了一段時間後，我不再和他見面。又過了一些時間，我的怒意才冒上來。因為我覺得即使是我自己同意他的炮友契約，即使他始終挑明自己的立場，我還是覺得被利用了。事後回顧起來，這全是我腦子裡無中生有的事。我們的關係只建立在一個「肏」字上。

採訪人：妳為什麼覺得自己被利用了？

卡蘿琳：因為我內心一直期待他會愛上我。我的意思是，如果妳經常固定和某人見面、和他發生性關係、一起下廚、一起在早上醒來、一起開玩笑，那麼一段時間之後，妳難道不會對他產生親暱感？

這則故事揭示了關於合意和契約支配親暱關係的一些深刻特徵。在這裡，男方和女方似乎都同意建立在性行為上的關係，並將其視為一種次等的關係。然而，雙方卻各自以不同的方式同意這種關係。女人同意建立起性關係，但那是因為她希望性只充作愛情的序曲。「一派輕鬆」和「超脫」是她用來調和自己的情感目標與男人設下限制的策略說詞罷了。對於男方來說，挑明其意圖的範圍（只要性愛）即足以合理化他那無法投入情感的態度。

因此，一旦我們離開純肌膚之親的領域，那麼關係中最重要的層面就無法以「合意」加以契約化。這個例子說明，「合意」對於情感而言是薄弱的，因為行為者並不能適切地將自己的情感加以契約化。合意的倫理強調（甚至要求）關注一個人的意志，但是它忽略了，在某些條件下，意志有可能是（或可能成為）易變的、混亂的、承受壓力的、內在有衝突的。

在情感上，很難將關係加以契約化的事實促使了新關係形式的出現，而這種新關係表現出拒絕或是難以將情感適切加以契約化的現象，類似於卡蘿琳在訪談中所描述的那樣。在美國，大家已流行用「戀人未滿」（situationship）的說法來描述此一關係概念。[21]有一個開闢在網路的諮商園地即以〈你處於「戀人未滿」情況中的九個跡象〉一文來闡釋這種關係：

> 當你遇到需要介紹或僅是提及這種關係的場合時，你甚至連該如何稱呼它都不知道。你甚至可能不確定是否可以將這類伴侶稱為朋友。結果碰到需要描述他們的身分時，經常苦於詞窮，只能眼睛凝望半空，希望想出合適的說法。「我是說我們倒也不是真的……我的

意思是，我們不算真的男女朋友，但這也不只是炮友那麼簡單。……我的意思是，我們絕對很關心對方，而且相互尊重。……你知道嗎？我們只是不急罷了。」最後，你們雙方當中的某一方，會對這種不清不楚的狀況感到厭倦，於是會問：「我們到底走到哪個地步了？」反正不論你們翻到哪一頁，你們都假裝翻到同一頁。[22]

「戀人未滿」式的互動，是當事雙方明講或不明講而同意彼此維持一種「非關係」的關係。這種戀人未滿的當事人沒有或幾乎不會擘劃未來，不會公開出雙入對，不給承諾，只想活在當下，通常（並非總是）以滿足一方或雙方的性需求為目的。卡蘿琳並不知道自己投入的是戀人未滿式的互動關係，然而對方卻是瞭然於心的。戀人未滿乃是隨意性愛的延伸，是時間拉長了的隨意性愛。它只能算是「非關係」，因為當事雙方中至少有一方要嘛缺乏感情目標或是不願想像未來，要嘛兩者兼而有之。「除非另有通知」，否則此類關係將會一直拖延下去。戀人未滿這一條路「無處可去」，沒有或者幾乎沒有「敘事性」（narrativity），其中的契約性質恰恰在於雙方都同意彼此間的互動不算一種關係。在我個人的用語中，戀人未滿即是一種非關係，是一種消極紐帶，其中一方已在其上標記結局。換句話說，戀人未滿乃建立在矛盾或是混亂意志之上（甚至建立在無關係可言的意願之上）的情感契約。戀人未滿是一種非關係（或者至少是位於積極和消極關係之間那不明朗的曖昧地帶）的合意形式。

善變是種情感條件

情感和性的市場對任何社會階層、種族、宗教中的任何成員開放。這種市場將社會上的強勢者和弱勢者、漂亮的人和沒有魅力的人、受過教育的人和沒有受過教育的人、富人和窮人混合在一起。性市場具競爭性，並且向所有人開放，因此造成自我對本身價值極大的不確定性，因為這個自我知道，自己與在吸引力或社會地位方面被認定「高一等」的其他自我進行競爭。瑞秋·奧尼爾的《誘惑》（*Seduction*）清楚地表明了，她所採訪的男人認清到，在自己與某些他們認為具有魅力的女性之間可能存在不匹配的現象，因此，他們有意識地將兩種策略區分開來：姑且和可以弄到手的女人睡覺，同時奢想那一些自己高攀不上的標的，這就是奧尼爾筆下很貼切描寫的「**抱負性**」（aspirational）策略，其精神在於鎖定比較難以企及、卻比較理想的對象。[23]性與情感的行為者是很清楚這種區分的，因為他們明白自己可能對應也可能不對應當事對方的抱負。就像在經濟領域一樣，志向變成了一個假想的核心，錯亂了一個人在關係中的位置感，使行為者渴求有價值的伴侶，而且更重要的是，使性的行為者意識到自己可能不符合伴侶的期待。相反的，契約意志（能形成契約的意志）乃是以協調一個人情感與願望的能力為前提的。正如約會網站「eHarmony Internet」所引述的一位用戶的話：

瓦妮莎（Vanessa）說：「他是一個非常好的人，但是我不知道班恩和我是不是打算在一起。我正考慮與他分手，但也還不確定。我該如何決定才好呢？」這個問題困擾著許多單身人士：我應該和伴侶分手，還是先堅持一段時間再說？**這個問題通常不是可以痛快回答的，在塵埃落定前，你不得不花很長一段時間去傷腦筋。**[24]

瓦妮莎的疑問反映出她在情感上的困惑，以及她在讓自己的抱負與情感保持一致的事情上感到模糊或者困難，這是她對自己情感本質的不確定感。情感上的模糊引發了雙重的不確定性：由於情感具有高度的互動性和互惠性（人們對他人表達出的情感做出反應），詮釋他人的情感時如有困難，這將反過來影響形成穩定情感的過程。艾爾莎（Elsa）是一名居住在以色列、具有法國和以色列血統的五十九歲離婚女性。她最理解這種雙重的不確定性。

艾爾莎：我五年前離婚了，在此之前，我們的婚姻關係共維持了二十四年。以前我不知道，約會這檔事已整個發生了大變化。今天妳實在很難和某人建立起關係。

採訪人：妳能說說為什麼嗎？到底有些什麼變化？

艾爾莎：我認為主要原因是，妳始終都不知道對方想要什麼，甚至連妳自己想要什麼也很模糊。關係可能一直很棒，然後突然間因為一件小事就崩潰了。我和某個男的在一起時情況都很順利，他可是有板有眼在向我求愛的，他很好、很貼心。等到有一天我們談到政治，唉呀呀，那個傢伙不喜歡我的觀點，說我對他而言太左傾了。這讓他氣急敗壞了，因為他是一個對自己的成就感到自豪的商人，當他聽到我贊成重新分配有錢人的財富以及增加稅收時，他蒸發了、消失了。就這樣毫無預警地。然後出現另一個男的，起初被我迷得神魂顛倒，給我發了最激動的電子郵件，又買最奢侈的禮物給我，但有一天，他抽身了。我鼓起勇氣問他為什麼，他說他不喜歡我批評他的穿著打扮。他穿著的品味很保守、很不入流，我則設法要讓他看起來更瀟灑一些。我對他說過類似這樣的話：「你穿這件外套不是更好看嗎？我覺得這比你身上的那一件要強多了。」這足以讓他感到我在挑剔他了。妳稍微碰著他的玻璃心，它就碎了一地。還有，我也堅強不到哪裡去：只要對方做出什麼不恰當的事，不知感謝我，或者讓我覺得不夠可靠，我就退回自己的殼裡，一面說服自己，這個男人不值得我虛擲光陰。在那個初始階段結束後，如果妳真的和對方交往了，開始看到真實的人了，我發現那時已很難知道我的感覺是什麼、我想要的是什麼。

採訪人：不太懂妳的意思。

艾爾莎：反正是一團亂。有時我喜歡他，有時又不喜歡他。如果他做出符合我期望的事，我就喜歡他，否則我就不喜歡他。我變得沒有安全感，我真的不喜歡這種不安全感，結果我就吃得更多。如果男人對我好，我就喜歡他們。我完全不知道該如何保持穩定的心情。

採訪人：妳如何知道男人喜不喜歡妳？

艾爾莎：妳問到重點了，我不知道。有時我認為對方喜歡我，有時我又認為他們不喜歡我。反正不停變動，像我一樣。最近我還滿懷念離婚前的生活，懷念婚姻生活的穩定。妳的婚可能結得不好，但妳至少知道自己擁有什麼。

採訪人：為什麼？妳為什麼會不知道？妳不知道什麼？

艾爾莎：因為妳始終都不明白別人是怎麼看待事情的，甚至那些事情對妳而言究竟意味什麼。我剛才提到的那個商人，他每天晚上都會來帶我出去喝一杯，買晚餐或飲料給我，真正跟我跟得很緊，然後沒有任何預警就消失了。他看起來好像在和我談戀愛了，接著由於政治上的歧見，他竟做出「我不適合他」的決定。妳能相信嗎？顯然，他不在乎我們的關係。也許曾經在乎過，但到後來已經不在乎了。現在和我交往的這個人，他會經常取消約會，不然就是約會遲到，應該打電話來的時候沒有打來，但他仍堅持和我交往。我們曾經吵過幾次，但他似乎還很在乎我，所以我不知道什麼才是重要的，什麼才是不重要的，也不知道他心裡有沒有我。妳只覺得沒有規則可以依循，很難知道什麼行得通、什麼行不通，對方做了什麼或者沒做什麼，其中究竟有何涵義？他也許是太忙，所以沒打電話？也許因為他不喜歡顯得太熱情？還是因為他不喜歡我？唉，什麼都有可能。所以，我從不曾感覺到自己確實知道什麼的，或是應該怎麼做才好。

上述的故事告訴我們，投身契約關係是很困難的，因為人們不斷在衡量投身關係的規則及這些規則的意義，以成就自己的價值感。如果「不確定性影響一個行為者在社會場合中描述、預測與解釋行為的能力」[25]，那麼這個行為者顯然面臨著很大的不確定性，包括自己和別人的不確定性。由於缺乏儀式架構以及規範性的錨定作用，主體只能自己想辦法解讀他人的意圖、擬定行動方針、對不確定性做出策略性的回應，並形成明確而穩定的感覺。換句話說，不確定性會產生「後設情感」（meta-emotions），亦即有關情感的情感，導致與他人結識的過程既令當事人困惑又使其必須時時反思。主體於是設法藉由有意識地調節自身感覺的流動和強度來控制該過程。這種反思行為乃是締造關係過程的一項特徵，正好出現在行為者的意圖既不清楚又難以解讀時。情感和後設情感這兩個層次令投入關係的過程變得麻煩累贅。下面是另外一個例子。

塔瑪爾（Tamar）是一位三十二歲的以色列人文科學學生，並同時在一家高科技公司工作：

> 塔瑪爾：有個朋友打電話給我：「我遇見一個男的，他很棒。朋友把他介紹給我，但他兩天內都沒發簡訊來。另外，他還說自己很忙，所以妳怎麼看？我認為他應該是主動的那一方，因為應該由他向我示愛。我的直覺是他應該這樣做，但是也不確定。」我是這麼回答我朋友的：「如果妳不想一顆心懸在半空中，妳就應該直接問他，問個明白。傳一條冷淡的簡訊給他，表明妳可有可無的立場。我個人最不喜歡搞懸疑了。」她說：「我不喜歡傳什麼『冷淡』的簡訊，弄得我

好像酷酷的，而其實我才是全世界最不冷淡的一個。如果他真有意對我說：『我們聊聊吧』，那麼他早就寫簡訊了。」至於我的立場嗎？我最討厭搞曖昧。我要一切清清楚楚。我不在乎主動寫簡訊給對方，我就是需要弄明白。然後我的朋友回答我：「唉！我受夠了。他必須放開我。是的，沒錯。哦不，不是。我應從他那裡解脫出來。他得寫信給我。」

（塔瑪爾再次以她自己的名義說話）我就是缺乏耐性，不管對方發不發簡訊給我，反正我要弄明白就對了。……我赴過很多次這種約會，但是妳知道嗎？有時我會懷疑自己，我有時甚至不確定我赴過的約會好不好。有時妳認為這場約會很好，但是回家後再一想：「真的好嗎？」（我的）許多朋友也充滿懷疑。我是很依靠直覺做判斷的人，但是我也有疑問。我住在特拉維夫，每個人都在尋覓，每個人想要一夜情。在特拉維夫，每個人都在找機會。它使這檔事變得非常廉價。妳覺得自己不過是千萬選項中的一個。妳的感受真的是那樣。妳發簡訊一連發了幾個小時，回信的都是要找一夜情的。我和男人聊天，感覺是他們手上有很多人選，可以很快找到另一個美麗聰明的女人。我一直有這樣的感覺，女孩總是取之不盡的，這就是為什麼我覺得這檔事很廉價的原因了。

採訪人：說不定妳會遇到喜歡的人。

塔瑪爾：怎麼遇到？

採訪人：只要妳喜歡就行。

塔瑪爾：透過朋友介紹會比較容易。

採訪人：妳能告訴我怎樣才算複雜的呢？

塔瑪爾：除了可選擇的對象過多之外，我認為如果妳是透過約會認識人的，那就很難談什麼承諾，感覺對方的立場是「我想做什麼都可以」。如果是透過朋友介紹認識的話，對方就會比較認真。他的行事必須更加小心。但是，如果不是透過朋友介紹認識的話，他們就會按照自己的想法對待妳。

儘管存在代際差距，塔瑪爾和她朋友的感受還是與艾爾莎相同，因為她們都描述了一種狀態：締造關係的規則並不明確，還有行為者的意圖有待他人揣度，並且需要反思性的監督。此外她們也說明了，慾望的表達受制於以下的普遍認識：男人有權決定建立關係的方式，而且可以輕易地投入或捨棄這種關係。此外，塔瑪爾和她朋友之間的對話也凸顯了一個問題，即「主動示好」是否會削弱女方的價值，而這說明了性的領域充滿了權力的爭鬥。不確定感困惑著這類互動的初始階段，因為表達好感若是過與不及同樣都會摧毀關係，因為「過」代表軟弱，而「不及」會使人無法投身有意義的親暱互動。「不知如何是好」（打電話或不打電話，表示興趣或不表示興趣）的心態乃是某種社會約束的結果，即行為者試圖管理存在於互動中的兩股相互衝突的期待：一方面渴望建立關係，一方面不希望讓別人看出自己渴望建立關係；一方面渴望對方肯認自己的價值，一方面又限制自己的情感，不想表現得太露骨。不要拿出「非你不可」的態度，這已經成為關係經營的一個要旨，尤其是在關係形成的初始階段，這於是造成投身情感契約的意願，或是進行必要的象徵作為來表現興趣或承諾的意願難以形成，或是兩種意願皆難形成。因此，性／愛情的互動包含以下這一矛盾：為能建立關係，一個人必須拿出某種程度的超脫，因為這樣才能表現獨立自主、才有價值；但超脫的態度通常會激起對方自我保護的策略。五十九歲的讓—皮埃爾（Jean-Pierre）探討了自己在尋找伴侶的過程中所遇到的困難，並提到了他那兩個分別是二十五歲和三十歲的女兒：

讓—皮埃爾：她們兩個（指他的兩個女兒）都沒有男朋友。她們留不住人。和人家見過一、兩次面，有時多一點，頂多幾個星期，但終究沒有什麼結果。她們兩個都告訴我同一件事：「事情很複雜。」她們找不到可供遵循的規則。她們希望對方成為主動的那一方，所以自己絕不會跨出第一步。但是，如果對方發送的簡訊超過三封，那麼他就出局了。傳第一封很好，傳第二封還可以忍受（但很勉強），如果傳到第三封，那就代表對方沒有人要，算他倒楣，鐵定出局了。所以，複雜的不是只有那些男人而已，我的女兒也不單純啊。她們想往女權主義裡尋找指導方針，以明白在這種混亂的狀態中該如何行動。

採訪人：結果她們怎麼做了呢？

讓─皮埃爾：她們動不動便將男人的作為解釋成權力的展現。她們提高警覺，務必不讓自己陷入無能為力或者被控制的感覺。可是妳看，她們不也等著對方踏出第一步嗎？所以這種心態包含一個矛盾：她們其實心裡有數，但就是不會改。據她們說，如果不那樣做，就會破壞與男人建立關係的一切機會。關鍵是，不要顯得很急。

儘管父權制的支配模式依然普遍，所有各種形式的女權主義已對異性戀關係，以及男女如何看待自己與彼此都產生了深遠的影響，並促成了「不選擇」心理機制的形成。如前所述，女權主義大體上推崇獨立自主和平等的理想，而且在這方面，正如該名男子所陳述的那樣，鼓勵女性對男性權力的跡象「提高警覺」，進而使她們對男性的行為實行考查，看看其中是否包含權力的顯露以及貶抑她們價值的成分。這類跡象可以從缺乏互惠（不為女人下廚、打電話給她的次數少於她打電話給自己的次數）、強迫女人就範（性侵）、情感距離（情感的表現力較差、回電不夠快速），或是較不願意為一段關係犧牲個人的利益。由於女權主義的著眼點多少都在平衡性別角色，並且觀察隱藏在男性行為中的支配意圖，因此它也提高了女性的尊嚴以及維護其自我價值感的門檻。

正如我們在上文中看到的那樣，在市場形勢下，價值基本上是不確定的，因此必須加以捍衛。然而，正如讓—皮埃爾所指出的那樣，他的女兒不願接納任何對自己過於殷勤的男人，因為她們會將對方的熱切追求視為「很缺對象」的徵兆，而在一種崇尚「獨立自主」精神的文化中，這種評語可說是對他人的終極貶損。獨立自主與情感距離之間的界線確實相當模糊，從而使人們對他人的（甚至對自己的）情感和意圖產生了困惑，而這點又使上述的情況變得更複雜了。正如讓—皮埃爾所指出的那樣，在關係的形成中，牽涉到的心理社會過程主要有兩種：其一，對於某人的心理、性與社會價值（無論其行為是否表現出「很缺對象」或是「顯現興趣」的樣子）進行評價；其二，保護自我以確定其完整性和價值不受到損害或降低。這兩個過程都必然遭遇到兩個彼此相衝突的要求：獨立自主（自己的和他人的）以及情感表達。結果是性的行為者會自我監控本身的感受，例如受訪者會以類似的字眼稱呼其機制：「封閉的」、「捍衛自己」、「保護自己」、「確保自己立於安全之地」或是「遠離痛苦」。這些機制說明了行為者控制情感流動的能力，以便藉著避開情感的折磨來確保自我價值與獨立自主。行為者因此發展出了風險評估的心理策略，試圖衡量和計算自己在與人建立關係時，因表達感情與「開放自己」而可能承受的風險。

對於他人所表現出來的有興趣或無興趣跡象保持警覺的同時，也必須持續關注本身的自我價值，畢竟一個人若能感覺到自我價值，這就是良好愛情關係的可靠標誌。例如具有影響力的《今日心理學》（*Psychology Today*）雜誌就列出了不良或者有害關係的跡象。其中名列前茅的跡象是：「**你的伴侶無法使你對自己的身體感覺很好**」、「他們指出你頭髮變稀疏或腋下皮膚變鬆垮」或是「與開始戀愛時相比，**你對自己的感覺變糟了**：你的**信心不足**，眼中自己的長處減少了。」[26]由於關係的結構變得不確定，女性被迫對男人的權力展現保持高度警惕，自我於是轉而信賴本身的感覺以及自我的價值感。如此一來，自我會發展出高度注意力的新形式，以觀察他人是否興趣缺缺或是擺出情感距離，另外，自我也會發展出文化和心理的技巧，以利擺脫會威脅到自我的關係。在一個不確定的情況中，男人和女人都學會監控自己流露情感的方式，如此方可避掉不對稱的關係。

面對他人行為所產生的不確定性，互動的情感符號體系（破譯他人產生的情感信號）可能變得活躍起來，觀察他人的意圖可不可能使我容易遭受損失或者傷害。當行為者不確定他人的情感時，便會求助於「自我感覺」（self-feelings）以獲取確定感。自我學會透過自己的主觀性來解讀他人的行為，一句「我的感受如何？」，成為情感能否持續發展及貫徹履行的關鍵。這種對自身價值的關注反過來又增加了可能因衝突而引發緊張關係的風險。以下是兩個微妙的自衛機制範例。這種機制只強調一個人的感受，而不管自己是如何被他人吸引的。

拉斐爾（Raphael）是以色列一名二十四歲的哲學系學生，同時兼差打工：

採訪人：你有女朋友嗎？

拉斐爾：我剛和一個女孩分手。

採訪者：你方便談談嗎？

拉斐爾：我那一天過得很不順。我工作時和老闆吵架，因此感到壓力很大。到了晚上，我像往常一樣和她交談，也告訴她我那一天過得很不好。然後她也告訴我她那一天過得如何。現在回想起來，我當時可能沒有像平時那樣用心傾聽。我們說完話就掛電話了。過了半個小時，她又打來，只說我沒聽她講話，這點令她感到不舒服。她攻讀學位，想成為一名臨床心理學家。她非常喜歡這門學問。我可以想像，我們談過話之後，她應該會這麼想（模仿女孩的聲音）：「唷，天哪，他沒有全心全意聽我說話。」我心裡想：「我們才約會過兩次，而那一天我的心情又很糟，妳憑什麼抱怨我不認真聽妳說話？妳他媽的是哪根蔥啊？」我認為她的做法是天大地不恰當。才約會過兩次，她怎麼能做這樣的事？之後我就把她放生了。

這名男性與他的約會對象針對兩種不同的威脅做出反應：女方說出自己沒能獲得充分關注的看法，而男方正由於自主權受到威脅而防衛自我。雙方都強調自我，並且把對方所強調的自我視為對自己的威脅。一個人的自我肯認以及對自我價值的保護成為一場零和賽局，這是兩個自我之間的鬥爭，任一方都以犧牲另一方的自我來成就本身的自我。

在另一個例子中的丹妮艾拉（Daniella）是以色列一家高科技公司的電腦平面設計師，現年三十七歲。

採訪人：當妳瀏覽約會網站上的個人資料，以便決定要和誰見面時，妳通常如何著手？

丹妮艾拉：很簡單，首先必須看得順眼。他必須樣子好，不一定要多帥，只要讓我覺得很有吸引力就好。然後是教育程度，也可能看他的自我介紹有趣不有趣。等到我們開始聯絡時，可能要看以下的表現：回應夠不夠迅速、回應內容是否言之有物、整體上語氣好不好。就像我昨天和一個在約會網站上認識的人通話，感覺上他很棒，聲音非常好聽，感覺上很聰明，但是他說話的語氣沒能讓我感覺很好。十分鐘後，他說：「抱歉，我要下線了，請把妳的照片發給我（因為我沒有將照片放在網站上）。寫信給我。」但是我沒有照做。即使東西都齊備了，我還是沒有寄，因為他不夠好。如果談完話感覺不好，我會就此打住。男人必須讓我感覺舒服。如果不是，我就很難感到自由。其實我應該說，儘管對方不夠好，有時候我還是會繼續，但如果我這樣做，我就會保持警惕。

採訪人：這是否表示，通常如果一段關係讓妳感覺不好，妳就會斷然掉頭走人？

丹妮艾拉：當然不像妳所說的那樣死板板的。我的意思是，妳有必要探究一下對方在想什麼，也許我誤解了一些東西，但是總體而言（尤其是在剛認識的階段），如果發生一些不能讓我覺得自己很棒的事，或者如果對方舉棋不定或是冷冷淡淡，甚至不覺得我是個特別的人，或是不怎麼高興見到我，那麼我會把他當成不值得把握的對象。一個男人究竟能讓我對自己產生什麼感覺，這對於我是否願意給機會讓這段關係發展下去是至關重要的。這也許就是為什麼我到今天仍然形單影隻的原因了（笑）。

這個例子可以讓我們明顯看出，對自我價值的感覺（「感覺舒服」）的威脅終會導致關係中斷。在進行性／愛情的互動時，自我就會（或者不會）與對方協商，如何使對方維持或者甚至增加能力，以保障他（或她）的自我價值。保護自我價值的策略包括退出選擇，包括退出一種令自我擔心自己有可能被低估價值的（潛在）關係。換句話說，退出是一種表演性質的行為，行為者可以透過這種行為確保自己的價值，並且抵消可能的貶值。在一篇諮詢專欄中，關係專家羅里・瑞伊（Rori Raye）為女性列出了以下幾條基本規則：

如果一個男人對妳說，他不確定自己是「迷上妳了」還是「對妳沒有感覺」，**勸妳快跑**。如果男人說他愛妳，只是還沒有準備好要認真建立起關係，這和他說「不確定自己的感受」其實沒有兩樣。如果他說「不確定自己的感受」，那就是他將一走了之的徵兆。[27]

因此，關係的善變特性，是當事人對施於自我的象徵性威脅所做出的反應和逆反應的結果。治療實踐以及大眾文化所傳達的治療論述強化了「走為上策的機制」（flight mechanisms），因為大量各種形式的心理療法都被用來增加自我價值。我們再來聽聽上文已引述過的艾爾莎：

> 我那時在和一個我愛的男人交往。在那之前，我已有很長一段時間沒這樣愛一個男人了，我甚至開始覺得可能找對人了。但是過了三、四個月，我不知道為什麼，我感覺到他變得比較不那麼……怎麼形容呢……也許比較沒那麼熱情了，沒有那麼會用心取悅我了。他會遲到，說會打電話給我但常常食言，似乎更喜歡以寫簡訊的方式和我聯絡。我針對這件事說了幾句，我覺得缺了點安全感。他不但沒能心平氣和，反而對此表示憤慨，而我也對他的憤慨表示不滿。因此，我就做了流行心理學書籍告訴妳應該做的所有事情，我直截了當地告訴他，這件事讓我覺得很難過，我希望他能改變作風。但這番話激起了他更強的防禦心，他不滿我提出要求或是批評他的行為。但妳知道，一旦我的防禦心和焦慮感被激起來，那麼對方即使再好，我都不會繼續這段關係。這是我學來的自我療癒法。我以前經歷過幾段讓我感覺不舒服的關係，在某些方面讓我感到沒安全感。我總以為這種感覺最終會消失，但通常事與願違。自從開始治療以後，我不再這樣委屈自己了。我不會留戀令我感覺不舒服的男女關係。

艾爾莎的故事與其它故事相互呼應：男人那不可預測的特性威脅到她解讀其意圖的能力。這會造成不確定感，讓她難以解釋對方的行為和意圖。行為者體驗到的「不安全感」反過來會產生防禦和反防禦的策略，每個行為者都設法保護自我的基本面。接受治療的過程更加凸顯了這一點，因為這類治療的主要目的是增強自我估值及其相關元素（自尊、自愛、自我接納）。我們不妨說，它實際上巧妙地鼓勵人們採取防禦策略以確保價值感。當事人或是對方的慾望變得混亂、矛盾或是含糊時，一個可行的策略就是決然斬斷關係。換句話說，情感上的混亂與交往規則的缺乏導致抽身而退，這比形成契約還要早許多步。退選機制藉由放棄已威脅到自我的關係來幫助自我維護其價值。因此，對自我價值的捍衛產生了一種激烈的邏輯，並使「退出關係」成為確定或保持這種自我價值最便利的方法。

以上所有例子都說明了同一點。行為者陷入兩套相互矛盾的情感邏輯之中：一邊是藉由不採取可能沒有回報、可能令自己變脆弱的行動來確保本身的自我價值；另一邊是與他人建立關係，然而在這種關係中，情感的顯露卻是至關重要的行為。不確定性即是難以將上述兩種邏輯組織成安．斯威德勒所謂的「連貫行動策略」（coherent strategy of action）結果。[28]

行為者在性／愛情關係中必須開發的心理資源，讓人聯想起設法評估風險和投資收益的經濟行為者，因為後者在不確定的金融環境中，也會設法評估所投資的資產風險和回報。金錢的直接交換乃是古典資本主義的一項定義（賣出商品或是生產商品以便換得金錢），然而在經濟金融化的推動下，價值和回報的不確定性越來越高。經濟行為者開發了演算工具來評估其未來投資的風險。正如凱琳．諾爾．塞廷納（Karin Knorr Cetina）所說的那樣，這種思維方式乃建立在對於期待和承諾的評估之上。[29]投機和風險評估已成為經濟學的一項重要舉措[30]，也是人們在建立關係時具導引功能的心態。就像風險控管已成為經濟金融領域的核心一樣，風險也已成為人們在建立關係時的傾注重點。我們可以說，某些關係就像直接的金錢交換形式（例如傳統求愛那樣圍繞著既定的互惠規則構建起來），然而其它關係則需當事人在前景不明朗的情況下掂量自己的策略。

打算投入關係並加以經營的行為者會設法評估風險，但實際上，引導他們的通常是認知心理學家稱為的「不自覺的目標衝突」（non-conscious goal conflict），即行為者面臨彼此不相容的某些目標（它們所要求的策略互有扞格），況且由於行為者的認知能力有限，他們並沒能完全意識到這種衝突。自覺的或不自覺的目標衝突，會使下決定或是做選擇變得「既困難又令人不安」，並導致「行為意圖的反覆無常以及情感傾向的善變」。[31]換句話說，嵌入現代關係中的是目標的衝突，當事人一方面想維持獨立自主、確保自我價值，另一方面卻又想建立情感依戀的紐帶。正如認知心理學家塔利．克萊曼（Tali Kleiman）和朗．哈信（Ran Hassin）所言：

> 當兩個（或多個）目標處於衝突的狀況時，它們通常會造成「驚險的決定」（close-call decisions），亦即在做決定的過程中可供選擇的替代方案似乎具有非常相似的效果。也就是說，「決策秤桿」的兩邊多少是平衡的。正因如此，環境中次要的因素（甚至可能是不相關的東西）就可能使秤桿傾斜。[32]

當行為者面臨多種選擇與相互扞格的目標時，他們便更有可能依據無關緊要的、任意的或次要的細節來做出決定，例如在建立關係或是退出關係之間抉擇。本人認為，在目標發生衝突的情況下，行為者更有可能選擇退出，因為退出似乎為自我價值、自主權和情感依戀之間的衝突提供了最簡單的解決方案。在下面這個例子中，自主權與情感依戀發生了衝突，結果顯然只因為小小的細節（這符合認知心理學家準確的預測）便令當事人萌生退出的念頭。讓我們看看一個自稱為「goal12」的人是怎麼說的：

我和前女友在兩個月前分手，那都是我的錯。**她非常愛我**，沒有欺騙我或是什麼的，和她分手**只因為那一天我過得很不順心**。我隔天打電話向她道歉，但她告訴我後來她出門去了，也和別人親嘴了，這話真讓我吃驚，不過我尊重她的坦白。[33]

在這個例子中，女方的愛對他的自主權構成了威脅，並與他的情感依戀需求相衝突。由於沒能意識到目標的衝突、沒能控管目標的衝突，他在不了解原因的情況下與她分手。「因為自己不順心就分手」，認知心理學家應能以此為例，說明一個陷入不自覺的目標衝突的人可能發生的事，因為這個人會拿分手作為擺脫複雜處境與衝突的策略。因此，斷離和分手是解決不自覺的目標衝突以及維護自主權和自我價值的方案。

悶聲離去

締結關係的自由伴隨離開關係的自由。實際上，抽身而出乃是關係契約自由的一項特權。正如前東德異議人士沃爾夫・比爾曼（Wolf Biermann）在一九六五年所寫的那樣：「我只能愛自己可以自由捨棄的東西。」[34]這種對於自由的定義，肯定不同於堅定支持投身愛情和婚姻自由的黑格爾所下的定義。這位哲學家的確以嚴厲的目光看待個人任意脫離婚姻的權利。對於黑格爾來說，只有像教堂或法院這樣更高道德的機構才有資格解除婚姻（見第六章關於離婚的探討）。從這層意義上說，自由、契約、婚姻和愛情等文化觀念業已經歷了長足的發展：從投身愛情關係的自由，演變為離開這種關係的基本自由。斷離關係（並且反覆如此）已被內嵌在性契約中。但是，如果斷離已被內嵌在契約中，那麼勢必會改變當事人在締結關係之前以及關係持續過程中對於它的理解，甚至破壞了關係形成的可能性。

情愛關係在其發展過程的某個點就會斷裂，這已是司空見慣的事，以至於許多或大多數的關係中，「預期結束」已然成為一項內隱的成分。截至目前為止，情況已經很清楚了，網路約會的美麗新世界尤其如此，人們經常不回電話、約會爽約、終止聯繫無須多作說明，或是在約會時突然走人、斷離關係之時沒有半句解釋。對於我的許多位受訪者而言（女性尤其如此，但不止是女性），這似乎已成為再正常不過的戀愛關係。羅斯（Ross）是一位四十一歲的英國教師，他提供的例子如下：

上個禮拜，我和一位外型不錯的女人通電話，雙方交談甚歡。她告訴我，她每天都要在倫敦市內外騎上三十英哩的自行車，還說沒戴安全帽的習慣。我告訴她應該要戴才好。等到我第三次洋洋得意提出論點要說服她戴上安全帽時，她回答我：「對不起，到此為止吧。」然後又補寄一則簡訊：「我認為我們相處不來。」

現代的行為者同時透過消費品味和心理上的自我塑造來培養自我，從而開發出細微差別的個人風格，而這風格又有利於關係的迅速解離。除了極少數的例外，大多數人（無論已婚還是未婚，無論是處於已建立起來的關係中還是處於關係尚在萌芽的狀態中）一生中都可能有過分手或是遭拒等或輕（例如羅斯的情況）或重（無論是單方的斷然決定還是基於雙方自願）的經驗。值得注意的是，在進行經濟的或其它交易時，「退出」代表違反契約，有時甚至須受懲罰，然而在已經開始的性或是愛情的關係中（或是兩者兼而有之），退出的一方並不須為斷離行為付出任何象徵成本或者蒙受汙名。情感契約與性契約的性質是獨特的，因為當事人實際上不會因中止契約而遭懲罰。在流行文化中被廣泛討論的「鬼沒」（ghosting）[II]做法即為一例。下面我們引用一段報紙文章：

何謂「鬼沒」？

「鬼沒」中的鬼（ghost）字，通常讓人聯想起能看到亡者的男孩科爾（Cole）以及一九九〇年由黛咪．摩爾和派翠克．史威茲主演的電影。在該部電影中，ghost 也被用作動詞，指切斷與前伴侶的所有連繫以便結束與對方的關係。

誰玩「鬼沒」？

這個詞已經成為民意調查的關鍵字：二〇一四年十月，YouGov 民意調查公司和《哈芬登郵報》（*Huffington Post*）聯合針對一千名成年人進行的民意測驗顯示，有百分之十一的美國人曾經對別人玩「鬼沒」。又根據《*Elle*》雜誌一項較不正式的調查，在一百八十五個受訪者中，約有百分之十六．七的男性和百分之二十四．二的女性，在他們的生活中「鬼沒」過。這種行為是否隨著科技進步而變得更加普遍還有待商榷，但也許現在它已刺痛更多人了，因為有太多機會可以看到你心愛的人與他人進行互動而忽略掉你。被人廣泛使用的 Tinder 和 Grindr 等應用程式總會給你「附近一帶總不愁找到其他人吧」的印象，這肯定助長了鬼沒風氣的流行。[35]

鬼沒行為是一個人在任何時候都可以自由退出性／愛情契約的特權。作為斷離關係的一種特定形式，它不需要多費唇舌解釋或是顧及哪個人的顏面。鬼沒行為實際上反映了兩個事實：其一是，退出性／愛情關係已是普遍的標準做法；其二是，人們越來越沒有義務為此說明理由。

II 鬼沒：即「玩失蹤」、「人間蒸發」。

五十二歲的以色列女性莎拉（Sarah）即以有力的說詞，表達出女友搞失蹤後她覺得自我意識被貶低的感受。

> 我們的關係持續了一年，不、不，實際上是一年半，然後，她給我發了一條簡訊，告訴我她決定結束我們之間的關係。她透過簡訊來處理這件事。我打電話給她，但她不回。我無法吞下別人以這種方式和我分手的羞辱。她甚至不想和我再說一、兩句話。我好多次設法打電話給她，但是她連一通也不接，即使我利用她不認識的電話號碼撥給她，也是白費心機。我無法忍受這種傷害和羞辱。後來，我從一個我們共同的朋友那裡得知，原來她已經另結新歡了。她甚至連告訴我一聲的這種基本禮貌都不顧。

其他受訪者也有被伴侶搞失蹤的經驗。（在我的樣本中，只有女性有這種經驗，但這現象無庸置疑是不分性別的。）

由於「合意」已成為制約愛情與關係主要的且幾乎是具有排他性質的道德論述，因此，合意使一個人在情感發生變化時隨時抽身而退的做法變得天經地義。一個人只要覺得「對方不再那麼吸引人」或者已經另結新歡，那麼就可以堂而皇之地斷離舊情，而且通常無須為此多加「辯解」。實際上，如果說情感的契約自由具有什麼驚人的特徵，那就是中止關係的時候可以不給任何「堂正的理由」。[36]當然，還是有人會提出解釋，但是他們越來越覺得沒有義務這樣做。

斷然退出關係是如此常見，以至於對形成和構想關係的整套方式產生了連鎖反應。塔拉（Tara）是一位四十八歲的斯堪地納維亞女性化學教授，她透過電子郵件與我聯繫，和我分享了有關她在網路上約會的一些經歷。她以令人印象深刻的隱喻來描述自己的親身體會：

> 這是我的一個反思：在芭芭拉．金索沃（Barbara Kingsolver）的小說《溜之大吉》（*Flight Behavior*）中有一幕場景：女主角正和她的丈夫在某家十元店裡購物。貨品一概便宜，並且都是在遠地大量生產後運來的。顧客拿起東西看一眼，興趣缺缺或是失望地將它扔回貨架上。他們想要一些東西，但慾望基本上還是理性的一部分，他們不知道要什麼，而且眼前的東西也不是他們真正缺的，只因為東西便宜，所以仍然繼續物色。
>
> 這幕場景讓我想到了約會／放生的行為（dating-dropping-behaviour）。……尋找伴侶已徹底變成一種個人基於選擇、需求和提高自己身分認同的追求，好比買新衣服一樣。
>
> 我認為這種「快速浪漫」（正如快餐、快時尚〔fast fashion〕[III]）應該歸咎於網上約會。這是一個無以復加的疏離現象：「商品」數量眾多而且極易獲取，但是你並不會在其中投注太多的情感。這種對待物品的態度也已擴及到其它關係上，也就是說，如果你在現實生活中遇到某個人，那就不妨「試穿」一下吧，然後再悶聲不響地把它掛回架上即可。這使得關係變得比較傷人、比較令人困惑。以前，以正大光明的方式結束雙方關係方才合乎禮貌要求。你應該對自己興趣轉淡或是感情變冷給個說法，或是你為何認為雙方已不合適在

一起提出解釋。然而在快速戀愛中，無論雙方過去如何濃情蜜意，斷然撒手都被認為是理直氣壯的事，只是簡簡單單的一個選擇。許多人以購物的心態看待約會，搖身一變成為一個挑剔的消費者，在愛情或性的全球廉價市場上翻揀。這是商品化的終極局面。

這位女性以酸楚的口吻清楚表達了以下事實：戀愛關係可以隨意地、輕鬆地被斷離掉，而採取行動的那一方不必負擔什麼象徵的或道德的代價。這就是為什麼她會覺得自己活像個拋棄式商品，用過一次就被扔掉，或者借用她的比喻，「被丟回貨架上」。這種分手方式構成對於自我及其價值感的打擊。

德國性學家兼醫師伏克馬．席谷須（Volkmar Sigusch）認為，性自由削弱了義務感[37]，而這一事實在關係斷離的情況中再明確不過了。分手文化的普遍流行標誌著道德義務的削弱，而這種削弱特徵在性的領域中尤為顯著。婚姻專家兼世紀大媒婆陳海倫（Hellen Chen）在她 YouTube 的愛情講座「失戀的愛情手冊」中指出，百分之八十五的關係都是以分手告終的。[38]儘管非學術機構提供的統計數據不一定完全可靠，但她所指出的現象無疑已成為配對過程中普遍的而且結構化的一環。當今大多數的成年人，甚至在他們還很年輕的時候，就已曾多次體驗過愛情破裂的經歷（無論是甩掉別人還是被人甩掉）。

在《叛離、抗議與忠誠》[39]（*Exit, Voice and Loyalty*）一書中，亞伯特．O．赫緒曼（Albert O.Hirschman）探討了客戶表達對公司產品不滿的兩種方法：一種是改變習慣，避免購買其產品；另一種是抗議，以言語或其它方式表達自己的不滿。親暱關係也和經濟交換一樣，叛離似乎是越來越受歡迎的選項。為什麼情況確實如此呢？我會主張，人們優先考慮叛離而非抗議，因為前者不會造成規範性的懲罰，因為他們滿眼盡是其它的替代產品（多的是其它品牌或其它店家），況且言語抗議會被視為對自主權或自我價值的威脅。在形成紐帶的過程中，大家通常也是偏好斷離而非言語抗議，因為言語會洩漏依賴性和脆弱性，而無聲退出則是一己自信的有力表現。抽身是一種退出選擇的明確宣告，意在結束威脅自我安全的戀愛關係。這種舉措有時是自覺決定的結果，有時是半自覺作用的呈現，例如當一個人在捍衛自主權或是自我價值的過程中，陷入目標衝突時即會有此反應。

我們已經把分手視為現代晚期階段中主體自由投入和斷離關係的基本特權，而我們幾乎不曾停下來思考，反覆的分手經驗和失望的期待對於自我以及形成關係可能性的影響。分手的問題有兩個引人注目的面向。其一是，分手少有道德的問責性，因此相對沒有規範。其二是，分手造成一種傷害，我們姑且將其稱為「情感傷害」。分手對於主動的一方而言相對無須付出成

III 快時尚：又稱「快速時尚」。快時尚源自二十世紀的歐洲，歐洲稱之為「fast fashion」，而美國把它叫作「speed to market」。英國《衛報》創造了一個新詞「McFashion」，字頭「Mc」取自「McDonald's」，亦即像麥當勞一樣「販賣」時裝。時至二〇〇六年，國際時尚趨勢研究中心發布「快速、時尚」將成為未來十年服裝行業的發展趨勢。快時尚提供當下流行的款式和元素，以低價、款多、量少為特點，激發消費者的興趣，最大限度地滿足消費者需求。可以說，快時尚是全球化、民主化、年輕化和網路化這四大社會潮流共同影響下的產物。

本，但對於被動一方而言可能有害。由於性自由的理想主要集中在反對性壓迫和性霸權上，因此它沒能深入考量以分手自由為主導的文化可能造成的負面影響。下述這件事是我們未能深入探究的：再三的或是頻繁的分手經歷，可能在多大程度上損害一個人保持牢固的自我意識以及形成持久而有意義關係的可能性。正如相關研究已表明的，分手引發的後果並不像隨意斷離的行為那樣可以等閒視之。

根據經驗，戀愛關係的解除是與各種身體和情緒的負面反應息息相關的，其中包括焦慮、抑鬱、精神疾病、孤獨、免疫功能低下、致命和非致命的疾病或者事故，也可能因為自殺或兇殺引起的立即死亡而導致壽命縮短。40

心理學家常用以下字眼來描述分手的負面影響：生氣、暴怒、焦慮、沮喪、絕望、悲傷、渾噩以及害怕被人遺棄。研究發現，分手會增加自殺的風險，比方離婚的人其自殺率高於未離婚的人：

離婚和分居的人，其自殺的可能性是未離婚和未分居者的兩倍以上（暴露組自殺風險／非暴露組自殺風險〔RR〕＝二．〇八，百分之九十五信賴區間〔CI〕一．五八，二．七二）。單身或者喪偶對自殺風險沒有顯著影響。如果按性別對數據進行分類，我們可以發現，離婚男性自殺的風險是已婚男性的兩倍（RR＝二・三八，CI一・七七，三・二〇）。但是，在女性間，按婚姻狀況類別劃分的自殺風險值，在統計學上並沒有顯著的差異[41]（可能因為女性認為愛情關係理所當然是不確定的，是有可能終結的）。

另一項研究表明，無論對男性或女性而言，分居造成的自殺風險至少是其它婚姻狀況的四倍。[42]還有其他研究人員主張，分手的主要影響是造成自我概念清晰度的喪失，亦即一個人對「我是誰」的定義不太明確。[43]不管分手的實際統計數字和影響如何，事實就是事實：分手通常是一種嚴重的心理經驗，但是在高度性化和情感善變的文化中已被視為理所當然。如果說關係斷離增加了自殺的機率、降低了建立新關係的慾望、引發了短期或長期的沮喪、或多或少持續影響了一個人的自我概念與自我價值，那麼它也應該引起我們注意有關「合意」（作為指導關係的內隱觀念）限度的問題。正如法律學者羅賓・韋斯特（Robin West）有力指出的那樣：「性侵、竊盜、奴役之所以糟糕，是因為這些都不是基於合意的行為，亦即行為者並未顧及對方在性、財產或工作上的價值或是利益。（合意關係）當然也可能由於其它一些理由而顯得不好。」[44]

預期關係斷離及其常態化也造成了以下結果：人們對評價關係斷離的道德標準感到混亂和不確定。正由於行為者可以自由斷離關係，他們並不知道在分手後應該借鑒哪些道德標準。在如下這個例子裡，我們看到當事人難以用道德語言來表達分手經驗的窘態。

> 我仍在學習如何適應這件事（分手）。確實很難。他是我第一個男朋友。他仍然想在週末時和我一起偷偷出去，除此之外，他對我**真的非常糟糕**。他會對我說些可怕的話，目的在於奚落我、貶低我。明明他已經和另一個女孩交往，卻仍然想控制我。一看見他們在學校出雙入對，我就不得不面對這樣一個事實：他不再花時間陪伴我了。有時候，我認為應該放手，然後繼續過自己的日子，但後來想著又害怕：萬一這段關係原本是挽救得回來，那我不就要後悔死了。我想我還是會開始放手，如果他真的希望挽回，他就不會放我走。[45]

這位年輕的女性缺乏任何可以引導她的清晰規範：儘管她的男朋友表現得「非常糟糕」，然而她並不確定對方行為的道德涵義，因為她是以情緒的而非道德的語言來描述他的舉措。實際上，經驗的主觀化既使人們對自己的感受產生深深的不確定感，同時也使人們對於他人情感和行為的道德涵義產生很大的不確定感。她該不該感到後悔？該不該下定決心？決心為她的愛情而戰？還是應該譴責男友？種種問題都留待當事人在沒有明確指導方針的情況下獨自應對，這與某些文化形成鮮明對比，因為在這些文化中，性態度已深深嵌合其中，並由道德體系加以確定。誠如哲學家阿維賽．馬格利特所言：「自由主義的道德觀並不承認性道德是一個獨立的道德領域。它認識到，性在人類生活中的重要性及其面對剝削和壓迫時的脆弱性。它也承認，如果將一般的道德原則加諸於性，那麼性將是一個須謹慎以對的敏感領域。但是，它就是不承認性是具有自己的原則、可自主獨立的道德領域，就像它也不承認飲食具備獨立自主的道德領域。的確，在自由主義者的眼中，對於性道德和飲食道德，一概沒有餘地地保留給它們。」[46]明顯的後果，即是必然遺忘了法律哲學家艾倫．韋特海默（Alan Wertheimer）所稱的「經驗傷害」（experiential harm）。[47]韋特海默主張，主流的規範在「性幻滅」（sexual deception）這方面是十分寬容的。我們不妨補充一點，主流規範對此不僅相當寬容，甚至鼓勵分手。斷離關係在道德上變為良性，或更簡單地說，已與道德領域脫鉤。再三的關係斷離會造成「經驗傷害」，要嘛是因為一個人對於自己加諸他人的傷害無動於衷，要嘛是因為他傷害了分手對象的情感完整性，從而破壞這些對象相信自己可以重新投入類似經歷的能力。

亞歷山大（Alexander）是英國一位五十八歲的會計師，他在二十九歲時結婚，在三十三歲時離婚。他描述了自己的經驗：

亞歷山大：我從一開始就知道我們並不相配。

訪　談　人：你從一開始就知道了嗎？

亞歷山大：是的。其實，甚至在我結婚之前就知道了。顯然我們是處不來的，我們的個性相差那麼大。

訪　談　人：離婚很痛苦嗎？

亞歷山大：其實不會。也許是因為我很想結束那段婚姻。我以前告訴過妳的那段經歷（我離婚後又認識的那個女人），和她分手確實痛苦多了。我愛過她，非常愛她，但是在一起一年後，她告訴我她想分手。（沉默）事後想想，我覺得這件事搞亂了我這一生。

訪 談 人：怎麼說呢？

亞歷山大：我覺得那次經歷在情感上是如此難以承受，令我如此狼狽，以至於我封閉起來了，我內心的某樣東西鎖住了，我再也無法以同樣的方式向女人打開心扉。這也許就是為什麼我離婚二十多年後仍然單身的原因吧。我的心再也無法打開。從那之後就不能了。你可以說我因那次分手而受創傷。事實上直到現在和妳說話了，我才了解怎麼回事。

西里爾（Cyril）是一位六十七歲的法國男性，職業是新聞記者，他的經歷和亞歷山大的故事頗為類似。他為我們講述了他早年的經歷：

我年輕的時候曾有被兩個女人拋棄的經驗。她們各自有離開我的理由，而且說走就走，讓我猝不及防。我先後都深愛過她們，我認為這兩次經驗令我深受傷害。此後我再也無法墜入愛河，再也不指望任何人了。我與女性相處非常愉快，只是我再也沒有以同樣的方式愛上過誰。這也就是為什麼，我覺得同時和多個女人維持關係要讓人自在得多。如果你一次擁有多個關係，你就永遠不會像以前那樣脆弱。

這些例子說明了，斷離關係的經驗如何影響一個人信任未來的能力，而且產生了封閉並保護自我的心理和情感結構。

在經濟領域中，「退出」已成為市場的兩個相對極端的主要運作方式。在生產方面，公司會將業務加以離岸外包、關閉工廠並且解雇工人；在消費方面，大型商店不會基於個人的熟識和忠誠度建立的關係，因此對於尋求更划算交易的消費者來說，「退出」通常是一種習見的選擇。正如赫緒曼在《叛離、抗議與忠誠》一書中所說的那樣，經濟學家的一個深刻假設是，企業的衰退或損失不值得關注：「當一家公司從競爭的努力中敗下陣來的時候，它的市場分額以及人員則會被其它公司接收、雇用。結果，總體資源可能會得到更好的分配。」[48]道德體系對關係斷裂的淡漠態度，似乎也遵循類似的「盲目追求效率」（blind efficiency）邏輯。由於分手的目的在於最大程度地提高個人的福祉，該行為一般在整體上被認定是提高個人表現的一種方式（「積累經驗」、「學著了解自己是誰」、「選擇一個與自己較能相處的人」），以及分配個人資源的更好方法（選出合適的人）。無論是在經濟或是性的領域，效率、成本和效用的概念都破壞了契約的概念。正如理查·桑內特（Richard Sennett）在他的《新資本主義文化》（*Culture of the New Capitalism*）中所說：

> 某一家充滿活力的公司負責人最近斷言，沒有人天經地義能在自己的組織中享有什麼地

位，過去的服務績效無法特別保證能為任何員工贏取地位。……想要獲得尊重，需要一種特殊的人格特質，具備這種特質的人不重視人類已經掌握的經驗。這種人格特質類似於消費者喜新厭舊的心態，熱衷於新事物，勇於丟棄哪怕是依然堪用的舊東西，而不是死抱著自己已然擁有的東西。[49]

分手是某種文化的組成部分，在這種文化中，人很快就過時了，取而代之的是伴侶的現實性或可能性，而這種伴侶能更緊密地與當事人的情感需求和生活方式的興趣契合。就像在經濟領域一樣，從分手過渡到新關係的建立，這期間要求當事人多少要忘掉過去，甚至必須更新和重整自己，獲取新經驗並面對未知的視野。這需要一種能夠適應眾多個性和人物的能力、適應不安全感與變化，並且建立防禦策略以保護自我的能力。如要快速周轉交往對象，那麼當事人需要一種進行短期投資的能力和渴望，不必浪費時間，快速地轉移生產線，對關係的價值進行迅捷的算計。正如桑內特進一步點明的那樣，這是一種與「占有慾」（possessiveness）相反的技能。值得注意的是，占有慾既是經濟術語也是性的術語。有人甚至可能感到好奇，約瑟夫．熊彼特（Joseph Schumpeter）關於資本主義創造性破壞的說法[50]，是否同樣適合用來描述經濟的自我毀滅，以及用來理解消極選擇的情感動力。根據桑內特的看法，資本主義具有兩個與本研究特別相關的主要影響：其一是對機構忠誠度的下降，其二是信任度的減低。忠誠度的下降使人們變成永久的「個體戶」，這使他們只能依靠自己、依靠他們的心理資源來應付不確定性與逆境。桑內特所謂的「公司架構扁平化的過程」（process of delayering of corporations）[51]，亦即移除生產過程中某些層級並將其外包的做法，與性／愛情關係的領域十分類似。在後面這個領域中，個體戶精神（想辦法弄清自己如何在關係中表現機敏、如何抓住對的人、如何「達成交易」）乃是進入關係最關鍵的一環。例如，「腳踏多條船」的心態就是這種個體戶策略的形式，將個人的不同「自我」與「需求」外包給他人，而這種狀況得到了當紅的性治療師埃絲特・沛瑞爾（Esther Perel）的認可，因為她將「不忠」解釋為當事人將尚未表達出來的自我加以表達的一種做法，也就是將這事外包給自己正式伴侶之外的其他人。[52]由於行為者主要依靠自己的個體戶精神來尋找伴侶（評估成本與風險、進行相對安全的投資、確保自己的價值、透過多角關係的建立來增加自己的資產），因此信任成為可遇不可求的東西。

這與珍妮佛・席爾瓦（Jennifer Silva）對於踏入成年階段的年輕工人階級的研究相吻合。面對越來越不確定的工作前景，年輕人進入婚姻這類標誌傳統成年身分的過程變混亂了：

> 十多年來的學術研究表明，長大成人的傳統標誌（離家、完成學業、完成財務獨立、結婚生子）在二十世紀下半葉變得越來越往後延，變得無序、可逆甚至能被放棄。[53]

席爾瓦將年輕工人階級的生活定義為處於混亂、不確定和不安全的狀態。儘管席爾瓦並未指出她的研究成果可以應用到其它社會階層的方式，但我們大可相信，這種混亂狀態儘管程度和形式不同，但確實存在於大多數的社會階層中。

信任以及不確定性

在經濟領域中，契約創造了信任[54]；在親密關係的領域中，它卻破壞了信任。經濟學家法蘭克・奈特（Frank Knight）在風險（risk）與不確定性之間做出了著名的區分。[55]在他看來，風險是可以計算的，而不確定性則不然[56]，因為我們可以對風險進行統計評估。另一方面，不確定性所處理的，基本上是不可知的問題。經濟領域創造了可在金融市場上進行交易的投資（例如衍生性金融商品），用以降低風險。購入衍生性金融商品就是為了防範市場的風險和不確定性。可是，愛情的或者性的交流（或是兩者兼而有之）創造了情感的衍生品，並要求個體戶的情感態度要對治不確定性，而沒有保險或金融工具來保證穩定。面對情感上的不確定性，一個人可能會有多種情感的和經濟的策略：當回報似乎不確定時，迅速撤回投資；當要求過高時，退出關係；以防禦機制的形式發展保險策略，以便藉由保持對損失可能性的情感警惕來保護自己。所有的策略都呈現出一種根本上的困難，即建立信任的社會動力之困難。

在上述那一本資本主義的研究中，桑內特區分了「正式信任」（formal trust）與「非正式信任」（informal trust）：

正式信任是指契約的一方相信另一方會遵守其條款。非正式信任則是在於了解你可以信賴誰，尤其是在一群人面臨壓力的情況下：誰會一敗塗地，誰會乘勢而起。[57]

前現代老式的婚前求愛制度能夠產生正式和非正式的信任，一方面因為違約的成本可能很高（對一個人的聲譽會造成巨大的打擊），另一方面還與確保一個人的社交脈絡息息相關。大衛・哈斯（David Haas）和福雷斯特・德塞蘭（Forrest Deseran）在布勞（Blau）的基礎上，進一步將信任定義為「一個人相信另一個人將履行他（或她）的義務，並且相信雙方在彼此的關係中都會做好份內的事」。[58]但是，信任作為履行自己義務的觀念已變得非常不牢靠，因為不確定性造成了一個人變成情感囚徒的困境：由於每個人普遍都有保護自我價值感的願望，每個人在暴露自我時也都容易感到受傷，只有當一個人相信另一個人會有所回報時，他才會信任對方會與自己合作。正如哈斯和德塞蘭進一步指出的那樣：「信任是藉著對關係一系列逐漸增加的投資而逐步建立起來的，在這一系列的投資中，合作雙方可以證明彼此的可信度。」[59]信任的理性選擇模型傾向於假定「信任通常由一而再、再而三的互惠經驗發展而來」：一個人先信任他人，他人接著便信任那個人。[60]「就像貝斯更新（Bayesian updating）一樣，每個正面作為都會持續增加對方的信賴感，並且在重複的互動中，額外的正面訊息所造成的影響也會較小。」[61]遞增的以及重複的信任，有可能由於兩個因素而受到很大程度的阻礙：其一是評估他人的行為有所困難；其二是擔心投入關係後，必須面對關係中固有的困惑或者曖昧不明，也就是說，由於擔心對方斷離關係，我方便採取自我防禦和自我保護的策略。艾文・古德納（Alvin Gouldner）主張，社會交流是可能的，因為行為者會以普遍的互惠準則來定位自己的行為[62]，並期望其他人也能對他的付出做出回報。但是在隨意而為之的性交流中，對於互惠的期待被大大地破壞了，這恰恰是因為自由的規範使得人們難以確定是否應該建立互惠，或是如何進行互惠、互惠到何種程度。

隨時斷離關係的自由使得未來陷入了困境。因為想像未來的能力和信任的能力是緊密交織在一起的，所以要產生信任變得更加困難了。研究表明，在囚徒困境遊戲（prisoner's dilemma game）中，如果與賽的人被期望在比賽之後進行合作，信任便會大幅增加。[63]換句話說，對於未來的期望增加了合作與信任的趨勢。此外，研究表明，信任不是一場理性賽局，而是要求兩個參與者中，至少有一方願意承擔風險。[64]管理學理論家羅傑・梅耶（Roger Mayer）、詹姆斯・戴維斯（James Davis）和F・大衛・斯庫爾曼（F. David Schoorman）在一篇具有影響力的論文中，將信任定義為「願意為他人而變得易受傷害」，也就是說，信任最容易在自我甘願變脆弱時產生。[65]如果信任可以用「承擔風險」加以定義，那麼保存自我價值的需求會使自我更加敏銳地意識到己身的脆弱性，從而令當事人較不可能承擔風險。[66]因此，正如迪亞歌・甘貝塔（Diego Gambetta）明確指出的那樣，信任是一種願意承受損失的態度，而不是理性評估未來回報過程的結果。[67]然而，由於獨立自主的精神對於自我的形塑是重於一切的，因此脆弱性可以解釋為有所空乏，而這在現代情感語法中是一項大忌。

回顧歷史，「由誰來冒風險」的問題，在文化的層面上實有約定俗成的答案。[68]在近代婚前求愛的過程中，男人正是那個扮演冒險者的角色，因此從一開始就解決了誰會使自己居於情感上脆弱位置的問題，而且這反過來又啟動逐漸建立信任的過程（伴隨風險而來的，是主導建立信任的特權）。可以肯定的是，承擔這種風險乃是父權制重要的組成部分，是直接源自男權的特權。隨著由父權制組織、與在父權制裡組織的儀式化婚前求愛制度的消失，「誰來冒險」自此成為一大難題，需要臨時商議，而非根據文化慣俗來做決定。根據尼古拉斯．盧曼的說法：「信任最主要的功能在於降低社會的複雜性。」[69]也就是說，如果沒有信任，套用他的話說，社會生活將充滿「混亂以及癱瘓一切的恐懼」[70]。在某種意義上，信任有助於建立可預測的、有序的關係，也就是沒那麼複雜的關係。反之，正是由於建構信任的機制瓦解了，當代人的性／感情關係才變得失序、變得疑懼瀰漫。

信任的缺乏或是減少，足以解釋愛情兩種文化特徵的消亡：敘事性和理想化（idealization）。信任使得敘事性（將一個人的感情和人際關係組織成一個合理的故事情節）成為可能，因為它使未來融入一個人的感情和行為中。缺乏信任會截斷敘事，從而阻礙了下一個程序與未來的合理性。理查．桑內特也以驚人的相似方式記錄了職場敘事結構的根本變化。桑內特研究了在公司工作的人之後，提出解釋：資深的成員更具策略性和專注力，而資格尚淺的成員，其目標則較不固定，因為他們的思維方式是短期的、側重當下的、「追求可能性而非一貫進展」。[71]後者已從「職涯」的觀念轉變為一連串「專案」的觀念，這就反映了雖然拿出合理方式卻無法擘劃未來的困境。傳統的職場被認定為個人需要學習一套特定技能方能有效執行工作，並在組織階梯上爬升的特定路徑，但是專案項目則被視為多個彼此不存在結構關係的路徑、目標和充滿風險的挑戰，要求個人須保持靈活性。[72]我們已經看到，現代的性／愛情途徑遵循相同的結構：它們成為一系列的「專案項目」，也就是試探性的體驗、缺乏明確目標或是內在機制，可以讓人按部就班從一個階段逐步發展到另一個階段。這就是為什麼愛情故事越來越具急就章性質的原因了。[73]這種故事在發展的過程中，沒有自覺、不具目的導向或者明確決定。[74]

理查（Richard）是一位六十二歲的美國學者，在過去的二十六年中，他與某位作家維持關係。他講述了自己與那位已成為他終身伴侶的男人之間的遭遇。

那時我和很多男人睡覺。我同時維持四到五段的關係，他也是其中之一。有一次我們決定一起去旅行。妳也知道，旅行的時候最容易看出旅伴的個性。我們穿越整個美國，從頭到尾沒有起過一次爭執。旅行結束時，我心裡想：「嗯……就是他了。」和他在一起，我感覺到如此輕鬆舒服。我們的關係就這樣繼續下去。都二十六年了。

這位男同性戀者昔日的性生活經驗十分豐富，因此更有可能認為自己的伴侶們是可以互換的。使他在一段關係中安定下來的，是一場實際共享過的旅遊經歷，而不是由明確的情感而引起有意識的決定。他以一種務實的方式投入關係，讓關係自由「流動」，而不是先蓄意評估過自己和男友的感情。這種舉措不是腳本式的有意引導「前進」，而是非敘事的「流動」，在這種情況下，性的行為者串聯各個幸福的當下時刻來進行務實的定向。這與一見鍾情的愛情敘事框架形成鮮明對比，因為後者的性慾望會在未來的時間軸上產生清晰投射，並緊密結合情感敘事。

缺乏信任的第二個重大影響，可在它阻礙了理想化的這個事實中看出來，而理想化正是浪漫愛情傳統理想的內在本質。這是因為，當一個人面對另一個人時，如果他的自我價值未獲保障和確定，那麼將對方加以理想化可能會被視為對自身價值的威脅。因此，儘管作家桑德拉・默里（Sandra Murray）、約翰・霍姆斯（John Holmes）和達勒・格里芬（Dale Griffin）認為「關係的安全感和幸福感確實多少需要求助於幻想」[75]，我認為事情正好相反：產生幻想的能力取決於關係的安全感，或者至少取決以下可能性：不受不確定性與不信任他人等因素的困擾。「積極幻想」（positive illusions）的形成對於建立和維繫關係至為重要，因為這種幻想具有排除衝突、失望、缺乏自信以及自我防禦策略的作用。相反的，缺乏信任是由我們所謂的「消極幻想」或者期待關係可能會終止的心態所引起的。

戀愛、求愛、選擇伴侶、與伴侶同居，凡此種種都因為自由被制度化而發生了深刻的變化。這種自由甚至破壞了契約自由（在現代性形成的過程中，婚姻和親暱關係在這種契約自由中被組織起來）。本章已經闡明，「契約」這個隱喻不足以說明當代的性自由和情感自由，原因有很多：其一，它隱藏了男女雙方以不平等方式訂立性契約的事實。當他們試圖將這種關係轉變為情感關係時，男性在情感上比較容易抽身，而女性則比較容易受到傷害；其二，感情和性吸引力是性紐帶的唯一合理基礎，不可能恰當地以契約加以規範；其三，性／情感契約隨時可以由當事雙方的任一方片面加以修改；其四，保持自我價值的需求會妨礙契約的建立；其五，中止性／情感契約時，當事人可以不受任何懲罰（或是所受的懲罰甚少），從而使分手成為對自我價值可預期的永久威脅；其六，由於親暱關係的大部分內容無法契約化，因此在投身和監控這種關係時，當事雙方會心存它終會結束的想法，從而使他們採取計算和規避風險的策略，從而導致他們採取先發制人的斷離手段。

理查・桑內特發現，臨時工剛開始可能會喜歡較無拘束的工作性質，但很快就會對此感到厭倦，並且比任何人更渴望獲得穩定工作的保障。「他們希望有人能永久雇用自己。在社會結構中安身立命，比個人的來去自由更加重要。」[76]永久被人需求並能參與社會結構的冀求，的確會演變成對可以自由進出社會的渴望。在這樣的社會中，只有知道如何利用不確定性（亦即因為它無法被簡化為指標數據，所以無法被事先預知）的企業家，才能知道如何利用市場並且從中獲利。[77]在經濟生活中，面臨不確定性的參與者更有可能成為贏家。在愛情生活中成功的人，正是那些所面對的不確定性很小（因為他們擁有大量的社會和經濟資產）的人，或是那些能夠克服厭惡損失和不確定性的人。

Chapter 6

離婚是種消極關係

「不」乃是詞彙中最強大的。

——奧塔薇亞・史班森（Octavia Spencer）[1]

沒有人關心她的脆弱。
艾蜜莉感謝這種療法，
它不時教她要關上門，正是由於這一原因，
她仍然可以撐下去……
（她）不必為自己辯解，更無須感到內疚。

——維吉妮・德龐特（Virginie Despentes）[2]

著名的心理分析師史蒂芬・米契爾（Stephen Mitchell）在《心理分析的關係概念》（*Relational Concepts in Psychoanalysis*）一書中，以「潘尼洛普（Penelope）[1]的織布機」來描述人的「精神」（psyche）活動。

就像潘尼洛普從事的日常工作似乎具有目的性那樣，我們體驗的日常生活也是定向的、線性的。我們試圖以某種方式達到某個目的、做完某事、定義自己。然而，就像潘尼洛普在夜間進行的破壞活動一樣，我們也在不知不覺中抵消了自己的努力，使我們的既定目標複雜化，找出並構建我們所要克服的束縛與障礙。[3]

米契爾的隱喻雖然有力，但至少在兩個重要的面向上犯了錯誤。一方面，潘尼洛普夜裡在「破壞」白天紡織好的布料時，完全明白自己在做什麼：為了阻礙求婚者的舉動，並爭取時間等待奧迪修斯（Odysseus）的歸來。她向求婚者聲稱，除非自己先為奧迪修斯的父親雷爾特斯（Laertes）預先織好裹屍布，否則絕對不能再嫁。她在晚上拆毀白天織好的布料，是一個有意識和富心機的舉動：她在捍衛自己對奧迪修斯的忠誠，以及面對咄咄逼人的追求者時保護她的自主權。因此，米契爾否認我們可能在具充分意識的情況下將已編織好的布料拆毀，也否認我們可能會全然自覺地將其他人拒於千里之外。其次，米契爾假設，我們的「日間目標」在意識的夜晚裡消失了，因此使我們的精神成為唯一須為拆毀布料負責的施動者。

心理學家通常秉持米契爾的觀點，他們本於職志和專業而忽略現代自我制度的二元結構。這種結構陷入以下兩難：一方面是實現資本主義要求的獨立自主，另一方面則是一夫一妻制度持久的情感依戀的浪漫幻想。實際上，我們可以懷抱目的、有意識地拆毀我們織好的布，而且

1 潘尼洛普：古希臘神話女性人物之一。英雄奧迪修斯之妻。其事蹟反映於荷馬的《奧德賽》中。奧迪修斯參加特洛伊戰爭失蹤後，她堅守未嫁十年，並以計擺脫各種威逼利誘，後又在丈夫歸來後，與其合謀將圖謀不軌者清除。其形象亦出現於相關繪畫等藝術作品中。

這目的性可能是我們既不了解又無法控制的社會力量作用。在前面的章節中，我們透過框架混亂、本體論的不確定性或者缺乏信任等機制，探討了紐帶為何無法形成，而在本章中，我們要檢視的則是在已建立的關係中，遠遠較具自覺、反思特質的解除愛情之過程。

二十世紀現代性最鮮明的標誌之一，是因離婚而出現的家庭變化，而離婚已成為現代婚姻中永久的可能選項。離婚是一種特別值得注意的社會學現象，因為它影響家庭此一體制從前現代世界過渡到現代世界的過程。家庭體制確保生殖繁衍、紓解性慾的需求，並且對社會生產和社會流動至關重要，同時有助於實現財富的積累與轉移。離婚是影響婚姻此一重要社會制度的退選行為，它包含了現代性主要的社會及文化力量：從「生殖的性」轉變為「享樂的性」；財富積累的經濟模式之轉變（脫離家庭型，進入消費型）；消費文化在建構自我中的作用；解除由外力形塑的紐帶，並由基於選擇的契約形式加以取代。離婚是退選中最突出的、最公開的類別，是斷離愛情的方式中最制度化的一種，而且與其它形式的退選一樣，離婚也是本書所分析的社會力量直接作用的結果。乍看之下，前面幾章中所描述的迅速而且可以相對輕鬆撤回的消極關係，似乎與離婚十分不同，因為離婚是對於正式承諾艱鉅的、極端制度化的解除。離婚時解除愛之盟約的做法，看起來就像緩緩拆毀一塊織好的布或是將其撕裂，而另外一種愛的終結的形式，看起來則更像是沒能力或不願意拿出線來織出任何布料。

離婚是退出制度化關係的一種積極選擇，而且從這層意義上看，離婚與我在第三、四、五章中所描述的「無實質」退選形式大不相同。離婚（或分居）幾乎總是一種有意識的、長期的決策，而前面提到的其它退選形式，通常似乎只是因為行為者沒有明確的意願和目標來引導自己的慾望才發生的結果。離婚很少以毫無理由、突然決裂的形式（第五章中討論的那種形式）出現，相反的，離婚總會提出理由，並在制度化以及常規化的背景下發生。它會牽涉到法律機構，它會招致懲罰，並且引發激烈爭論。通常它所牽涉到的財物及法律問題，是其它退選形式不須面對的。然而，儘管離婚和隨意性行為各自處於關係斷離這光譜的不同兩端，但我在本書的最後一章中主張，許多促使人們迅速退出關係的力量也存在於離婚（或分居）這種自覺且費勁的退選行為中。這倒不是說，兩種抽身行為是等同的甚至是相似的。快速而不招致懲罰的關係斷離，和深思熟慮、代價高昂的抽身而退，乃是不同的心理事件，因為前者發生在互動規則模糊的背景中，而後者則發生在高度制度化的環境中，不過兩者都是對於婚前求愛、親暱關係、性的行為、家庭和婚姻已經歷的構造變化之同一反映。從這層意義上講，我們可以說，形成社會紐帶的過程與維持社會紐帶的行為，一樣承受著相同的社會學意義上的壓力。框架混亂、貶值、防禦性的自主、對自我價值的威脅以及缺乏信任，全都存在於終結愛情的過程中，而其表現以及最終結果便是離婚。

愛的終結

作為一種情感理想，現代婚姻與浪漫愛情是具有密切聯繫的（二〇一三年，尋求締結婚姻關係的同性戀伴侶中，有高達百分之八十四的人宣稱，自己之所以那樣做全是出於愛情）。[4]愛的情感理想透過「當紅符號」（hot symbols）以及嚴實組織的敘事結構被表述出來，而且這些敘事結構提供了塑造個人一生行誼的經緯。[5]正如勞倫・伯蘭特所主張的：

儘管慾望呈現的形式可能沒有止盡，但支配幻想和期望場景的，卻只有一個情節。在這個情節中，嬰兒期的慾望模式發展成為愛情情節，而這情節乃是由親暱體制與家庭延續的幻想所共同構成的（後者透過順暢遞嬗的親屬關係鏈，將歷史的過去與未來連結起來）。在美國，儘管此一情節被普遍加以修改，但它在法律上和審美上都享有特權地位：慾望作為一種對理想生活的憧憬，在許多社會領域中，它對於傳統愛情的渴求依然強烈。[6]

這個憧憬乃是一種情感上的幻想，亦即對於特定情感的存在和常態性、以及其表達方式、強度、持久性與內容的幻想。幻想乃是組成現代愛情和婚姻的一個要件，將情感以及日常生活中經濟生產和繁衍後代的實踐縫合在一起。愛的終結正是一種認知和情感過程，而在這種過程中，上述那種縫合不再發生，因此愛情和日常生活的生殖繁衍功能不再重疊在一起。那麼此一「拆線」的現象是如何發生的？此一浪漫幻想的情感劇本被打斷，新的情感介入原先維持日常生活的紐帶中，那麼必然會先發生什麼事情？換句話說，我所謂的「拆線」即是一種過程，而在這過程中，由於某些事件（令一個人投身其中的真實關係，或是想像關係的意義受質疑或遭損害）的介入，特定的情感經驗和幻想被破壞了。這種「拆線」過程是透過一種似乎具有「現實」力量的經驗發生的，不論這種「現實」指的是當事對方的性格、背叛的行為，還是來自於無法調和的差異。正如我現在要證明的，伴侶所經歷的情感紐帶中那些巨大的缺點，包括了在日常生活表面下醞釀的經濟、文化和社會的過程。這些過程包括：「性」轉變為自主本體論的現實層面；消費領域在塑造自我和身分認同方面的作用；對自我價值和自主權的捍衛；評價模式被強化了，而且容易轉為貶值模式（由於行為者已發展出清楚的情感腳本，知道在互動中應該表現出哪些情感以及如何表達這些情感）。本書記錄的所有過程，都對既存的關係施加了隱性的和強大的壓力。愛的終結即現象，是行為者在不自覺的情況下與這些壓力（其本質是規範的、社會的和經濟的）搏鬥的過程。

離婚以及女性在情感領域中的地位

社會學家將離婚視為獨立個別的事件，而不是將其當作愛之終結的情感過程加以探究（在後面這種情況下，離婚或分居是類似的事）。社會學家感興趣的常見問題是：誰離婚？為什麼離婚？離婚會產生什麼影響？[7] 離婚的主要原因包括：失業、酗酒、經濟拮据、小孩誕生、不平等的家務勞動分配、外遇以及女性投身勞動市場等，而學者們也特別強調，女性較高的就業率與男性較大的就業不穩定性，是離婚率增加的重要因素。[8]

如果將離婚視為文化上的可變事件，就會浮現兩個驚人的事實：在一九四〇年代，離婚的原因很可能是「客觀的」，例如酗酒或是疏於照顧。從一九七〇年代開始，離婚的原因變得「較為抽象，並且涉及情感」[9]，是較為「主觀的」問題，例如「漸行漸遠」、「對方變冷淡了」、「覺得不被疼愛」都成為離婚的主要理由。[10]二〇一四年《美國關係觀察》（*American Relationships Survey*）在「奧斯汀文化與家庭研究所」的贊助下所做的一份調查指出，受訪者提出離婚的原因如下：外遇（百分之三十七）、配偶對於需求無動於衷（百分之三十二）、厭倦了婚姻生活中的配合不良（百分之三十）、配偶的不成熟（百分之三十）、情感虐待（百分之二十九）、金錢觀念不同（百分之二十四）和酗酒（百分之二十三）。前五個原因都是情感理由，因此表明婚姻中情感過程和離婚極有關聯。

換句話說，套句社會學家史蒂芬・魯格斯（Steven Ruggles）的話來講，就是：「過去的婚姻往往較多受到社會規範的支配，而較少受到理性衡量（盡可能提高個人幸福感的考量）的主導。」[11]

> 的確，男性和女性提到的婚姻破裂和離婚的最常見原因，是彼此漸行漸遠和失去了親密感、不受配偶疼愛以及欣賞、性親暱的問題，以及生活方式或價值觀的嚴重差異。導致離婚的各種原因中較少被提及的是：因孩子而引發的衝突或婚姻中的暴力行為。[12]

另一項有關澳大利亞離婚問題的研究指出：「百分之七十一的男性和女性認為情感問題是婚姻破裂的主要原因」，比虐待關係（包括暴力或酗酒）和外部壓力（例如伊蓮娜・沃爾考特〔Ilene Wolcott〕和卓迪・休斯〔Jody Hughes〕的著作中所提到的財務問題）更要普遍。[13]和前幾十年相比，性和情感的問題在一九八〇年代中期已顯然被認定是離婚行為可被接受的或是更站得住腳的理由。情感已成為婚姻和離婚的核心，是造成關係斷離的關鍵點。

必須與上述觀點同時提出的第二個研究發現，也同樣令人驚訝：在美國、歐洲和澳大利亞，女性是主要提議離婚的那一方。[14]這與女性就業增加會提高離婚率的研究發現是不謀而合的。正如安德烈・切林（Andrew Cherlin）所主張的那樣：「在二十世紀，幾乎所有研究離婚這個主題的知名學者，都提到女性就業率增加的重要性。」[15]女性經濟能力的相對增長，似乎與她們出於情感原因而提出離婚的事實存在某種聯繫。換句話說，女性達成經濟獨立之後，情感便成為其關注的核心。麥克・羅森菲爾德（Michael Rosenfeld）一針見血地指出：「性別、婚姻和生活歷程的一個矛盾是，年輕的單身女性似乎比男性更渴望婚姻與承諾，而已婚女性對於婚姻經歷的滿意度則似乎不如已婚男性。」[16]在離婚這件事上，即使女性在經濟上的損失比男性大（女性的工作報酬已比以往更高，但離婚還是使她們大多數人在經濟上變得較為脆弱）[17]，即使她們離婚後的選擇機會較少（她們比較不可能再婚），但是提議離婚的還是更有可能是她們。

上文提到的研究發現（女性更有可能想要承諾、主動提出離婚要求，並出於情感的原因而這樣做）表明，女性會以與男性不同的方式投入性的契約，並且也會以與男性不同的方式體驗婚姻以及提議離婚，而這正是透過使用、實踐和管理她們的情感來實現的。如果我們主張，女性在投入一段關係時，比男性更願意付出情感進行交往，並且更容易提出情感上的訴求以便離斷那段關係，那麼我們就可以輕鬆克服上述麥克·羅森菲爾德所提起的那種矛盾。[18]

本人完全明白，婚姻（或是同居關係）結束的原因多且複雜，我所說明的僅為其中一部分。在這個前提下，我們可以說，女性是基於所謂的情感本體論（emotional ontology）、基於她們眼中「真實」的情感領域、「真實」的情感需求以及情感標準（規範情感如何被感受、表達和交流的標準）在看待婚姻的。就像男性和女性在看待性領域時方式各自不同一樣，他們在處理情感方面的事也有不同的立場和方式。如同性已經被建構成可以表現男性地位的場域一樣，情感及其控制在確立女性的身分認同方面也起著至關重要的作用。如果說男人以性資本的積累為趨向，那麼情感就可以作為指導女性行為及顯示其社會能力的策略途徑。當男女雙方投入一段關係時，當他們身處一段穩定的紐帶中或是當他們選擇結束一段關係時，上述所言果然應驗。因此，儘管通俗作品甚至科學文獻都越來越常強調，男人和女人分別源自戰神馬爾斯和愛神維納斯，又說男人是理性的問題解決者，而女人則是情感性的，並且注重關係，甚至還有人根據大腦的結構來解釋這種差異[19]，新的神經科學研究與社會學家的觀點一致，都認為沒有或幾乎沒有跡象證明有所謂「情感大腦」的實質差異。若說女性以情感領域管理者的身分自居，這更多與社會角色分派以及後天的規範有關，而與生理構造無涉。確實，女性在情感領域中的地位與她們作為照顧者（對象為兒童以及其他男女）的經濟和社會地位有關，而這一地位反過來又使她們偏好人際關係的管理。[20]

女性在重新定義婚姻的過程中發揮了關鍵的作用，無論在經濟上或情感上都是如此。[21]此外，在一個逐漸被定義為純粹之情感組織（透過其成員的情感以及對於親暱關係的理想實踐而團結在一起）的體制中，女性一直是情感的主要管理者。正由於婚姻變得更加情感化，婚姻也變得更加不確定，也就是說，婚姻較少基於私人／公共領域[22]的差別來進行約定俗成的、清晰的性別角色分配，而更多是基於個人的情感表達。婚姻轉移到情感體制上的現象，反過來使得男女在面對這樣的情感體制時會處於不同的位置。在一項針對一千零三個年輕單身與已婚成年人所進行、具有統計學意義的大型樣本研究中，樣本中百分之八十的女性表示，她們更重視丈夫深刻表達感情的能力，而不是單純提供其物質所需的能力。[23]情感上的親暱對於大多數女性而言，那是婚姻主要的目標和正統的標準。因此，情感親暱一直是去體制化（dis-institutionalization）的一股力量，它使得婚姻更可能依循個人的心理感受而非社會慣俗，依循個人性情而非是規範性的角色扮演。婚姻社會學家安德烈・切林對此做出了恰當的總結：「一個人的選擇和自我發展，在其建立婚姻生涯的過程中會發揮很大的作用。」[24]親暱關係有賴當事雙方自願透露情感、表達情感，因此似乎使婚姻依循個人氣質與本性的肌理發展。正由於這個原因，作為一種表達和管理情感的技術，治療論述對於親暱關係形成和監控變得至關重要。

分手的敘事結構

離婚與本書前面所描述「愛的終結」的其它形式很不相同，因為那是一個耗時甚久的決定，需要搬出一大套理由，方能使這種決定在自己和周遭人的眼裡看起來都合情合理。由於離婚是一種有意識的決策形式，因此具有敘事結構，行為者通常嘗試以回顧的角度解釋自己或是當事對方的決策。愛的終結通常是在許多事件發生之後才會出現，而且這些事件又會透過敘事脈絡和理由被認知、串聯在一起，此即呂克·波坦斯基和洛杭·戴夫洛所稱的「自我辯護手段」（regimes of justification）[25]，一方面交代個人做出或是感受某事的原因，一方面提出具有普遍性質的準則。這些辯護手段包含麥克·斯托克（Michael Stoker）所說的「行動動機」以及「想達成的行動目標」。[26]有關愛的終結的敘事和墜入愛河的敘事截然不同，因為前者強調的是頓悟、啟示或是理解，在那其中，當事人掌握了、看清了現實的新面向。伯特蘭·羅素（Bertrand Russell）提到自己的第一任妻子雅莉莎·皮爾沙勒·史密斯（Alyssa Pearsall Smith）時曾說過：「有天下午我出去騎腳踏車。當我沿著一條鄉間小徑騎下去時，突然意識到自己已經不再愛雅莉莎了。直到那一刻我才明白，我對她的愛已是過去式了。」這就是一個十分恰當的例子。[27]他們在一九一一年結婚，在一九二一年離婚，而羅素所形容的愛之終結正是一種突然的啟示。再以我自己的樣本為例，丹尼爾（Daniel）是一位六十四歲的以色列文學評論家，他回憶道：

我依然清楚地記得（要和她分手的決定）是如何開始的。我在洗碗，她走進來，說了些什麼我不記得了。在那一刻，在洗碗時，我第一次告訴自己：「我不能再這樣下去。」我們的關係就這樣結束。一旦我的心裡冒出這些話，我就無法再留下來。我再也受不了了。

「啟示」的發生也可以由某個突發的事件所觸發，例如當事人愛上了別人或者進一步了解了伴侶。有些受訪者提到了「轉折點」，也就是他們對伴侶的觀感發生變化的時刻。由可見或不可見的事件所引起的（情感）「轉折點」，此一主題一直是許多現代文學和電影作品的核心。例如，二〇一四年由瑞典電影製片人魯本・奧斯倫（Ruben Östlund）執導的電影《婚姻風暴》（*Force Majeure*），即揭露了夫妻之間的裂痕，因為在一場雪崩發生時，丈夫為了保護自己而撇下妻子和孩子逃命去了。該事件即標誌了一個轉折點，妻子對丈夫的底細有了全新的認識，這種認識在他們之間造成了新的裂痕（儘管家庭最終仍未潰解）。

敘事的第二種形式是「嫌隙積累」：小事以及日常衝突逐漸破壞了親暱關係的結構。在阿維賽・馬格利特的用語中，此即所謂的「侵蝕」（erosion）。這是一個十分恰當的比喻，日常生活中的瑣碎雜事拆毀了原本將日常生活的結構縫合在一起的針腳。小事情不斷累積，直到受訪者走到自己所描述「覆水難收」的地步為止。在這種敘述中，當事人會蒐集與對方有關的事實、行為、言語或手勢，作為「我們的關係再也行不通了」的證據。克萊爾・布魯姆（Claire Bloom）是與作家菲利普・羅斯（Philip Roth）結婚的著名女演員，她這樣描述對方向她提議離婚時的聲明：

我設法保持冷靜並問他：「你為什麼這麼生我的氣？」菲利普繼續對我抱怨了兩個小時，幾乎連氣也沒有喘一口：我的聲音如此柔和，讓他感到疏遠，我是故意以這種方式對他說話的；我在餐館裡表現得很奇怪，有時看看手錶，有時低聲哼唱幾句；面對他的那些病症，我表現出恐慌，一副不知所措的模樣；那次我們抵達醫院準備做心臟手術時，我一時找不到護士，害他不得不在走廊上走來走去找來一位。……我要他去看他最討厭的歌劇演出。……等等、等等。[28]

在這個例子裡，對方與當事人的行為模式相互衝突，導致後者煩心、惱怒。該敘述以「壓垮駱駝的最後一根稻草」的形式呈現，或者採用「使水壺溢出水來的那一滴水」或是「忍到忍無可忍為止」的比喻。它描繪出的自我是每天必須應付意見分歧和衝突的自我，而這些積累起來的分歧和衝突最終演變成難以承受，或者在數量上超過了兩人關係中「好」的成分。只要意見分歧或是爭吵經常發生，當事人通常會採用此種敘述。這種敘述最熱衷於提出「證據」，以便證明在兩人關係中或是在伴侶一方身上（或者當事雙方身上）存有缺陷。

在第三個（也許也是最值得我們關注）的敘述中，某些事件、行動或者話語都起到「微創傷」（micro-traumatic）的作用，也就是說，某些事件、行動、話語標誌了與一個人道德原則或大或小的扞格，讓主體回憶起這一衝擊時，將其視為自己無法治癒或是康復的事件。這些造成創傷的事件被認為破壞了信任（性方面的或情感方面的），且所造成的傷害被主體定義為無法彌補，既不能治癒也無法抹淨。這種傷害經常被視為對自我價值和尊嚴的深刻侵害。下面第一個例子是法國一位四十五歲的老師艾琳（Irene）的自述：

> 我認為也許自己第一次對他死心，或者總之不再那麼愛他，是因為我身體非常不舒服時，他沒能將我送到急診室，只因為他不想取消與一個重要客戶的約會。在隨後的幾年中，我發現很難忘記這件事。每當他不願意陪我一起度過對我來說很重要的時刻時，我都會感到自己被拋棄、被出賣。我一直會回想起那一次的經驗，只因為丈夫無法取消與客戶的約會，我就得孤零零地待在醫院。因此，事後回顧起來，我覺得永遠不能原諒他。想到在十二年間，噢，不對，沒那麼久，因為那件事發生在我們結婚四年後，想到在八年間我都帶著這種感受過日子，這是多麼奇怪的事。我從來沒有告訴過他，自己受的傷害有多重。我認為他從不曾意識到或猜測到。但我始終沒原諒他。我再也無法以同樣的態度信任他了。

在這個例子中，單一事件即造成被破壞的信任感無法再被修復。這種「微創傷」成為後續事件的解釋框架。瑞貝卡（Rebecca）是住在以色列的四十七歲美國裔女性，下面是她的自述：

他比我大十五歲，並且有三個前兩次婚姻中生的孩子。與他相戀四年之後，我開始想要自己生個孩子。但是他不想要。他覺得精疲力盡，而且已經有自己的孩子，所以不想再要。他不介意我透過精子銀行或者類似的辦法生個自己的小孩，但是他再也不願意當全職的父親，也無法照顧這小孩了。後來我藉由精子銀行的幫助生下自己的孩子，而命運對我們開了個玩笑：嬰兒出生後，他感到與孩子特別親近。但是我不能原諒他，因為他從一開始就不想和我一起生小孩，反而讓我求助於精子銀行。我覺得在這件對於自己真正重要的事情上遭到背叛。儘管最終他願意擔負起父親的責任，但我還是不能原諒他起初並不想要我的孩子。

在這兩個故事中，創傷敘事都是從自我的核心面出發的。此一自我感覺遭受「背叛」，感覺「失望」，或者在某些案例中，自我認為自己受到「攻擊」。敘事的三種形式（頓悟、積累、創傷）造成了三種的情感敘事結構，而透過這些敘事，行為者可以回顧過去並且重構與解釋自己如何脫離情感紐帶的過程。這三種有關決策的敘事乃是對於自我脫離某種關係之方式的回顧描述，同時解釋為什麼雙方無條件可彼此隸屬的「緊密厚實關係」（thick relationship）會被侵蝕、消散和終止。[29]我現在要證明的是，這些情感敘事賦予本書所描述的社會力量一種形式。

但是，這裡應先清楚交代，我們所提供的離婚敘事類型並無法囊括離婚的所有原因。此外，我們也不否認，離婚通常比分手遠遠更需要一番廝鬥，而且在情感上更加激烈的事實。我只打算在這裡單純地主張，如下兩者之間是具有連續性的：一方面是在關係開始時起作用的文化力量，另一方面是滲入既存的和制度化關係的文化力量。因此，關鍵點是，親暱紐帶的形成和維繫乃是社會普遍生態系統的一部分，而且這生態系統會令個人負擔沉重，同時迫使他們獨自應對數種社會約束。這些約束如下：**作為自主行動領域的性**；作為持續不斷之行動（由消費自我以及心理自我之改善與提升所凸顯的行動）的**估值、評價與貶值**；自主與依賴間不自覺的**目標衝突**以及**對自我價值的威脅**。所有這些都是一個人在擺脫自己依戀對象以及承諾之過程中（亦即愛之終結的過程中）的關鍵主題。

性行為：分手的主因

根據離婚的相關統計資料，性行為的問題乃是離婚的一個主要原因，無論這是因配偶不忠[30]還是不再行房的緣故。茱蒂絲．斯泰西（Judith Stacey）對婚姻的經典研究表明，現代家庭同時提供兩種功能：一方面是長期的照顧，另一方面是性慾的滿足。她將現代婚姻稱為「一體適用」（one-size-fits-all）的制度，並且分析了一夫一妻制和友伴式婚姻所導致的緊張關係。[31]對於斯泰西而言，我們實際上犧牲了家庭生活中為求性慾滿足而需要的耐受力。但是，該項分析並未檢視造成性行為與家庭生活彼此干擾和衝突的細微情感原動力。

正如我們在前幾章所討論的，性從情感本體論很明顯的場域和位置獨立出來，也同時從親暱紐帶的性質與強度被表達的場域和位置獨立出來。性身體由於變成行動的自主場域，變成一個人最深刻和最真實的情感儲倉，變成享樂、親暱和幸福發生的場所，它於是改變了以前人們心目中對於正統合法關係的定義（這種關係必須符合相對較為長期的性互動與性歡快的模式）。

奧雷莉（Aurelie）是一名四十五歲的法國離婚女性。她的婚姻持續了十二年：

訪談人：妳是否經歷過讓妳覺悟雙方再也走不下去的某一時刻或某一事件？

奧雷莉：我認為這是在我做很多次試管嬰兒的時候發生的。我的身體成為醫生的禁臠。我想在這一點上，我丈夫不再把我看作是個擁有性身體的人。連我自己都不再能將自己的身體視為性身體了。我那時很想生個孩子。我們再也沒有性行為，因為醫生已經掌控了我的身體，我丈夫看我處在這樣的情況根本無法勃起。就這樣持續了兩到三年，我們談到為什麼不能再有性生活，反正他看到我的身體就是硬不起來，因為我已變成醫生的財產，體內充滿化學藥品，皮膚處處是針孔。我們已有兩年不再做愛了，我感到非常痛苦，然後我們開始發生衝突，這是前所未有的事，最終我們分道揚鑣了。那時看來，這是自然而然該發生的。今天回想起來，我卻不知道為什麼當時要這麼做……我說錯了，其實我知道的，我是因他對我不再有慾望而感覺受到羞辱了。一旦性生活停止了，那麼兩人間的關係似乎再也沒有繼續維持下去的理由。但到今天，我認為自己看待事情的觀點已經很不同了。

採訪人：怎麼不同？

奧雷莉：今天，我認為人需要做出各式各樣的折衷安排。基本上，我甚至認為，如果妳想和某人長期生活，妳就必須做出一些讓步。所以也許當初我不應該因為他不再想和我發生性關係而生氣。

在這個故事中，一旦身體接受醫療處理，它就不再性化，而一旦它不再性化，慾望就停止了，這反過來又對女性的自我價值造成了影響，因為她不再感到被人需要（她可能一直抱持著這種感受，到後來才有所修正）[32]。如果說性確實已成為自我認同經驗的基本面向，那麼關於自己能否成為性慾求對象的不確定性似乎會影響整個關係，因為它會挑戰其中的自我價值。這是因為（正如我們在第三章和第四章中所討論的那樣）性化會使情感和身體的乖離制度化，並使身體獨立自主，從而分裂自我，並創造出兩種不同且各自獨立的（有時甚至是相互競爭的）自我價值形式。關係從一開始發展即是如此，但令人驚訝的是，當這種關係已確立時竟也如此。寶拉（Paula）是一位六十一歲的法國女性，最近與她那已結縭三十五年的丈夫分居。她如此描述雙方最近的分居情況：

我想事情該從大概六、七年前說起吧。那時他成為健身俱樂部的會員，他開始上健身房，而且開始注重自己吃的東西。他倒沒有節食，但他就是小心自己吃了什麼，所以他的體重減輕，人變瘦了。而且，妳知道嗎？自從減肥以後，他的性格也改變了，這真令人驚訝。他的舉止，我該怎麼說呢，變得較有自信，對自己更有把握，我開始覺得自己年紀大了，沒有吸引力了。他讓我感到年老而且沒有魅力。我比他大兩歲，但從不曾覺得和他在一起會有年齡方面的問題。在那之後，也許一年之後，他認識了第一次的外遇對象。從此之後，他就不斷和許多年輕女人搞三捻四，彷彿他又變回年輕小夥子似的。他說他絕不會不再愛我，但仍然忍不住要和那些女人來往。他始終無法自拔，所以我受夠了，離開了。我們現在已經離婚了。

在這個故事中，這個已婚男性的身體有所轉變：由於它越來越苗條而變得性感，因此成為一個獨立的主體。他的身體因為獲得了新的性動力，於是開始尋覓新的性對象（亦即年輕女性），這現象和我們在第四章中的發現和主張不謀而合。他身體上的轉變產生了一種新的主體性，而且這種主體性終究影響了他的婚姻，亦即它影響了妻子看待他以及看待她自己的方式，還有也影響了，他是如看待自己，以及他妻子看他如何看待她自己的方式，而這些反過來又改變了他們之間性勢力的平衡。再度被性化了的身體所做出的舉措就彷彿它具有自己的意志，並產生了情感上的退縮。換句話說，就像先前奧雷莉的故事一樣，身體會以一個自主實體的身分行事。奧雷莉的身體去除了性，而寶拉丈夫的身體則是重獲了性，在這兩種情況下，身體似乎都超出了主體意志與控制的範圍。這麼說吧，他們的身體獨立自主行動，且反過來又影響了情感紐帶。

在接受這項研究採訪的二十四位離婚或是分居的個案當中，絕大多數認為「停止性生活」是發生深刻變化的跡象或是原因。這表明了，性是組織親暱敘事以及分離敘事的有力方式。在關係開始的階段，性化使得人格和身體分離開來，然而一旦它在穩固的關係中被體制化了，它就變成了情感的儲倉。良好的性關係反映出良好的情感紐帶，反之亦然，欠佳的性關係會被視為不良情感紐帶的徵兆。人們會透過性慾和性生活的現實來掌握自身關係和情感的現實。例如，強納森．薩法蘭．佛耳（Jonathan Safran Foer）的暢銷小說《我在這裡》（*Here I Am*），以微妙的心理細節描述了日漸淡薄的戀愛過程以及主角人物如何歷經這一過程。正如敘述者所言，性慾因素在夫妻倆將以前攜手編織好的布料拆毀的過程中起著至關重要的作用。「由於朱莉婭沒能表達熱切態度，雅各布更加不確定對方是否需要自己，更加擔心自己是否身處幹出蠢事的危險中，這又進一步拉遠了朱莉婭與雅各布身體間的距離，而且關於這點，雅各布並不知道該說什麼。」[33]性生活是一個經驗的場域，在那其中，自我能感覺到自己的價值（是否被人慾求），並且情感亦能獲得客觀和有形的存在。伯納德（Bernard）是一位四十六歲的法國男性，是電視連續劇的編劇。他解釋自己為什麼會與同居十一年的女人分手：

我離開了伴侶D，因為我無法給她性高潮。我的意思是，她可以有性高潮，只是和我在一起就達不到。她只能以自慰的方式享受性高潮。我就是沒辦法讓她那樣。我感到非常沮喪。直到我遇見一位可以與我一起達到性高潮的女人A之後，我才明白這件事對我而言有多重要。我意識到自己對D感到歉疚，所以我離開了她。我告訴她，我再也無法與她發生性關係了。

伯納德在這裡追求的顯然是一種性能力的理想，而這一理想卻因為伴侶對自慰的偏愛而受質疑。一個人的性能力以及其自身作為他人的慾求對象，正是組成自我的基本部分，若是缺乏這一部分，自我便會立即受到威脅。那是雙方關係萌芽階段時的基礎，並且會繼續在關係之中運作。由於身體會老化，對性刺激變得再無反應，或者覺得自己不受慾求，並且在性方面變得力不從心，因此性會在情感紐帶本身中產生分裂的作用，從而使一個人對於涉入關係的自我性質產生不確定感。

此外，一夫一妻制的規範也發揮了強大的作用，因為它規定情感和性行為的對象應該保持一致，從而難以調和這兩件事經常互有衝突的發展。桑德拉（Sandra）是一位四十九歲的德國學者，她幾年前與先前已與她同居二十一年的一位女性結婚。她討論到這場婚姻當前所面臨的危機：

最近，她說我們的性生活並不理想，而且向來如此。這也許是真的。我們在智識、精神、情感等各個層面上都相處得異常融洽，我們一起開懷大笑，彼此了解，偏偏性愛就不理想。

因此，去年她決定找個情人。她告訴我這個決定，然後開始尋找對象（比方在網站上），最後也讓她找到了這麼一個。她每週和對方上床一次。她告訴我，她不需要更多，對方也是如此。這樣的方式令她感到快樂。但是這件事具有破壞性。它喚醒了我童稚時代的好奇心，於是我偷看了她的私人電子郵件。這件事惹得她怒不可遏，因為她感到被侵犯了。我們現在處於困境之中，關係很有可能破裂。

這個故事就像前面引述過的某些故事一樣，性生活不理想（或者缺少性生活）會引起焦慮和不確定感，這便是導致桑德拉窺探配偶隱私的原因。「性外包」（sexual outsourcing）既是解決性慾不能滿足的一種方案，也是不確定感的根源，因為人們還是期望情感和性生活可以保持一致。因此，人們透過多種獨立於情感之外的方式來體驗自己的性身體，從而開闢出了另類的關係途徑，有時就會迫使他們經歷衝突並重新調整其情感相對於身體的位置。塔拉是我們在第五章中聽到的那位四十八歲的斯堪地納維亞化學教授。她和一個在情感上不夠體貼、但在性事上卻令她滿意的男人一起生活了很多年。她最終和對方分手，經歷了多年的孤獨和尋覓，最後遇到了一個被她形容為「了不起」的男人。

我遇到了一個最奇妙、最出色、口才最棒的男人。他如此想和我在一起，如此想變得「認真」。我們一聊就聊個沒完。我們熱切地討論問題。才認識他兩個星期，我已經愛上他了。

但是就性這方面而言（我指的是廣義上的情色，不僅限於上床而已），我就不知道了。他似乎選擇了絕對平等，全然親暱，沒有侵犯，沒有壓力，沒有距離。他會剖析我們互動中的每一次悸動。他是一位治療師。……這是愛與性的女權主義／治療術的版本。我戰戰兢兢面對這種情況。我要求他不要害怕事物陰暗、嚴肅的一面，而他正在對此進行處理，但我擔心他會不會是……喪失了男性氣概？他的性態度、他的整個生活，他都不敢改變。而且我無法讓我的情色生活從現在自認為的嬰兒食品口味恢復為汁多味美的烤肉滋味。我們就這樣卡在那裡。

這個例子呼應了文學中的現代性主題。[34]在該主題中，性生活從其它行動領域脫離出來，成為獨立的主體，其價值被視作將自我「去文明」（uncivilize）的一種方式。對於塔拉來說，關係儘管美好，但缺乏令人興奮的性愛即等於缺乏一些基本素質。儘管這位女性的男朋友具備「一切優點」（他很擅於表達、健談而且體貼關懷別人），但是與當事人過去的性經驗相比，他的表現卻受到較不利的評價，因為她過去的性生活是更激烈的、更令她興奮的。「酣暢淋漓的」或是原味的性愛，在這裡已然成為她經歷中無可取代的參考點，因為它揭露（並構成）了自己內心最深刻和最真實的一面，也是她最終無法揚棄的一面。她最後正是出於這個原因而與這個「奇妙的男人」分手的（她寄電子郵件告訴我這件事）。不論她是與一個對她不體貼的男人發生關係，還是與一個溫柔的人交往，在這兩種情況下，性行為都是自主的，並且獨立於情感領域之外。在那段對方不夠體貼的關係中，性生活很精采，而與「奇妙男人」的關係中，性生活卻乏善可陳。身體具有不同於自我和情感關係的本體地位。性和身體的自主性可以（而且確實經常）與情感紐帶發生衝突，從而使情感和性經驗的類別相互競爭。

性生活問題導致戀人情感終結的第二種方式，乃基於以下事實：性歡快的容易取得，大大增加了一般人對替代選項的認知。傑弗瑞．辛普森（Jeffry Simpson）於一九八七年對一百二十名年輕人所進行的研究表明，想像中的替代方案對情感關係的穩定性造成了重大的衝擊，也就是說，人們對情感關係的替代方案了解越多，這類關係就越不穩定。[35]實際上，一個開放的性領域本質上即幾乎可以為人們提供一張與性有關的靈感觸發地圖，作為可能的替代方案。由於性身體或是比較刺激的性活動（或是兩者兼而有之）變得容易取得，再加上一夫一妻制的規範，家庭單位之外的性能量對於婚姻的威脅便迫在眉睫了。一位擔任非政府組織負責人的五十六歲以色列男子吉爾（Gil），在接受採訪的十年前就已經離婚了：

吉　爾：在我真正離婚之前，我在情感上就已經先離婚了。（沉默）

採訪人：你離婚的原因是什麼？介不介意告訴我呢？

吉　爾：我認為事情應該從我愛上一位同事這件事說起。那是很久以前的事，當時我大概已經結婚九年了吧。我和那個女人搞外遇，愛得死去活來。我守不住秘密，最後告訴我妻子了。令我訝異的是，她竟承受得住。起先她很震驚，但仍想要挽救婚姻。實際上，她適應得比我好。自從發生這件事後，我再也無法像以前那樣愛我的妻子了。

採訪人：你能說說為什麼嗎？

吉　爾：我就像發現了一個未曾體驗過的激情新天地。我對那個女人充滿慾念，之後我再也無法以同樣的方式留在婚姻中了。我愛我的妻子，但不是那種愛。一旦嚐到了猛烈的激情，我就再也回不到以前那種溫吞舒適的狀態。從那時候開始，那段下坡路就沒停下了。

在這段敘述中，有個情感事件爆發開來。該名男性面臨另一個性愛關係的選項，從而拓展了這個男性的心理和認知的空間，也使他對自己婚姻中那理所當然的平凡情感提出了質疑。正如亞當．菲利普斯所說：「總找得到一個能更愛我、更了解我、讓我在性生活方面感覺更有活力的人。這是我們對一夫一妻制中外遇行為的最佳辯解。」[36]性的行為者經常將其情感與性的能量投射到公共場域和工作地點的某一位旁觀者（spectator）身上。這種性和情感的能量也會在其它各種社交空間和場所中導向匿名的人。換句話說，性能量在家庭內部和外部廣泛地流布循環，使身體持續處於獲得性供應的狀態，進而破壞了在親暱紐帶中仍然普遍存在的「性排他性」（sexual exclusivity）規範。資本主義的職場領域和消費領域使性成為一種觀覽標的，並將其分割成碎片，令其不斷流向可能的圍觀者和接受者，從而使這種性散播在眾多可能的他者之間。這可能也是五十多歲年紀的人其離婚率在過去十年中增長兩倍的原因。不僅是因為這鼓勵了行為者將自己的一生或是大部分的年齡段都視為性的個體，還因為他們對性的可能性意識增強了。「一九九〇年時，每十個離婚的人當中只有一個人年齡是五十歲或是五十歲以上。到了二〇一一年，根據普查性質的《美國社區觀察》（*American Community Survey*）統計，表示自己在過去十二個月內離婚的人當中，有超過百分之二十八（四分之一以上）的人年齡在五十歲或是五十歲以上。」[37]

婚姻史學家史蒂芬妮・庫恩茨（Stephanie Coontz）將此「灰髮離婚變革」（gray divorce revolution）歸因於以下事實：上述的那類人當中有許多人的婚姻是第二春或是第三春（在統計上，這類人更容易離婚），而且有許多人屬於嬰兒潮世代，而這世代的人也是比較容易離婚的。[38]不過，我會大膽提出一個假設：交友網站的興起可以解釋這一變化，因為這種網站使得傳統上幾乎沒有機會擴展其社交圈的年齡層成員能夠結識到其他伴侶。如今，一個人在五十歲以後仍可將自己視為一個性身體，並有更多機會選擇新的性伴侶，並且以前所未有的方式展現性自我。

最後，由於資本主義的職場會影響性慾，因此性慾問題會干擾穩定的情感關係。研究表明，工作所引發的壓力確實會降低性慾。法國技術研究所（由勞工部主持的研究所）委託進行的一項研究表明：過度工作所造成的壓力和倦怠會引起易怒與快感缺乏（anhedonia，無法體驗歡愉），從而導致性慾降低。[39]根據這項研究，有百分之七十的中層管理者聲稱，壓力對他們的性生活起了負面作用。換句話說，如果替要求越來越苛刻的公司和組織工作，那麼所造成的壓力會破壞消費資本主義所鼓勵的事，亦即性作為一種經驗層面的東西，它可以表達自我以及親暱關係最內在的核心。另一個間接的跡象表明，經濟領域的變化（對工作表現的更高要求造成對未來的不確定感）也可能對性活動產生影響，這可以在《美國人的人際關係》（*Relationships in America*）的調查中窺見大概：

> 在一九九四年針對人類性行為所進行的一項劃時代研究中，愛德華・勞曼（Edward Laumann）及其同事提出，在過去的一年中，年齡在十八歲至五十九歲之間的已婚男性中，有百分之一・三完全沒有性行為，而已婚女性中的這項比例則為百分之二・六。相較之下，二十年後（根據《美國人的人際關係》調查），同一年齡段的已婚男性中的百分之四・九和已婚女性中的百分之六・五透露，自己已經有一年多沒有和配偶發生性關係了。儘管詢問問題的方式略有不同，但在過去的二十年中，婚姻中性生活欠活躍的現象似乎有所增加。自一九八九年以來，一直採用相同問題來統計性頻率的《綜合社會調查》亦證實了這一趨勢。[40]

這項研究報告的作者進一步假設：「習慣化」（habituation）可能是該問題的癥結所在。但是，習慣化幾乎很難解釋得通，因為習慣化在過去幾十年中對於夫妻性生活的影響是不亞於現在的。我猜想，職場的變化（壓力增大、工作時數延長和工作的不確定性）可能與本書前面分析的隨意性行為之偏愛以及性活動的減少有關。我們可以在其他研究中找到進一步（間接）證據。接受勞拉．漢密爾頓和伊麗莎白．阿姆斯壯採訪的年輕女性表示，由於長期缺少自由時間，而且由於經營戀愛關係「耗時太多」，她們寧可選擇隨意的性行為，寧可將時間投資來讓自己成為市場中完整且有競爭力的一員。[41]市場中的這些年輕女性將時間視為一種商品，意在藉此於經濟上和社會上取得進步。這種情況恰恰表明，投入職場的時間與性生活形成相互競爭的態勢，它要爭取一個人永不鬆懈的心思、成為其注意的焦點，而且無論在隨意性愛或是穩定的性關係中，情況都是如此。此外，儘管艾莉森．普格（Alison Pugh）直接的研究對象並非已婚人士，但她對中產階級和工人階級婚姻的重要研究《風滾草社會》（*Tumbleweed*），仍證實了職場的不安全感（例如不確定的時間表、從就業到失業的頻繁變動以及失去工作的威脅）會考驗和破壞婚姻中的親暱關係。[42]換言之，各式各樣的工作壓力（市場的激烈競爭以及職場日益增多的要求）已直接影響了性活動的形式以及強度。其結果是，嵌入共享家庭生活中的矛盾和嵌入一般關係中的矛盾是相同的：性和情感會遵循不同的途徑發展並且分裂開來，而且情感只能藉由性來加以支撐。當性慾降低了，或者被外包了、已消失了，首先被質疑的即是當初促使這段關係建立起來的那份情感。這種矛盾即是不確定感、衝突和緊張的根源，而且它會迫使當事雙方質疑和修改自己的情感敘事。在這裡，愛之所以終結，這是因為人難以讓自己的情感與性慾保持協調一致。

消費物品：從過渡物品到退場物品

正如我們在第四章所論述的那樣，性和情感主體會使用消費品來塑造其主體性、其自我的公開表現以及親暱關係。物品以及依附其上的品味可能成為緊張、衝突和分歧的根源。這是四十三歲的英國經濟學家兼研究員尚希爾（Sunhil）的例子：

尚希爾：我離婚後和很多人約會。哼，女人一大堆，但很難找到意中人。一開始她們看起來都很棒，然而問題就浮現出來了。比方有個我起先為之神魂顛倒的女人。我們同居了三年。我真的很喜歡她，所以對她十分認真，我們幾乎快要結婚了。其實我的感覺就像我們已經結婚了。但是，她有一些奇怪的飲食習慣，例如不吃麩質食物，不吃糖、白菜、扁豆、香蕉，基本上什麼都不吃了。和她一起下廚可真難過。我的意思是，沒有比和她一起做菜更加折磨的事。起初我尊重她的需求，可是每當我問她為什麼某種食物不獲她喜愛的問題時，她就不高興了。有一次，她因為胃食道逆流的問題去看一位腸胃科醫師，人家對她說，她只會道聽塗說，從來不曾認真做過檢查，從來不曾讓人下過專業診斷，從不確定自己是否真的患有麩質不耐症，只是對自己妄下診斷罷了，並且花掉不少冤枉錢。那次是我陪她一起去看醫生的，當醫生告訴她這些事時，我心中突然產生一種非常奇怪的感覺。突然間我幾乎當場不再愛她了，我和她的爭執全因這點而起。

採訪人：為什麼？

尚希爾：因為這件事讓我看清楚，她是個完全不尊重科學的人，而我卻是尊重科學的。這件事也讓我明白，她只相信光怪陸離的事。在那一刻，我對她失去了信心，彷彿我再也不能拿嚴肅的態度對待她了。如果她不能認真看待專業醫生的意見，反而把所有的錢都花在怪異的飲食習慣和庸醫上，我就再也不能尊重她了。

這個人採用「啟示型敘述」（或稱「轉捩點敘述」）的方式，來說明自己與前伴侶的消費（例如去找「庸醫」）習慣以及有意識的不消費（例如不吃「麩質食品」）習慣間的疏離。這個男人正是透過評估機制來衡量對方的消費品味，進而阻止他繼續去愛對方（「她的消費品味表明她不尊重科學的態度，因此我無法再珍惜她了」）。身為科學家，他認為科學就是自己主體性的核心。由於消費標的和消費實踐會在客觀的世界中錨定親暱關係，因此歧異的消費品味會破壞品味在雙方共同活動中原本具有的錨定情感之作用。在薩弗蘭．佛爾那本半自傳的小說裡，書中那位兼男主角的敘述者見證了物品和品味在使兩個人親近或疏離過程中所起的作用。雅各布要為妻子買胸針的時候想到：「這樣做好嗎？其實有風險。現在人家還戴胸針嗎？會不會土裡土氣？最終會不會躺在珠寶盒裡，將來充作傳家寶被遺贈給家裡某個兒子的新娘，接著又被她鎖進珠寶盒裡，直到某天再以傳家寶的名義遺贈下去？七百五十美元買這樣的一件東西合適嗎？他擔心的不是錢的問題，而是害怕買錯東西的風險，擔心嘗試以失敗收場的尷尬，畢竟伸展開的肢體比彎曲的肢體容易折斷。」[43]胸針在這裡濃縮了消費品包括且表現關係的精妙方式。

品味在婚姻中普遍發揮了重要的作用。這不僅因為它能在共同的物品與活動的天地中組織起兩個主體性，而且還因為它是事情該如何被實踐的焦點。法國社會學家讓─尚克勞．考夫曼（Jean-Claude Kaufmann）在對伴侶這主題做過的一項出色研究中，以「怒氣或煩惱之源」來稱呼品味。[44]考夫曼詳盡記錄了伴侶在日常生活中會如何彼此激怒的細節。在探討這些引發怒氣或煩惱的來源時，考夫曼發現（不過他並未將事實適當地加以理論化），物品在激怒對方的過程中起到了重要的作用。他舉出的例子當中，就有受訪者因堅持桌子的樣式激怒了丈夫、進而成為婚姻衝突根源的情況。[45]考夫曼忽略了產生這類煩惱的歷史和文化過程，因為這些煩惱可被理解為源自上個世紀（尤其是二十世紀下半葉）開始形成的消費主體性。這樣的主體性已然透過物品、圍繞著品味以及自我表現而建構起來。換句話說，物品既是情感的交匯點，也是造成情感分歧的平臺。越來越多的人必須透過消費品味來定義自己。在發表於法國《世界報》（*Le Monde*）部落格的一篇文章中，作者闡述了家具製造商宜家（Ikea）成為夫妻之間緊張關係和爭執根源的原因。這是因為宜家提供了多種組合以及重新組合家具的可能性。如此令人眼花撩亂的消費選擇以及這些選擇之間的組合，最終促使了具高度特質品味的形成。如第四章所述，品味的動力乃是主體化過程的動力：藉由品味的培養，自我得以體驗其獨特性。當品味變得越不同尋常時，它就越難妥協，並且越有可能成為關係緊張的起源。宜家目錄本身也意識這一事實，並且嘗試善加利用，比方建議顧客乾脆購買兩張沙發以迎合不同的品味：「一切都講究妥協。妳喜歡坐軟沙發，他較喜歡坐硬沙發。就買兩張不同的沙發吧，你們從此可以過上幸福的日子。」[46]引發不安和緊張的，不僅只在物品的選擇而已，還包括處理物品和對待物品的方式。

考夫曼提到：「牙膏是個象徵」，也就是說，人們如何使用牙膏的方式被視為次要或是主要激發怨氣的原因（如何旋好牙膏管的蓋子、牙膏應該放在哪裡、如何讓牙膏管立著，如何擠出牙膏）。換句話說，商品是持續不斷的刺激源，既因為主體將自我感覺與物品聯繫在一起，還因為消費實踐是兩個主體相遇、互動和建立紐帶的平臺。由於商品已成為人們據以建構情感和關係的過渡之物[47]，它們也可能成為日常關係中反覆出現的緊張點，質疑人們如何定義自己以及在何處定義自己，從而在日常生活的瑣事上以及主體性的深層核心中造成「累積的」（cumulative）壓力感。有位六十歲的女性回憶起丈夫和她結婚（兩人都是第三次結婚）十二年後，要求分飛的一項原因：「（他說）我們偏好的活動很不一樣，他喜歡露營，而我喜歡逛博物館。」因此，雖然傳統上我們將物品的存在視為天經地義並且在不明顯的情況下維持人類的活動，但消費文化與消費實踐實際上已將物品變成了積極表達自我的方式，因此被視作構成和調和當事雙方主體性及其關係的「施動者」（actants）。這裡的「施動者」是從敘事學的角度加以定義的，即作為使敘事向前推展的結構性成分（「施動者」不一定是人類，很可能是物體）。[48]它也具有「行為者網絡理論」（actor-network theory）所賦予的意義：作為一個實體（無論是人、物品還是理念），它會對行動的過程產生影響。[49]作為「施動者」的消費品和消費方式，可以變成責難指控的原因。大衛（David）是一位五十歲的以色列律師，他說：

我認為到了某個階段，我實際上已經不愛她了。但那是一個緩慢的進展過程，是一個由很多我們意見相左的時刻所構成的過程。我記得我的妻子花大把錢加入一個她後來從未去過的健身俱樂部。我對她說：「妳退掉會員身分吧，想去的時候單買一張票，這樣比較便宜。」但她拒絕我的提議，並像往常一樣生氣了。她說希望維持會員身分，這樣她就可以自由選擇去或不去。她一切的問題都與選擇有關。現在我們離婚了，我以為這樣她就可以選擇適合她的人，可是並沒有。她還是手中握有很多選擇的獨自一人。

大衛和他的妻子以不同的方式理解消費行為：她想購買「使用權」，而他建議妻子採取「用多少買多少」的策略。她那未善加利用的會員資格成為雙方持續爭執和離婚的象徵。在他的敘事中，妻子的消費主體性（希望擁有選擇權）成為他愛情終結的敘事軸心與其中的施動者。消費品的「施動性」（actantiality）在親暱紐帶中表現得更為普遍，因為在那其中，社會行為者（social actors）以持續不斷更新、改善和變化的方式，體驗其身為消費者的自我。換句話說，消費品和消費習慣構成了自我敘事的主要部分，它們反映出個人如何感知自己的變化和發展，而這一過程按照第四章的定義，可被稱為「完善化」過程。自我的完善化確實會威脅到最初與某人所達成的「契約」，以及當初這自我在其伴侶身上所觀察到的價值。克莉斯塔（Krista）是一位五十五歲的德國歷史學家，以下是她的描述：

> 我與丈夫結婚了十三年。那是一場愛的結合，我們有兩個孩子。他是策展人，我對他的工作很感興趣。我們經常談論藝術、繪畫、建築。然後到了人生的某個階段，他不再自我教育了。我一直在讀書、學習新東西、對新東西保持興趣，但他一成不變，原地踏步，即使今天已經離婚十年，他仍沒有改變、沒有成長。

「成長」指的是一種具備不斷吸收新知識以及整合知識的文化能力主體性。但在這裡，文化能力依循的是支配消費文化的新穎性和更新性的邏輯。當兩個個體不以相同的方式進行「完善化」或更新時，即會背離伴侶原先對於彼此的評估，同時改變作為兩個主體邂逅平臺的消費行為和消費品的施動者特徵。一旦個人藉由培養新品味來改善主體性，那麼他（她）就會因為察覺與伴侶的情感世界和心靈世界（實際上，這經常是消費品的天地）有所隔閡而打退堂鼓了。由於消費品建構了一個人的自我意識，由於這意識會隨著時間的流逝而發展，因此這些物品還可以令組織情感的方式崩解。消費品味的提升因此變成促使伴侶分手的施動要素，而且似乎是一個人「離斷意識」（sense of separateness）外在化和具體化的錨。

自主以及依戀：怨偶

在第五章中，我廣泛地分析了自主理想與依戀之間的緊張。心理學家將這種緊張解釋為人類心理的內在本質。然而，就算它是植基於自我的某些普遍性上，這種緊張也會以多變的文化形式呈現出來。確實，在當代資本主義社會中，自主與依戀之間的緊張在資本主義職場與家庭間的劃分中普遍被體制化了，而這種劃分本身又與性別認同（標誌男性氣概之自主，以及標誌女性氣質之依戀）的劃分重疊，並且令其再現。在資本主義市場中，一個人的獨立自主必須藉由表現自力更生、創造力以及對自我目標和利益的持續關注來不斷確認。另一方面，依戀則在主要以情感交流活動為宗旨的家庭中被體制化了。

如此一種男性自主權的例子，可以在這篇描述一個試圖與女人約會的單身男人的文章中找到：「（他）過去幾任女友都抱怨他的生活方式：以觀看體育賽事、出席音樂會和上酒吧為主要活動的生活方式。」[50]該篇文章提到，這個人最終總是被他的伴侶所拋棄。獨立自主會創造出一種情感風格，而這風格又會成為夫妻緊張關係的根源。

馬克（Marc）是美國一位六十三歲的執行長，在以色列的一家高科技公司工作：

我和第一任妻子離婚，因為她的個性很兩極化。她發起脾氣的時候非常嚇人。她會向我丟東西、會向我尖叫，她會讓我和孩子們討厭她。離婚是一個漫長而艱難的過程。我花了不少時間才明白問題的癥結所在。我們離婚之後，我也花了好長一段時間才再次想談戀愛。事實上，在我還沒有離婚的時候就認識了一個女人，我雖然迷戀她，但是也沒做出什麼逾越分寸的事。我們當時身處同一個圈子，但是好久都沒有任何互動。然後我們突然開始約會，可以說我自此愛上她了。我很快便要求她和我同居，我們大概一起生活了七、八年吧。但是這段關係終究沒能維繫下去。（沉默）起初，她很惹人疼愛，但是她要求我隨時隨地告訴她我愛她或者以行動表示我愛她。如果我回覆她的簡訊不夠快，或者忘記我們初吻的週年紀念日，或者我把注意力放在她以外的地方，她就會生氣。她心中充滿這類期待，我完全不知道該如何應對。它讓我感到煩躁。我自認為搞不清該如何處理這些索求，我越來越少和她說話，越常將時間花在自己身上，待在辦公室或是和朋友相聚。最終我不再想和她在一起了。真可惜啊，因為當初我是那麼喜歡她。事實上，我們之間維持良好關係的時間大概也長達三、四年。我不知道為什麼感情會變調，也不知道究竟發生了什麼事。想想看，這些事情竟在你沒有注意到的時候悄悄發生變化，這真的很奇怪。好比你從某次爭執或失望過渡到另一次爭執或失望，而你卻沒有注意到它已發生了一些作用，讓你內心變得較不快樂或是較不活潑。也許是她改變了？還是我改變了？就某種意義而言，我無法忍受讓她如此失望的感覺。我無法滿足她的需求，不過我也不想再看到她失望和受傷的樣子。

在這個故事中，馬克和他的伴侶表現出「典型的」男女差異：他的伴侶想要一種深厚的情感關係，而他追求的卻是一種與她不同的自我意識。[51]在職場中，男性權力一直受到「積極平權措施」（affirmative action）和同工同酬等政策的挑戰，而在私人領域中，挑戰男性權力的人則質疑男性在關係中表現自主的方式。自主被定義為個人藉由反抗所察覺到的社會義務和責任，進而對自我的肯認。在馬克的經驗中，伴侶強烈的情感風格依循了高度腳本化的情感本體論，而這本體論使她得以呈現恰當的情感與情感表達的腳本。馬克將這種強烈的情感關係模式視為一系列的義務，會阻礙他本真的、實在的自我，並威脅到他的自主權。根據哲學家馬克·派珀（Mark Piper）的定義：「在一般最普遍的表述中，（自主）係指自我管理或是自我決定的屬性，在某種意義上，讓自主個體可以有效地按照得以抓住其本真自我或者真實自我的自我概念（self-conception），來對自我進行管理。」[52]自主精神的理想在於，要求個人在一生中表達自己最在乎的事情。[53]對於男性而言，社會能力是透過展現自主而呈現出來的，然而對於女性而言，社會能力是一種「照顧別人」的倫理表現，呈現在強烈的情感交流之中。自主和依戀是人類兩性對於自我差異極大的理想，因為這些理想表達了不同形式的社會能力。美國一所大學的物理學家理查（Richard）提供我們類似的案例。他的年紀五十出頭，才剛結婚不久：

理　查：第二段婚姻並不比第一段順利。以前我和前妻會起爭執，現在我和現任妻子也一樣。

訪談人：能說說你們都爭執些什麼嗎？

訪談人：和前妻還是和現任的？

採訪者：就談談以前的那一位吧。

理　查：她覺得我沒有尊重她的需求。根據她的看法，如果我想要的或是我想做的和她想要的或是她想做的不同，那就等於我不尊重她的需求。隨著年歲流逝，我就越須尊重她的需求：她懷孕時、她就業時、她失業時、她母親去世時。我們的互動圍繞著她和她的需求打轉。她批評我不夠體貼、不夠稱職。這讓我快氣瘋了。我向她解釋，雖然我有不同的需求，但這並不代表我不尊重她，還有我總不能一直都滿足她的需求，但是她的看法可不是這樣。我覺得自己陷入了兩難，我雖然喜歡婚姻生活並擁有自己的家庭，但是很難始終只注意她和她的需求。所以我受夠了，我離開了。我認為從此我們兩方都清靜了。

離婚之舉令理查重新找回那受到威脅的自主狀態。儘管我的樣本不具有代表性，然而值得注意的是，男人似乎更喜歡直接斷離關係而非發聲，寧可走為上策，而非著手細膩複雜的情感談判，因為「發聲」（表達自己的需求）行為在文化上被視為示弱現象並威脅到自我的疆界，也就等於威脅到獨立自主。這裡須注意一件重要的事：自主乃是以一套對男性身分認同而言至關重要的社會技巧和社會能力形式為前提。獨立自主不僅是一組心理特徵，而且是能力和道德認同的展現。以下即是道德能力（moral competence）兩種形式互有差異的一個例子。我們在前幾章中曾引述過的阿爾諾，是這麼介紹他離婚的經過的：

阿爾諾：我被診斷出患有第四期前列腺癌後就離婚了。我的妻子實際上變得富有同情心了。她是如此憐惜我，以至於我對她的表現感到極其驚訝。我不知道她為什麼對我表現得關懷備至。妳知道嗎？她突然變得如此友善、對我如此體恤。但我接受不了這些，因為她的同情只能使我感覺更糟糕而已。我只想要獨自一人，我受不了別人太多的憐憫。我要說的是，我們之前的婚姻生活並不算美滿，因為在我發病之前，我們的關係已經有很長一段時間相當冷淡了。癌症使一切事情加速進展。我們後來離婚了。

這裡很明顯的是，他的前妻對於他的關懷（她表達了女人該照顧家人的倫理）威脅到他的自主意識，以至於他寧願單獨面對自己的病。自主和照顧，是自我兩個同樣棘手的理想。娜歐米（Naomi）是以色列一位五十二歲的政治顧問和分析師，已結婚了十八年。根據她的說法，在她第一個孩子出生之前，一切都很不錯，甚至算得上好。可是，當他們的第一個孩子出生後，她了解「情況已不可同日而語了」。

訪談人：妳究竟了解到什麼？

娜歐米：他在生活上真稱不上我的伴侶。他只顧工作、工作、工作。他在撫養孩子方面或是建構家庭方面，從不曾與我站在一起。他只知道工作。我明白他不是稱職的伴侶，所以就自己親力親為。

採訪者：所以妳都單獨一肩扛起？

娜歐米：不是單獨的感覺，而是孤立、憤怒、悲傷，甚至是遭背叛的感覺，是的，就像好朋友背叛你的那種感覺。我們婚前曾經是好朋友，無論做什麼事都在一起，或者，如果沒有在一起做什麼事，至少雙方都可以自由地按照自己的意願去做他想要做的事。然而自從有了孩子，我被迫要做所有的事，我必須照顧他們，就只有我孤獨一人在做。他享有在全世界自在來去的特權，而我卻必須老是窩在家裡。這種感覺就像遭人背叛似的。

娜歐米的例子說明，情感的親暱性是以當事人在經營兩人關係時的道德正當性而呈現的。娜歐米表達出一種情感的規範原則，亦即她想與丈夫分攤照顧孩子的責任，而這聲明會破壞對方在職場中對於獨立自主狀態的需要。公司越來越貪求員工的時間，於是增加了娜歐米丈夫對於獨立自主的需要，從而減少了他的閒暇時間以及付出的關愛，而且與娜歐米認為兩人的關係應該重於一切的道德觀點背道而馳。因此，他們之間的衝突是有關自我的兩種道德觀，即落實於職場的自主與家庭的關懷之間的衝突，而這反過來又影響到每個人對自我價值的定義。

情感本體論以及無約束力的情感契約

在資本主義經濟中，需求通常不斷增多。事實上，若要實現消費資本主義，那麼唯有藉由擴大或增加真實需求或假性需求的途徑方能成功。我們通常以為這些需求的擴張具有物質的特徵（例如購買技術或是汽車）。然而，一九六〇年代以後，資本主義數一數二最獨特的面向，就是心理／情感需求的激增。由於消費經濟已經滲入了主體性的最深處，資本主義最顯著的發展就是出現了情感商品（emotional commodity），我則將其簡稱為「情商品」（emodity）[54]，亦即購買一種能夠改變並且提升自己的情感成分的服務。資本主義的此一面向，鼓勵男性和女性都將其自我視為一整束應加以最大化的情感特質。情感關係一直是情感商品主要的儲倉，我們在那其中消費情感商品，不僅是為了形成情感關係，也為了將其加以保持並且改善。情感關係所依循的乃是我們所謂的「需求弧」（arc of needs），其軌跡呈現出逐漸彎曲的樣態：現代的自我常將本身視為一項進行中的工作，需要改善自身及其績效，並被推著朝自我實現和滿足需求的方向前進。相反，需求若未滿足，則會成為情感淡化的條件。[55]消費文化中，需求的激增不僅意味著需求的多樣性，還意味其強度和焦點也在不斷變化，並且構成自我的基礎。治療的論述和實踐已造成需求的激增，因為它們提供了表達情緒需求，並使其成為談判標的的技術。

女性參與治療工作的原因有很多：由於她們是提供照顧的人，因此在學校和婚姻諮商中以及更普遍的人際關係中，她們也會被委以「心理問題」管理者的角色。心理學的技術是女性實現「照顧」行為的另一種方式。此外，由於女性比男性會更密切監控自己以及自己的人際關係，因此她們也是治療行為的主要客戶／病患／消費者。她們止是把這種治療視為：藉由改善自身心理和人際關係的技巧來進行自我監管的方法。就這層意義而言，治療實為一種矛盾的社會現象：它藉著提醒女性要自我監管並照顧他人來控制自己的主體性，然而它也為女性提供社會的（以及性別的）能力，而此一能力通常被定義為關注自身與他人情緒並且塑造豐富情感關係的能力。因此，必須將女性對自身以及對婚姻關係（或在一段穩定關係之中）的情感監管，理解為性別分工和愛情關係的一個面向。

我們在第四章曾引述過的貝瑞妮絲，也描述了自己的離婚經過：

> 貝瑞妮絲：妳問我是不是發生了哪件特定的事，最後我才決定離婚的？但是對我來說，那是一個漫長的過程，並非起因於一件特定的事，而是一連串事情的加總。不過，即使如此，如果硬要我挑出一件事來，那麼倒有讓我和他之間的關係從此疏遠的一件事。許多年前，也就是在我開始到劇院工作之前，我想租一間工作室來創作一些藝術品。那時只有他在上班，而我沒有。我原先待在家裡撫養孩子，等他們年紀稍長之後，我就想擁有一間能玩藝術的工作室。其實我們是有能力負擔得起的，只是這需要做出一些犧牲。但是他不同意，只說這會是一筆很大的開銷。的確，單靠一個人的薪水養家活口並不容易。然

而，即使我能理解他的觀點，我還是很討厭他。我感到被他背叛了。我覺得他甚至沒有想過我的提議是否能行得通。這個工作室對本人的自我發展十分重要，我覺得他毫不在乎我的發展。對我來說，那雖談不上職涯的投資，但我就是有繪畫或藝術創作的衝動。在那之後，我想我再也不可能像以前那樣愛他了。因為他沒有幫助我追求在我看來真正重要的事。

貝瑞妮絲的情感需求必須靠工作室來滿足。她認為自己是一個需要靠培養新品味和新活動來自我發展的實體，而這反過來又創造了情感和物質的新需求，從而改變了婚姻的最初契約條款（丈夫負責滿足物質生活，而她負責照顧家庭、養育孩子）。她丈夫拒絕為她租一間工作室的事，對她來說已成為一樁情感事件，正是她在情感本體論框架（於她而言，是由真實存在的情感需求所建構的）中進行詮釋的一個轉捩點。由於當時她的丈夫沒能重視她的慾望、需求和品味的轉變和發展，因此他們的關係便因他的拒絕所觸發的一系列新感受而受到質疑和重新評估。

志向的精進提升乃是消費與治療（治療是一種無形的情感商品）這兩種強大文化力量所造成的結果，而在這些文化力量中，女性特別容易受到牽引並且表現活躍。消費文化和治療的內在動力匯集在一起，迫使主體（女性尤其如此）專注於自己的志向與慾望，並將自我轉化成為本身所有偏好的加總，轉化為能夠越來越清晰表達內在的情感自我，因此這主體也就變得越來越難以迎合取悅。因此，與人共同生活就不會是體驗情感流動的一種分享，而是變成兩個具有不同需求和慾望的分歧意志間的協商談判。正如薩弗蘭・佛爾小說中敘述者再次指出的那樣：「朱莉婭和雅各布家庭生活的特徵，從此以後就是無休止的談判以及微小的調整。」[56]

各種心理學派所灌輸的治療技術，已成為塑造這種談判協商與調整的主要文化工具。治療行為對親暱關係產生了三種影響：治療的第一個（或許也是最關鍵的）作用是提高自我價值的意識和門檻，使憤怒成為對自我價值威脅的合理反應，並在情感的互動中提供確保自我價值的技術（採取立場斷然、自我疼惜或是避免焦慮的態度）。在心理學家的帶頭下，表達憤怒的做法已在婚姻中取得名正言順的地位。正如弗朗西斯卡・坎西安（Francesca Cancian）和史蒂芬・高登（Steven Gordon）所論證的那樣，在整個二十世紀中，在婚姻裡自我實現以及表達憤怒這兩種愛的規範乃是齊頭並進的，然而這點表示：雖然社會對愛情的期待提高了，卻與伴隨而來的憤怒表達有所增加相互矛盾。[57]治療的第二個作用是，接受治療的主體透過貼標籤的歸類過程（「我對丈夫生氣很久了，只是以前一直沒有察覺到罷了」）意識到自己的情緒（雖受壓抑但很明確）。情緒一旦被釐清了，並在意識中變得鮮明突出，便會成為人際關係中訴求和談判的標的（「尋求降低憤怒的方法」）。

海倫娜（Helena）是一位居住在波士頓的六十三歲治療師，她是這麼談論她如何對丈夫的情感轉淡以及婚姻如何產生危機：

我開始接受新療法後就感覺到（與丈夫的情感疏遠）了。我以前嘗試過很多療法。但是，這一次的功能更強大。現在，我對自己有了更多的了解，好比這些年來我試圖壓抑的一切，現在都浮現出來了。這種療法使我減少了沮喪感，但同時也讓我感到更加憤怒。因為我也開始感到自己曾經有過的各種需求並沒有得到滿足。

海倫娜的看法與四十九歲的以色列醫學工程師丹妮拉（Daniella）的觀點不謀而合：

我總覺得他不和我站在同一邊，他一般不會支持我以及我理解世界的方式，因為面對事情時，他通常不會贊成我的觀點。但是我們的婚姻狀況還過得去。我的意思是，我們有家庭、有朋友，我們會一起去旅行，一切正常。但是到了某個時間點，也許是五、六年前，我想去接受治療，因為我罹患了焦慮症，所以才想嘗試一下。我慢慢意識到，我和他的關係正是我焦慮的主要來源，也意識到其實我始終沒能得到他的支持。從外人眼中看來，我還是一直在做同樣的事，然而我已經改變了，我就是無法接受不能以自己希望的方式得到支持。到了某個時刻，我終於做出了決定。我已不記得確切是何時了，也許是我女兒出發去瑞士學烹飪的那陣子，反正我的去意已堅。因為我覺得那段感情對我造成了沉重的負擔。

在這個例子中，治療發揮了直接的作用，使得「被壓抑的」需求和情緒浮現出來。它為這些需求和情緒提供了歸類的標籤，並為這些貼上標籤的情緒整合到一個敘事的框架中，從而使人們可以追溯自己在婚姻中所遇到的困難。它鞏固了一套敘事，賦予它特權，並且將一種原非植基於反思過程的情感關係轉變為反思和有意識的過程，圍繞著內在的情感主軸將自我組織起來，使自己變得有意識，將心聲形之於語言，然後在治療的過程中表述出來。治療技術於是可以幫助人們將自我和情感加以完善化，使得女性更加了解自己的需求和價值。正如家庭社會學家奧利・班傑明（Orly Benjamin）所言：「女性所採取的行動，尤其是她們在治療界內引發的迴響，已造就了一個轉折點……個人、家庭和夫妻的諮商服務開始支持自我肯認、自我發展，並擺脫一心要取悅他人的心態。」[58] 海倫娜和丹妮拉由於接受治療而發展出新的自我價值門檻，這又讓她們質疑起自己內在的婚姻規則。治療的目標主要是在強化自我，而在這一方面，它鼓勵了我所說的對於自我的高尊嚴視野。此種視野必然促使當事人採取防禦的策略，因為它鼓勵當事人持續關注自我的傷口。下面我們提供一個更具代表性的例子。達娜（Dana）是以色列一名四十六歲的博士生：

採訪人：能不能請妳告訴我為什麼要離婚呢？

達　娜：因為我不開心。多年來我一直不開心。我們去做治療。要將他拖到那裡去並不容易，但最後我們還是去了。療程多少有點幫助，但我仍然覺得不快樂，所以我決定繼續治療下去。這治療我一做就是六年，它確實改變了我，以及自己對婚姻的看法。它使我了解很多事情。

訪談人：是嗎？妳能談談那療程如何改變了妳嗎？

達　娜：好的。我想當初我對自己是誰是一無所知的。我在日常生活中非常依賴丈夫來拿主意，但這並不是說我對事情沒有主見。我確實有自己的看法，然而我害怕起爭執，所以就讓他做他想做的，由他決定一切。我的治療師讓我了解到，自己有需求和意見並沒有什麼不對的，但是當我開始將意見表達出來時，我發現他根本聽不進去，於是我又恢復了先前的安靜，重新做起一個不表達意見的女人。因此，我猜，當我已經發生改變，當我看到他已無法面對這個新的「我」，當我明白他希望我保持被動以及緘默，我的心出走了，可以說停止與他進行任何有意義的交流。我無法確切告訴妳發生的時間或方式，但就是發生了。我記得當時我整個人沸騰起來。當我害怕做我自己的時候，我還能夠愛他。但是當我不再害怕時，我對他的愛不再具有真正的內涵了。

在這裡，治療促使了新自我的形成，而這新自我符合女性主義的自我觀。這種新的自我也可以透過情感的本體觀來實現（意識到自己潛意識的恐懼），而這反過來又改變了戀愛關係的框架、提高了她價值感的門檻，並為她提供了重新評估其婚姻的關鍵工具。這位女性藉著發展自己的意志和希求而獲得一種獨立感，而這種獨立感一旦被客觀化，就要求受人「尊重」。這項重新定義情感的努力大幅改變了意志，因此，居於市場核心地位的意志一旦被細緻化後，就破壞了情感關係最初始的契約方式。

情感能力與女性在關係進程中的地位

性態度與性活動、抉擇與替代選項、藉消費品味與治療來完善意志、自主與依戀間的衝突、迫切需要透過他人來確保自我的價值感，凡此種種都因造成新的不確定性而對固定的、體制化的關係產生終結愛情的動力。性化、以消費品味為原則的評價、依戀與自主間的衝突，以及確保自我價值的需要，這一切都依靠我在本章中所稱的「情感本體論」（emotional ontologies）來作為傳達媒介。女性更有可能使用情感本體論來評估和批評情感關係，因為這樣的本體論乃是處於「照顧倫理」（ethics of care）之核心位置的社會能力形式。可以肯定的是，性別角色和身分認同會在婚姻的性和情感領域中創造出不同的地位，而這些地位又反映了女性在資本主義社會中的雙重身分：作為性的行為者而被男性的目光排定等級與消費，並且擔任情感領域中提供服務的一方。女性是情感和性的行為者，她們在這兩個地位之間搖擺，或在與男人的關係中同時運用它們。

儘管我握有的離婚者樣本太少，而無法據此推斷出普遍性的結論，然而值得注意的是，離婚女性相對男性而言，較不可能採用啟示型的敘事，而是較傾向於援引積累型或創傷型的敘事，而後面這兩種都是圍繞著時間軸而開展的，與時間的流逝息息相關，並且都是由某些「原因」所觸發的。這些原因又有植基於情感本體論的傾向，亦即植基於它們被人感受的方式。這與本章開頭所引用的離婚研究相一致。

女性以多種方式運用情感本體論：她們在互動中密切注意自己的感受；她們在互動中關注他人的情緒；她們為短暫而多變的情緒命名；她們提供情感期待的標準；她們談到情感需求；她們握有親密關係高度腳本化的模式；最終，她們很可能在互動中重新定向、監看並控制情感的強度和表達，這就是亞莉．霍奇查爾德（Arlie Hochschild）所說的「情感勞動」（emotional labor）。[59]情感本體論成為提出主張、展示某種能力的特定形式、表達期待、為互動提供社交腳本等行為的基礎。情感一旦被命名、監控並用於文化的模型和理想中，它就會成為「無可動搖的事實」（hard facts）與實體。由於心理框架往往傾向於為情感提供自我敘事（self-narratives）和自我目標（self-goals）的框架和結構，情況就更是如此了。

因此，女性將自己所體驗的情感視為現實、自我認同和社會能力的重要基礎。以下是兩位女性的例子：她們隸屬於不同的世代，但在提及情感的本體論時聽起來卻十分相似。伊芙琳（Evelyne）是一位三十一歲的法國學者，她和相處八年的伴侶分手了：

> 我們為什麼分手？倒不是因為他有什麼問題。他是個很棒的人，事實上大家都喜歡他，每個女人都想得到他。難怪他現在和我最要好的朋友走在一起了，他就是那種人。但是我

覺得他不夠理解我。他愛我、欣賞我，但是他沒看透我。他認為我是個神秘而複雜的女人，當他不理解我的反應方式時，他就會說：「妳真特別。」但這不是我對他的期待。我需要他了解我這個人。我不想成為一個暗黑、神秘的女人。我只是想要他理解我。

伊芙琳與上文引述過的那位六十三歲美國女性海倫娜的觀點頗為相似。當海倫娜形容自己「結婚三十五年後陷入婚姻危機」時，我便問她為什麼：

海倫娜：托馬斯（她丈夫的名字）愛我；他以自己的方式愛我；我甚至認為他非常愛我。但是我從來不覺得他真的認識我這個人。

訪談人：妳能舉個例子嗎？

海倫娜：很多年前，也許是二十年前，我發表了一次公開演講。演講結束後，他只在意糾正我在提到某個事件時如何搞混日期而犯了一個小錯。我想我把該事件實際發生的日期向後延了五年或是之類的吧，但他對我演講的其它內容隻字不提，只是咬著那個錯誤不放。妳知道，後來它就變成我的一張標籤了。我偶爾會給自己買幾件新衣服，他就會立即問：「妳花了多少錢？」有時，他會為我的生日買一些毫無意義的禮物，比方我不需要的或者不喜歡的東西。我覺得他沒有真正認識我，他不知道我的品味，也不知道如何回應我的深切需求。

伊芙琳和海倫娜都表現出清晰的情感本體，表現出對於情感需求的感知和取向，例如希望自己以特定的方式「被人看見」、被人理解並令自我的價值獲得肯定。可以確知的是，這樣的需求乃藏在一個主體的最幽深處，不但多變，而且他人無法輕易窺其堂奧。唯有精心形諸語言並加以商議之後，這些需求方能獲得回應。這些需求源於照顧倫理，因此具有道德主張的崇高性質。一些女權主義哲學家批評照顧倫理，因為它沒能灌輸女性獨立自主的觀念，也就是說，沒能賦予她們追求自己目標的能力，以及在自我定義尊嚴感的範圍內追求那些目標的能力。但是，當照顧倫理一旦植基於情感本體論上時，它便會產生相反的效果。與自我知識和自我管理的治療技術相結合的照顧倫理，會藉由情感能力的感受包含甚至提升尊嚴和確實性，最終增強了女性的自我意識和自主觀念。透過情感來確保自我價值感，已然成為女性在關係中表現和管理自我的最重要條件。定量研究證實了這一觀點：

在兩項研究中，女性經常抱怨感到「不被人愛」（《加利福尼亞離婚研究》估計有百分之六十七的女性如此感覺，而《離婚調解計畫》的估計則是百分之七十五）。在過去的十五年中，當事人覺得自己被配偶輕視的比例明顯增加了。《加利福尼亞離婚研究》中有三分之一的女性提出這項抱怨，而《離婚調解計畫》中有相同感受的女性更高達百分之五十九。[60]

現代浪漫愛情最重要的一個新創點是，它被組織起來以確保主體的自我價值。然後，為了捍衛自我價值，個體會建立起自己的情感規範，亦即從內部的參考點評估關係和情感互動。心理自我會從自我特質的核心（個別的人如何感覺事物）以及一系列「後設情感」（meta-emotional）的規範（亦即有關情感的規範，例如：「你讓我感到內疚，這樣是不對的。」、「如果和你在一起我對自己感覺不滿意，那就該離開你。」）來管理關係。諷刺的是，這也是情感衝突經常難以解決的原因。個體（尤其是女性）通常會發展出自己獨樹一格的情感規範性，這通常是藉由治療和自助文化所習得的。這種獨特化的情感成為他們賴以進行互動的基礎，使他們評估這種互動是否合乎他們的情感所需，有時則出於相同的原因而斷離這些互動。

我在上文質疑身體和性在建立關係（投入關係以及評估關係）上的作用，這裡我要補充，情感在監控關係的作用上同樣是不可靠的。正如哲學家哈里・法蘭克福（Harry Frankfurt）所言：「有關我們的一些事實其實是站不住腳的，是禁不起懷疑論的檢視而要被戳破的。實際上，我們的內在難以捉摸，比起其它事物的本質更不穩定、更不固守天性。」[61]情感本體論沒能適切地承認：將關係建立在情感脆弱的本質上有其困難。在互動的過程中，當事人的感受常常是不說出口的，因為這種互動在尚未被歸類命名的情況下，是比較能夠順暢流動與變化的。當事人多注意情緒感受可使互動更富自覺[62]，得以使其專注於互動的某一面向而無視於另一面向。因此，將情感加以歸類命名是一種文化行為，此舉會將這些情感幾乎轉化為不容置疑的事實或是事件，而這些事實或是事件反過來又必須在關係中重新被人處理。威廉・雷迪（William Reddy）所言的「情感表現」（emotive，情感的表達形塑並改變了表達情感的那種互動）被固定在論述中，而在那其中，情感主張（emotional claims）會具有自己的基礎以及正統性和有效性。當事人如果說：「你沒能關注我，這讓我感覺很糟」或是「我沒能以我想要的方式被愛」，如此一來，情感即變成了事件或是事實（或者兩者都是），因此必須被人承認、討論同時進行處理，進而引導自我去改變其最無意識的習慣。

法國金融專家克里斯蒂安・沃爾特（Christian Walter）提出了所謂的「需求量子理論」（quantic theory of needs），即一個人在下決定前，並不知道真正的需求是什麼，其先前的那些需求是相互矛盾的，因此具有不確定性。在他看來，下決定或是做選擇，實際上常常能向受試者揭示自己真正的偏好為何。此一理論提供了有關選擇和決策的不同觀點，不是作為自我和心靈必然的組成部分，而是作為互動的一種剛發展起來的屬性，是一種動態過程，而在此過程中，主體在塑造並發現自己偏好的同時也將其呈現出來。這與經濟學或心理學的某個觀點大相逕庭（根據這兩門學問關於「理性主體」的看法，主體先發現自己的需求和偏好，而這些需求和偏好的有效性透過單純的感覺便得以確保）。實際上，沃爾特聲稱，下決定這作為會令主體發現自己原先不知道的偏好。同樣，我們可以主張，需求不是固定不變的，而是透過情感本體論（心理論述和敘事）而出現的。

也許本章最重要的主張是：出現於離婚之前並且造成離婚的愛之終結現象，正是同樣幾股社會力量（塑造不做承諾的消極關係）所引發的結果。這些社會力量將人送進倒置的磁場中，送進會將他們推離、而非將其聚攏的磁場中。

上面提到的所有主題都表明，我們所謂的「愛的終結」現象，其中有很大一部分乃是由自我在資本主義社會中所處位置而造成的結果，這使得自我必須單靠一己之力來確定其價值。價值透過四個不同的途徑被建立起來：性化、消費品與消費習慣、情感本體論、以斷離關係的方式來確認己身捍衛自主權的能力。值得一提的是，鑒於愛在家庭環境中被落實的方式，價值正是不斷受到質疑的東西。然而它也是個體在投入和離斷關係時不由自主且不斷地執行的事，致使自我價值越來越像一種零和結構。於是，自我在性別、慾望、消費者身分認同以及情感確定性上深深依賴於他人，從而使自我將親暱關係和婚姻視為對本身自由的一連串限制。其結果是令人驚訝的：離婚成為通向自由的另一條道路。大多數人生活中數一數二最痛苦的經歷最終竟成為體驗自由的另一種方式。例如，某篇報紙文章的作者探討了作家妮可．克勞斯（Nicole Krauss）有關自己與強納森．薩法蘭．佛耳離婚的敘述：

> 自從開始寫作《烏有》（*Forest Dark*）以來，克勞斯主要關心的議題就是自由，而她對自

由的理解在過去四年中也發生了根本的變化。根據她的說法，她意識到自己可以離婚的那一刻，她也同時明白：「如果在可以教給我孩子的兩件事（第一，堅守你自己的承諾而不要傷害別人是很重要的；第二，給他們做榜樣，讓他們知道為己身的自由、幸福以及更寬廣的自我意識而活是什麼意思）中，只能選出其中一件時，那麼毫無疑問，一定是後者了。這顯然就是我想讓他們明白的事情。」[63]

在這段敘述裡，離婚已不再是許多人經歷過的痛苦過程，而是自由的魅力標誌，而這自由是現代的科技、治療和消費機制為我們精心打造的東西。我們可能驚訝於這種自由的說服力。

結論

消極關係與性的蝴蝶政治

人都不喜歡別人向他們解釋被他們視為「不可質疑」的東西。對我來說，我認為最好知道一下別人在說什麼。說來奇怪，我們很少能夠承受現實。追根究柢，社會學與我們所謂的「智慧」其實很接近。它教導我們要謹慎看待被神秘化的事物。我寧可擺脫虛假的魅惑，而對真正的「奇蹟」感到敬畏。由於它們很脆弱，所以我知道它們很珍貴。

——皮埃爾．布迪厄[1]

我要把一切悲哀和喪服贈予心靈：這不是治癒的溫和處方，而是灼燒術和利刃。

——塞尼加（Seneca）[2]

米歇爾．韋勒貝克（Michel Houellebecq）在他那本二〇一五年出版、頗受爭議的小說《屈服》（*Submission*）中講述：法國將在不久的未來，選出一位形象慈善的伊斯蘭主義者作為總統。弗朗索瓦（François）是一位專攻十九世紀文學的學者，這種集體轉變乃以他在道德上的投降呈現出來。在整部小說中，弗朗索瓦都面臨著如下的抉擇：究竟要皈依伊斯蘭教，或是維持他那乏味的、世俗的、享樂至上的法國身分認同。如果選擇前者，那麼他的事業就能飛黃騰達，不但財源滾滾，並且將能在合法的一夫多妻制的框架下，坐擁多名女性，為他提供性服務與家事服務。如果選擇後者，那就意味著他得繼續過著由隨意的、無須承諾的性愛插曲所編織成的無聊生活，沒完沒了。最終，他被迫「屈服」（改宗伊斯蘭教），如此一來，他將會娶得能為他提供家事服務和性服務的順從女人。這部小說引起了共鳴，並可被視為韋勒貝克前兩部小說《抗爭的延伸》（*Extension du domaine de la lutte*，一九九四年以法文出版）和《原子》（*Les Particules élémentaires*，一九九八年以法文出版）的結論。第一部小說描述一個男性（「我們的英雄」）最終自殺的故事。他之所以走到這個地步，實在是因為他無法在競爭日益激烈的性市場中做出良好表現。第二本小說則描述一九六八年後，世人以性為手段，瘋狂追求本真的現象以及這種追求在新的形而上的空虛中所獲致的結果。最後，這部小說提供了一種有關人類前途的新視野：藉由複製人的技術，人類終能擺脫性的悲慘境遇。這三本小說的共同點是，它們都認為性是當代社會的核心問題，是人生混亂的根源，最後會導致政治的不滿以及文明的變革。就像亨利・詹姆斯、巴爾扎克或是左拉，透過他們的小說作品研究一個巨大的轉變（前現代的階級制度和秩序，脫胎為由交換和金錢統治的社會）一樣，身為小說家的韋勒貝克也剖析了社會轉變為由性自由統治的過程，而在那其中，消費、社會關係和政治多多少少都充滿了性（令社會各種「經典」安排脫節的性）。更重要的是，在韋勒貝克的虛構世界中，西方文明的未來（及其消亡）乃取決於對性的（解除）管制。

隨意性愛與關係的性化，似乎只是社會主要問題之外的現象（唯有當它們被貼上「經濟」或「政治」的標籤時，問題才顯得「重要」），但事實上它們在經濟、人口、政治以及所有社會（特別是當代社會）的身分認同中，起到至關重要的作用。這是因為（正如現象學哲學家以及女權主義者學者所一致宣稱的那樣），身體乃是（社會）生活的關鍵面向。[3]西蒙・得・波娃（Simone de Beauvoir）完全以現象學的觀點中肯地指出了這一點：

> 我們的身體並不像樹木或岩石那樣，被定置在世界上。它活動在這世界上，這是我們擁有世界的普遍方式。它反映了我們的存在，但這並不表示它是我們生命的外在伴侶，而是表示我們的生命必須在它裡面方能自我實現。[4]

身體是社會生活得以實現的場所。性化身體已成為消費資本主義、親暱關係、婚姻，甚至（說來諷刺）是性關係本身的基本要素，這一事實是值得社會學家、經濟學家、哲學家和政策制定者注意的。我們在此引用凱瑟琳・麥金農提出的「蝴蝶政治」（butterfly politics）觀點：微小的改動可以帶來巨大的變化，就像「混沌理論」（chaos theory）所主張的那樣，地球上某隻蝴蝶若振動翅膀，幾週後，其它地方便會發生劇烈的天氣變化（即為蝴蝶效應）。[5]從某種意義上說，本書描述了性的蝴蝶政治：看似稍縱即逝的時刻以及難以捉摸的現象，都為家庭和經濟帶來了巨大的變化。

埃里希・佛洛姆（Erich Fromm）在其經典名著《逃避自由》（*Escape from Freedom*）中，將積極自由與消極自由區分開來：「說到自由，儘管這使人變得獨立和理性，但使他變得孤立，從而使他感到焦慮和無力。」[6] 對於佛洛姆而言，自由乃具有深遠之社會心理的影響，因為它會造成焦慮，這也解釋了為什麼有些人會捨棄自由而就範於極權政權（或就範厭女主義意識形態、家庭價值觀等）。佛洛姆並沒有（也可能無能力）理解：對自由的焦慮乃是對自我實現之命令的直接影響，而非相反。積極自由和消極自由遠非對立，而是很難加以區分。使自由成為這種規範性混亂和模稜兩可現象的原因是，它是政治社會運動的意識形態旗幟，是講求本真之享樂主義道德的意識形態旗幟，尤其是（正如本書所強調的那樣）視覺資本主義（即透過密集的、無所不在的視覺產業對性身體進行剝削的形式）的意識形態旗幟。視覺資本主義已經成為組織圖像和故事的主要框架，而這些圖像和故事使得自由成為西方社會成員具體的、實際經歷過的現實。本人已在上文論證，這就是為什麼一個人落實其美好生活的計畫和定義時的那份標準，其中的自由理想已蛻變為由消費市場以及科技塑造出來的消極關係。消極關係與視覺資本主義間的近似性一直是貫穿本書的主軸。讓我把這條主軸劃出來吧。

這類近似性的第一種，可在市場（作為組織邂逅的社會學框架）中找到。市場是行為者彼此之間交換東西的社會場域，並且受供需關係的制約。在傳統婚姻中，男女（或多或少）是在社會群體的水平面上進行配對的，其目的在於將財富與資產加以最優化，而在性市場上，男女會根據性資本進行配對，非但目的不一而足（經濟的、享樂的、情感的），而且通常來自不同的社會群體與背景（文化的、宗教的、種族的或社會的），同時經常拿不對稱的屬性（例如美貌與社會地位）進行交換。資本主義與消極關係間的第二種近似性也源自於它的市場形式。它的典型型態是隨意性愛，即陌生人之間的互動是以滿足實用功能為前提的，從而模仿了消費互動及其享樂主義的前提（消費文化同樣也反映了性）。

第三種近似性源自於如下事實：即由視覺資本主義支配的性，對男人和女人產生了不同形式的經濟與社會價值。女性透過消費市場修飾自己的身體，以便同時產出經濟價值和性價值，而男性則消費女性產出的性價值，藉此作為男性競爭場域中的地位標誌。

消極關係與資本主義間的第四種近似性，指的是對於被交易之物其價值的不確定感。對於自己和他人價值的不確定感是無處不在的，更何況視覺資本主義會使自我的價值迅速過時。由於對主體價值的需求已經增加（以「自尊」、「自我疼惜」與「自信心」的形式呈現），因此這一需求會讓一個人一旦感知到對於自身的威脅後，即產生防禦策略。

最後，第五種近似性在於兩者均難以維繫或形成情感契約，這是因為創新、地域的流動性、各種在有利可圖之領域中的投資，以及生產與勞動力的靈活特性，使公司成為不承擔責任的實體。凡此種種均構成了我所謂的消極關係骨幹，並指出了親密關係、性與家庭如何反映市場、消費行為以及資本主義工作場所的特徵。消極關係具有兩個屬性：其一是這種關係具有不確定性（我不能以篤定的方式說出我想要的東西或是我在其中的身分），其二是這種關係指出了正常做事的方式已行不通了。如下這點可能是本書數一數二重要的主張：由社會和經濟力量塑造出來的特定消極動力（negative dynamics），決定（但願這是正確字眼）不要形成紐帶或是解除原已建立起來的紐帶。關係消失於無形與穩定依戀的破裂，乃是對文化、經濟和社會力量共同基底的不同心理反應。視覺資本主義對於自我價值的源頭、對於產生不確定性的新源頭，以及對於建立社會等級制度的新形式，都施予了深遠的影響，攪亂了我所謂的認知傳統過程，攪亂了一個人如何才能覺得自己在他人眼中具有價值，尤其是當男人繼續控制和組織女人的社交生活時，女人覺得自己該如何做才能在男人眼中顯得有分量。在新自由主義的庇護下被組織起來的資本主義，創造了一種獨特的自我，因為在其中，經濟和性被無縫地交織在一起，並且相互促進。

有一種新的感知結構出現了。它跨越、流布並溝通了經濟領域和性領域，並產生了具有許多定義特徵的愛情與性的自我：靈活性（有能力在多個伴侶之間遊走、有能力積累經驗與多重任務）；適應風險、失敗和遭拒的能力；不忠誠的本質（就像股東一樣，戀人可能會選擇投資於利潤更高的「企業」）。性的行為者也像經濟的行為者一樣，帶著敏銳的意識投身競爭中，同時培養出自力更生的能力以及普遍的危險意識。普遍的不安全感乃伴隨競爭性和缺乏信任感而來。其結果是，性的行為者開發了各種得以捍衛自我價值的技術，以便減輕焦慮，提高其（情感）表現並投資於不確定的未來，而這一切都是靠不斷擴張之自助、心理和靈性的市場提供的。

這種新情況對於性和親暱關係究竟意味什麼，目前依然含混不明。自由的理想毫無疑問已經實現了它的承諾，因為如今無論男人和女人都可以更自由地在性的領域中來去自如、以平等的地位看待家庭生活，並更有資格將性歡愉視為美好生活的環節。這點也是無可置疑：在性的領域中，性自由也為兩性間帶來更大的平等。總體而言，性自由削弱了性別角色的二元性，修改了「慾望＝壓抑和禁止」的等式。但是自由這個詞太多涵義了，以至於它包括甚至隱藏了不同的邏輯。由於自由已經被利用於視覺資本主義的目標和利益上，所以自由加深了不平等，其中一些不平等（例如性別的不平等）早在視覺資本主義出現前即已存在，而另一些不平等則是由視覺資本主義造成的。這些不平等無論新舊都發揮夠多的負面影響，致使自由成為一種令人不安的初始理想。

二〇一八年，奇怪地興起了一波韋勒貝克式的反響，並且見證了一種新恐怖主義形式的崛起，這既不是宗教的，也不是政治的，而是和性相關的。大約在二〇一八年四月底，一個名叫雅列克．米納西安（Alek Minassian）的年輕人在多倫多市至少殺死了十個人[7]，其中七位是女性。外界尚不清楚米納西安的精神病有多嚴重。然而，有個事實無可爭議：他服膺了「非自願獨身」（incels）[I]的暴力意識形態（這是一個由男子組成的線上社群，彼此團結在對於女性的仇恨中。在他們看來，男人有權得到女性的性愛與關注，但是由於女性偏愛其他男人，他們就被剝奪了這種權利）。

說來可悲而且諷刺，「incels」最初的涵義和現在是截然不同的：這是二十年前由一位名叫雅拉娜（Alana）的女性所創造出來的。她從自己的非自願獨身的身分出發，想為那些無法享受性愛歡愉或找到合適對象的人建立一個具扶助性質的網路社群。[8]這個詞後來被厭女情節的人霸占了，他們將世人分為兩類：查德（Chads）和史黛西（Stacys），即男人和女人，他們不僅在性方面很吸引人，而且在性方面也彼此吸引。

我們可以（並且應該）對incels的現象表示道德上的憤怒。然而，更加受用、更有助益的做法是：了解產生這種現象的社會條件。

從社會學的角度來看，incels與本研究是有關聯的，因為那些人乃是受視覺資本主義影響，受制於新社會等級中性態度的轉變，所引發的最極端令人不安的例子。「非自願獨身者」認為自己被排除在某種社會秩序之外，在這種社會秩序中，性賦予地位，並且是美好生活和標準男性氣概的代名詞。不論是否受到厭女情節的荼毒，「非自願獨身者」都是新的社會秩序的（暴力）表現，而在這種社會秩序中，性和親暱關係是社會地位甚至社會成員身分的標誌。正如韋勒貝克的小說《抗爭的延伸》在二十多年前所呈現一樣，一個人若被剝奪了性和性親暱，就等於被剝奪了社會存在。對於某些人而言，性是行使自由的舞臺，而對於另一些人而言，它則涉及了「非自願」（或者被強迫的）受屈辱與遭排斥的經驗。從這層意義上講，「非自願獨身者」正處於傳統（暴力的）父權制以及科技與視覺資本主義高速形式之間的構造斷層線上。視覺資本主義

1 非自願獨身：「incels」為「involuntary celibates」的縮寫，也稱「確實被迫孤獨」（true forced loneliness，簡稱TFL），係指基於經濟條件或其它非自願的原因而無法找到伴侶的人。這些人一般都是男性，而且可能未有過任何性經驗。他們可能是欠缺異性緣的單身男性，又或是一些心甘情願為「女神」默默付出的男性，但也有可能兩者都不是。這群人後來成為歐美社會中的一個次文化團體。二〇一四年，美國加州伊斯拉維斯塔發生二十四歲的艾略特・羅傑（Elliot Rodger）駕車撞人並開槍的連環殺人事件；二〇一八年，加拿大多倫多則有二十五歲的雅列克・米納西安駕駛廂型車衝撞路人的攻擊事件。這兩起事件被認為是這個次文化團體受到大眾矚目的關鍵。

創造了新的社會等級和特權形式，改變並加強了舊日支配女性的模式，同時採用了自由和解放的價值觀。

性等級與社會或文化等級一樣，會透過「區分你我」的過程而得以維護。根據皮埃爾·布迪厄的說法，「區分你我」乃是我們從其他群體成員中脫穎而出的心理和結構的過程，例如在肯定我們自己的品味之際，同時摒棄他人的品味。[9]「性區別」正是性地位以及愛情中身分認同的核心機制。區別乃是透過拒絕他人（與被他人拒絕）的過程來實現的。從這層意義上看，性區別則不同於階級區別，因為後者是取決於建立價值和價值差異的能力，而前者卻難以恰當地確立性客體的價值。階級區別牽涉的是文化客體和消費習慣，性區別則與人有關，而且直接影響到他們的價值感。「非自願獨身」正是這種（負面）性區分的體現，說得更具體些，是自由拒絕他人的一種常規行為，而這反過來又導致一個遭到性排斥的群體產生。對於這群人而言，在性方面遭排斥的遭遇已成為他們普遍的社會經驗，從而導致常態的自我貶抑行為。

在情感上「沒人理」以及在性事上「沒人要」，並不是一種新的社交經驗形式。過去的婚前求愛可能會以無法遂願告終，男人和女人都會因此嚐過單相思的滋味。男人和女人可能遭背叛，並且也經常遭背叛，所以，被拒絕的經驗並非什麼新鮮事。然而如今，這件事已成為許多人生活的一個重要特徵，並且實際上已經成為許多人性生活和愛情生活中避免不掉的一部分。例如，「白人至上主義」不僅是對外來移民的反動，也是對兩性關係轉變的反動。

與男性「非自願獨身者」相對應的女性，是「白人至上主義的家庭主婦」[10]，她們既拒絕女性的性客觀化和性自由，又主張傳統的性別角色和家庭價值觀。她們對性自由和性平等的拒斥，在白人至上現象中起到重要的作用（即使這點很少有人觀察出來並討論）。[11]視覺資本主義的確在擁有性資本的人和缺乏性資本的人之間創造出新的性不平等形式，也創造出不確定性以及新的貶值形式（主要針對女性），所有這些都會在社會紐帶中產生連鎖反應。由於女性身分認同被性別化，並未伴隨社會權力以及經濟權力真正地重新分配，並且因為它以某種方式強化了男性對於女性施加的性權力，所以使得傳統的父權制仍具有吸引力。在使用與自由有關的那套陳語時，視覺資本主義便加深了支配女性的方式，使自由成為一種引發社會不安、甚至產生了回歸女權主義的反動回應。自由使得不確定性、貶值和無價值的經驗更加普遍、更加理所當然。

本書中所進行的哲學社會學分析，不是要釐定一些明確的規範性原則。其目的相反是在尋找實際做法中所包含的模稜兩可和矛盾。這些模稜兩可之處正是我們經驗中最困難的面向，而之所以困難，是因為這些面向通常難以言喻，也難以弄個明白。社會學的任務就是在哲學的幫助下發現這些面向，並且加以討論。哲學家喬爾・安德森（Joel Anderson）在評論阿克塞爾・霍內斯的著作時，採用了霍內斯的一項關鍵理念來分析與「語義過剩」（semantischer Uberschuss）有關的社會現象。所謂語義過剩即是「意思上的多餘，已經超越我們現在可以完全體會、了解和表達的程度。……它存在於我們初形成的感覺中、存在傳統的邊緣上，更加普遍地存在於與衝突和未決的遭遇中，而對於批判理論（critical theory）[11]而言，其所需的創新資源是要往那些衝突和未決中去找出來的。」[12]

當代自由在本書所敘述的各種具不確定性質的經歷中，產生了這類含糊不清的區域。透過精心建構的釐清步驟，這些經驗即可自我理解。本書不以本能反應式的態度為自由背書或是譴責自由，同時拒絕使用賦權（empowerment）或創傷的心理詞彙來說明這些經驗的性質，希望藉此實現這種釐清工作。本書致力在情感領域中對抗心理學認識論的霸權主義。社會學在釐清造成我們私密生活之痛苦的經歷上大有貢獻，其程度是不亞於心理學的。實際上，在理解現代主體性的陷阱、僵局和矛盾方面，社會學可能比心理學更勝一籌。

唯心主義哲學提出的一個問題是：主體如何能夠從對於外界的各種感覺和印象中建立統一的調和狀態。進入意識之不同力量間的統一調和工作，是要靠主體自己完成的。黑格爾進一步發展了這種洞見：在追求統一調和的過程中，自我產生了一系列被他統稱為「否定」（negations）的對立、衝突、矛盾、內部分裂以及拆離。[13]作為一個統一體的自我，是從這種「否定」的作為中產生的，亦即「否定否定的能力」（capacity to negate negations）。套句羅伯特・皮賓（Robert Pippin）評論黑格爾的話：意識「總是在解析自己概念上的活動，這從某方面而言可以說既是自我肯定、做出判斷以及發出命令，但也有可能是『自我否定』，因為它意識到被自己認定為事實的情況可能並非如此」。[14]

在黑格爾看來，矛盾其實是豐饒的、正面的，因為它能產生一個新的實體。例如，矛盾是認可過程中所固有的，而認可也會設法克服意識中固有的矛盾。

但是，本書中所記錄之性／經濟的主體產生了分裂和否定，而這些分裂和否定並沒有被消弭，且融入更大的連貫整體和認可過程。它的矛盾仍然是消極的，照舊是未解決的矛盾和分裂。內部的分裂存在於性與情感之間，存在於男性與女性的身分認同之間，存在於被認可的需求和獨立自主的需求之間，存在於女權主義平等觀念以及由男性控制之資本主義產業所產生的視覺性支配的自我之間。結果所有這些矛盾都無法被克服或是消弭，否定依然是消極行為。

在這樣的社會環境中，當主體忙著解決這些無法解決的矛盾時，認可（克服主體之間的否定過程）即無法發生。從某種程度而言，這也可以說呼應了娜歐米．沃爾夫（Naomi Wolf）在她那本如今已成為經典、有關美的研究中所下的診斷：「不穩定的情感關係、高離婚率以及被驅入性市場的大量人口，這些對消費經濟中的商業十分有利。色情作品（pornography）使現代的性變得重肉慾並且了無趣味，其深度僅達鏡面的那層水銀塗層，對男性和女性而言都是反情色的（anti-erotic）。」[15]

作為自由的一種制度，市場將個人直接拋向消費／科技的道路。這既將行為加以合理化，

II 批判理論：在人文與社會科學中，通常是指各門學科在一九六〇年代開始發展的新興理論，其中有結構主義、後結構主義、解構主義、馬克思主義、女性主義等。而與它相關的領域發展，則包含有文學理論（這常常是批判理論的一個粗略同義詞）、文化研究、美學、理論社會學、社會理論、歐陸哲學等。

又對互動的規則、互動的性質，以及一個人自身的價值與另一個人的價值造成惱人的不確定性。這種不確定性反過來又被轉化為更多的情感商品，這些商品乃是由無限廣闊的商品市場所提供，旨在幫助世人獲得最理想的自我與人際關係。

想當然有些人會問，本書是否可能誇大了實情，並將慘澹無望與健康清醒混淆起來？浪漫式的愛情雖然已經改變形式，但它在我們生活中的分量並沒有因此減少。還有，自由儘管帶來了風險與不確定性，但它的價值也未因此降低，也沒有改變我們大多數人仍然活在穩定的伴侶配偶關係中，或是渴望經營這種關係。我們甚至可以援引令人安心的統計數據，即今天有三分之一的婚姻是靠網站的牽線而成就的。[16]這似乎表明，科技因素和市場都不像本書所描述的那樣令人憂心。

然而，這些論點將「婚姻」或「伴侶關係」之中顯然彼此有差異的事件，全部籠統視為單一的分析對象，從而無法理解在婚姻之前、之中和之外的愛情和性的經歷本質是如何改變的。因此，這本書遠非是對婚姻或穩定關係前途的焦慮探究，也不是呼籲對隨意性愛加以抵制（儘管毫無疑問，有人會從這角度閱讀本書）。隨意性愛以其搶眼和歡愉的形式，成為自我肯定與自我表達的源頭。本書關注的重點不在贊成或是反對隨意性愛，也不在贊成或是反對長期承諾。我已經描述了視覺資本主義如何以各種方式利用性身體來改變自我、自我價值感以及建構關係的規則。本人主張，這種新的資本主義形式改變了親暱關係的生態，改變了女性的屈從地位，並且造成大量被排斥、受傷害、很失望（「與愛絕緣」）的經驗，而這些經驗又透過各種形式的心理治療等龐大經濟與文化機器，被循環再利用。這不僅是它唯一的作用，但確實是它非常重要的一個作用。

無論是馬克思主義者，還是功能主義者，大多數社會研究者都假定社會會為個人配備能使其成為社會合格成員的工具。本書所提出的批判與這種觀點相去甚遠，而與佛洛伊德在《文明與缺憾》（*Civilization and Its Discontents*）中的社會學批判遙相呼應。他在那部名著中主張，文明要求個人付出的代價過於高昂，因為它要求個人壓抑性慾本能，又使罪惡感在現代主體的心理經濟中居於中心地位。[17]因此《文明與缺憾》認為現代性的特點是，個體的心理結構與施加在其身上的社會要求之間缺乏契合。對此，佛洛伊德提出了一種值得重視的批評觀點，而這觀點並非從清晰的規範式觀點出發，而是從社會和心理結構的契合問題出發。我同樣認為，視覺資本主義向性與愛情行為者索取過於高昂的心理價格，而且與當代行為者的目標和理想背道而馳。為何說這價格太高了？因為人的內心生活太複雜了，無法單靠一己之力（主要透過自我審視）加以管理。它的要求太苛刻了，因為性市場競爭激烈，不可避免地讓人有了受排斥以及遭受屈辱的社交經驗。

如果內省和自我不是承諾與明確性的可靠來源，那麼單憑自由是無法產生社會性的，而且它還會從社會行為者身上索取過於高昂的心理代價。為了產生社會團結（被霍內斯很適切地稱為「社會自由」），自由需要儀式。儀式創造了一個共同的情感焦點，有了這個焦點，就不需要內省，也不需要持續不斷地自我生成（self-generation）和自我監控慾望。然而，這些社會性的儀式基本上都已消失，並被不確定性所取代，而這反過來又需要可觀的自我心理管理，這意味慾望的深刻轉變不再以「英雄式」的字眼，或者透過其超越社會秩序的能力來定義。性和愛不再代表自我能夠對抗社會的領域。性和親暱關係已成為經濟自我被實踐的絕佳場所，而且不再是個人與社會之間創造性張力的源頭。誠如歐文・豪（Irving Howe）所言：

在每個極權社會中，國家與家庭之間都有（且必定有）深刻的衝突，其原因很簡單：國家要求每個人對其徹底忠誠，並將家庭視為這份忠誠主要的競爭對手。……對於政治人士和非政治人士而言，家庭都成為了人道價值最後的避難所。因此，捍衛家庭這個「保守」制度的行為，看在極權主義者的眼裡即成為極具顛覆性的行為。[18]

豪提到極權主義社會，卻忽略了：我們的社會（其經濟與政治）如何神不知鬼不覺地徹底滲透了家庭、性與愛情，進而使家庭、性與愛情無法再扮演「人道價值最後避難所」的角色。如今，性與愛情已成為體現消費資本主義的絕佳場域，並磨練出到處都需要和落實的自力更生與獨立自主等技能。法國精神分析家查爾斯・梅爾曼（Charles Melman）在他的《不莊重的男人》（*L'homme sans gravité*，二〇〇五）一書中聲稱：當代社會已經從慾望轉向享樂，在這種社會中，慾望受匱乏和禁忌所制約，而享樂則是無限制在大量存在之客體中尋求即刻滿足的需求。因此，享樂就成為了消費社會中的一種真正的慾望模式，而且在這種模式中，對象、情感和性滿足感取代了自我的道德中心。但是，享樂並不能適切找到或是構成互動、愛情與團結的對象。

本書並不呼籲回歸家庭價值觀、回歸一致性或者減少自由。不過，它確實嚴肅看待了女權主義者和宗教界對性自由的批判，同時認為自由縱容了視覺資本主義那觸手似的力量，去支配了我們行動和想像力的領域，並透過心理學各產業的幫助，來處理它所造成的許多情感和心理方面的裂痕。如果說自由意味著一點什麼，那麼毫無疑問，自由必定包括對於束縛我們、蒙蔽我們的那股無形力量的知識。

致謝

在對愛情這一主題進行了長達二十年的探究後，我對於頻繁出現的「愛的終結」現象產生了興趣，因為這既是一個過程、一種感覺，也是一個事件。「愛的終結」不是一個像「愛情」那樣令人振奮的主題，但是，正如我發現的那樣，它是一種能更加尖銳地展示社會如何在我們的心理生活中發揮作用的主題。

許多人曾在我思考這些力量的性質時幫助過我。如果按照時間的先後順序排列，第一位當然是史文．希勒坎普（Sven Hillerkamp），他是一位能與其深入討論的絕佳夥伴。史文那「負面現代性」的概念與我自己的「消極關係」概念倒沒有太多共通之處，但是他那開朗的智慧心靈卻是我理念最佳的一塊共鳴板。在許多人的協助之下，本書得以更臻理想，因為他們在本書的整個寫作過程中不斷地提攜我：丹尼爾．吉龍（Daniel Gilon）那不懈的精力、嚴謹的態度、迅速的回應以及貫徹始終，在在使本書的層次更加提升。奧瑞．史瓦茲（Ori Schwarz）、夏伊．卓密（Shai Dromi）和達娜．卡普蘭（Dana Kaplan）等幾位不但閱讀了書稿，並提供了極有見地的評論以及參考書目。多年來，碧雅翠絲．斯梅德利（Beatrice Smedley）與我的友情表現在許多次關於「愛的終結」這主題的對話中。她的友情以及對這本書的回應一直滋養著我的心靈。達芙娜・喬爾（Daphna Joel）的批評有時很刺耳，然而總是很有幫助。達芙娜不僅讀了我的稿子，她還一直是我思想和寫作路途上的夥伴。我感謝她慷慨的擇善固執，以及對於我文筆務求清晰的不懈堅持。我要感謝耶魯大學、劍橋大學、哈佛大學、紐約大學、普林斯頓大學的學生和老師。在他們的敦促下，我得以更加努力地思考。我感謝牛津大學出版社愛蜜莉・麥肯錫（Emily MacKenzie）的清晰思緒、友善態度以及堅持到底的敬業精神。

最後，也許我最該感謝的是，每位與我分享自己故事（無論透過正式採訪或是非正式的對話）的男士與女士，因為他們幫助我將一些看似無序的生活片段串聯成井井有條的架構。以上所有這些在在都提醒我們，學術與智識生活需要多方的緊密合作，要是沒有那些坦然交心和對話的機會，這本書的寫作是不可能順利進行的。在此，我要對其深表感謝。

6. Erich Fromm, *Escape from Freedom* (1941; New York: Henry Holt and Company, 1994), x.
7. Niraj Chokshi, "What Is an Incel? A Term Used by the Toronto Van Attack Suspect, Explained," *New York Times*, April 24, 2018, https://www.nytimes.com/2018/04/24/world/canada/incel-reddit-meaning-rebellion.html, 上網日期：二〇一八年五月二十七日。
8. Ashifa Kassam, "Woman behind 'Incel' Says Angry Men Hijacked Her Word 'as a Weapon of War,'" *The Guardian*, April 26, 2018, https://www.theguardian.com/world/2018/apr/25/woman-who-invented-incel-movement-interview-torontoattack, 上網日期：二〇一八年五月二十七日。
9. Pierre Bourdieu, *Distinction: A Social Critique of the Judgement of Taste* (Cambridge, MA: Harvard University Press, 1984).
10. Annie Kelly, "The Housewives of White Supremacy," *New York Times*, June 1, 2018, https://www.nytimes.com/2018/06/01/opinion/sunday/tradwives-women-alt-right.html?emc=edit_th_180602&nl=todaysheadlines&nlid=476765270602.
11. 許多投票支持川普、並且至今一直支持他的白人，之所以肯定他，是欣賞他表現出的男性氣概。
12. Joel Anderson, "Situating Axel Honneth in the Frankfurt School Tradition," in *Axel Honneth: Critical Essays: With a reply by Axel Honneth*, ed. Danielle Petherbridge (Leiden: Brill, 2011), 31–58, 第 50 頁尤其重要。
13. 參見：Terry Pinkard, *Hegel's Phenomenology: The Sociality of Reason* (Cambridge: Cambridge University Press, 1996), 66, 394; Robert B. Pippin, *Hegel on Self-Consciousness: Desire and Death in the Phenomenology of Spirit* (Princeton, NJ: Princeton University Press, 2011), 21–39.
14. Pippin, *Hegel on Self-Consciousness* 25–26.
15. Naomi Wolf, *The Beauty Myth: How Images of Beauty Are Used against Women* (1990; London: Vintage: 2013), 144.
16. Sharon Jayson, "Study: More Than a Third of New Marriages Start Online," *USA Today*, June 3, 2013, https://www.usatoday.com/story/news/nation/2013/06/03/ online-dating-marriage/2377961/, 上網日期：二〇一八年五月二十七日。
17. 參見：Sigmund Freud, *Civilization and Its Discontents*, ed. J. Riviere (London: Hogarth Press, 1930), https://bradleymurray.ca/freud-civilization-and-its-discontentspdf/, 上網日期：二〇一八年五月二十七日。
18. Irving Howe, quoted by Judith Shulevitz in "Kate Millett: 'Sexual Politics' Family Values," *The New York Review of Books*, September 29, 2017.

58. Orly Benjamin, "Therapeutic Discourse, Power and Change: Emotion and Negotiation in Marital Conversations," *Sociology* 32, no. 4 (1998): 771–793, 第 772 頁尤其重要。
59. Arlie Hochschild, *The Managed Heart: Commercialization of Human Feeling* (Berkeley: University of California Press, 1983).
60. Lynn Gigy and Joan B. Kelly, "Reasons for Divorce," 184.
61. Harry G. Frankfurt, *On Bullshit* (Princeton, NJ: Princeton University Press, 2009), 66–67.
62. Keith Payne "Conscious or What? Relationship between Implicit Bias and Conscious Experiences, " *(Un)Consciousness: A Functional Perspective* (August 25–27, 2015), Israel Institute for Advanced Studies, The Hebrew University of Jerusalem.
63. Keziah Weir, "Nicole Krauss Talks Divorce, Freedom, and New Beginnings," *Elle*, October 2017, https://www.elle.com/culture/books/a12119575/nicole-krauss-profile-october-2017/.

結論｜消極關係與性的蝴蝶政治

1. Entretien avec Catherine Portevin et Jean-Philippe Pisanias, "Pierre Bourdieu- Les aventuriers de l'ile enchantee," *Télérama* n°2536,19/08/98. http://www.hommemoderne.org/societe/socio/bourdieu/Btele985.html. 上網日期：二〇一八年五月二十七日。
2. Seneca, Letter to Helvia (around the year 49 CE), *On the Shortness of Life* (Translated by C. D. N. Costa), 1997, Penguin Book, p. 35.
3. 有關此一議題，請參考：George Lakoff and Mark Johnson, *Philosophy in the Flesh: The Embodied Mind and Its Challenge to Western Thought* (New York: Basic Books, 1999); Janet Price and Margrit Shildrick, eds. *Feminist Theory and the Body: A Reader* (Abingdonon-Thames: Routledge, 2017); Hilary Putnam, *The Threefold Cord: Mind, Body and World* (New York: Columbia University Press, 2000); Susan Wendell, *The Rejected Body: Feminist Philosophical Reflections on Disability* (Abingdon-on-Thames: Routledge, 2013); Richard M. Zaner, *The Context of Self: A Phenomenological Inquiry Using Medicine as a Clue* (Athens: Ohio University Press, 1981).
4. Simone de Beauvoir, *La phenomenologie de la perception de Maurice MerleauPonty*, Paris: Les temps modernes 1, no. 2 : 363–67 ("A Review of The Phenomenology of Perception by Maurice Merleau-Ponty," trans. Marybeth Timmermann in *Simone de Beauvoir: Philosophical Writings*, ed. M. A. Simons (Champaign: University of Illinois Press, 2004), 161.
5. Catharine A. MacKinnon, *Butterfly Politics* (Cambridge, MA: Harvard University Press, 2017).

http:// relationshipsinamerica.com/relationships-and-sex/how-common-are-sexually-inactive-marriages, 上網日期：二〇一八年五月十日。

41. Laura Hamilton and Elizabeth A. Armstrong, "Gendered Sexuality in Young Adulthood: Double Binds and Flawed Options," *Gender & Society* 23, no. 5 (2009): 589–616.
42. 參見：Alison J. Pugh, *The Tumbleweed Society: Working and Caring in an Age of Insecurity* (New York: Oxford University Press, 2015).
43. Safran Foer, *Here I Am*, 50.
44. Jean-Claude Kaufmann, *Agacements: Les petites guerres du couple* (Paris: Armand Colin, 2007).
45. 同上，26。
46. "Comment Ikea se transforme en cauchemar pour les couples," *Le Monde*, September 21, 2015, http://bigbrowser.blog.lemonde.fr/2015/09/21/comment-ikea-se-transforme-en-cauchemar-pour-les-couples/, 上網日期：二〇一八年五月十日。
47. 請參考本書第四章。
48. Algirdas Julien Greimas, *Structural Semantics: An Attempt at a Method* (1966; Lincoln: University of Nebraska Press, 1983).
49. Bruno Latour, *Changer de societe. Refaire de la sociologie* (Paris: La Decouverte, 2006).
50. Dan Slater, "A Million First Dates," The Atlantic, January–February 2013, https:// www.theatlantic.com/magazine/archive/2013/01/a-million-first-dates/309195/ ?utm_source=promotional-email&utm_medium=email&utm_campaign= familynewsletter-everyone&utm_content=20182004&silverID=MzY5MzUwNzM2 Njc2S0, 上網日期：二〇一八年五月十日。
51. Carol Gilligan, *In a Different Voice: Psychological Theory and Women's Development* (Cambridge, MA: Harvard University Press, 1982).
52. Mark Piper, "Achieving Autonomy," *Social Theory and Practice* 42, no. 4 (October 2016): 767–779, 第 768 頁尤其重要。
53. Joel Anderson, "Regimes of Autonomy," *Ethical Theory and Moral Practice* 17, no. 3 (June 2014): 355–368.
54. Eva Illouz, ed., *Emotions as Commodities: Capitalism, Consumption and Authenticity* (Abingdon-on-Thames: Routledge, 2018).
55. Safran Foer, *Here I Am*, 50.
56. 同上，60。
57. Francesca M. Cancian and Steven L. Gordon, "Changing Emotion Norms in Marriage: Love and Anger in US Women's Magazines since 1900," *Gender & Society* 2, no. 3 (1988): 308–342.

201.

29. 參見：Margalit, *On Betrayal*, 56.
30. Paul R. Amato and Denise Previti, "People's Reasons for Divorcing; Denise Previti and Paul R. Amato, "Is Infidelity a Cause or a Consequence of Poor Marital Quality?" *Journal of Social and Personal Relationships* 21, no. 2 (2004): 217–223; Shelby B. Scott et al., "Reasons for Divorce and Recollections of Premarital Intervention: Implications for Improving Relationship Education," *Couple and Family Psychology: Research and Practice* 2, no. 2 (2013): 131–145.
31. Judith Stacey, *Brave New Families: Stories of Domestic Upheaval in Late-twentieth century America* (Berkeley: University of California Press, 1990).
32. 由於「性決定了夫妻或伴侶關係的核心」的假設影響深遠，以至由科學基金會（Science Foundation）資助的一項科學研究便將其目標定義如下：「如下的情節對於許多夫妻或伴侶來說再熟悉不過了：他們可能仍然彼此相愛，但是隨著時間的流逝，他們的性慾已降低了。但是，BSF 資助的一項新研究顯示，夫妻或伴侶還是有希望再度燃起激情之火的。」參見："A New BSF-Supported Study Brings Promising News for Couples Looking to Put the Spark Back in Their Sex Lives," United States-Israel Binational Science Foundation, http://www.bsf.org.il/bsfpublic/DefaultPage1.aspx?PageId=6144&inne rTextID=6144, 上網日期：二〇一七年四月二十七日。
33. Jonathan Safran Foer, *Here I Am* (New York: Penguin Books, 2016), 46.
34. 例如可以參考：Joseph Kessel, *Belle de Jour* (1928); D. H. Lawrence, *Lady Chatterley's Lover* (1928); and Tennessee Williams, *A Streetcar Named Desire* (1947).
35. Jeffry A. Simpson, "The Dissolution of Romantic Relationships: Factors Involved in Relationship Stability and Emotional Distress," *Journal of Personality and Social Psychology* 53, no. 4 (1987): 683–692.
36. Adam Phillips, *Monogamy* (1996; London: Faber & Faber, 2017), 69.
37. Sam Roberts, "Divorce after 50 Grows More Common," *New York Times*, September 20, 2013, http://www.nytimes.com/2013/09/22/fashion/weddings/divorceafter-50-grows-more-common.html, 上網日期：二〇一八年五月十日。
38. 同上。
39. Agnes Martineau-Arbes, Magali Gine, Prisca Grosdemouge, Remi Bernad, "Le Syndrome d'epuisement, Une maladie professionnelle," May 2014, http://www.rpbo.fr/wp-content/uploads/2017/04/Rapport-TechnologiaBurnOut.pdf, 上網日期：二〇一八年五月十日。
40. David Gordon et al., "How Common Are Sexually 'Inactive' Marriages?" *Relationships in America Survey* 2014, The Austin Institute for the Study of Family and Culture,

18. 請參閱本書第五章。
19. 參　見：Ruben C. Gur and Raquel E. Gur, "Complementarity of Sex Differences in Brain and Behavior: From Laterality to Multimodal Neuroimaging," in *Journal of Neuroscience Research* 95 (2017): 189–199.
20. 參見：Greer Litton Fox and Velma McBride Murry, "Gender and Families: Feminist Perspectives and Family Research," *Journal of Marriage and Family* 62, no. 4 (2000): 1160–1172; Arlie Hochschild, *The Second Shift: Working Families and the Revolution at Home* (1989; New York: Penguin Books, 2012); Joan B. Landes, "The Public and the Private Sphere: A Feminist Reconsideration," in *Feminists Read Habermas: Gendering the Subject of Discourse.*,ed. Johanna Meehan (London: Routledge, 2013), 107–132; Linda Thompson and Alexis J. Walker, "Gender in Families: Women and Men in Marriage, Work, and Parenthood," *Journal of Marriage and the Family* (1989): 845–871.
21. Francesca Cancian, *Love in America: Gender and Self-Development* (Cambridge: Cambridge University Press, 1990).
22. 關於此一議題，參見：Julia Brannen and Jean Collard, *Marriages in Trouble: The Process of Seeking Help* (London: Taylor & Francis, 1982); Jean Duncombe and Dennis Marsden, "Love and Intimacy: The Gender Division of Emotion and 'Emotion Work': A Neglected Aspect of Sociological Discussion of Heterosexual Relationships," *Sociology* 27, no. 2 (1993): 221–241; Rebecca J. Erickson, "Why Emotion Work Matters: Sex, Gender, and the Division of Household Labor," *Journal of Marriage and Family* 67, no. 2 (2005): 337–351; Penny Mansfield and Jean Collard, *The Beginning of the Rest of Your Life?* (London: Macmillan, 1988).
23. 參 見：Barbara Dafoe Whitehead and David Popenoe, "Who Wants to Marry a Soul Mate?" in *The State of Our Unions: The Social Health of Marriage in America* (New Brunswick, NJ: Rutgers University, 2001), 6–16, https://www.stateofourunions.org/past_issues.php.
24. Andrew J. Cherlin, "The Deinstitutionalization of American Marriage," *Journal of Marriage and Family* 66, no. 4 (2004): 848–861, 第 853 頁尤其重要。
25. Luc Boltanski and Laurent Thevenot, *On Justification: Economies of Worth* (Princeton: Princeton University Press, 2006).
26. 此段話被引述於：Avishai Margalit, *On Betrayal* (Cambridge, MA: Harvard University Press, 2017), 109.
27. 此段話被引述於：Avishai Margalit, *On Betrayal* (Cambridge, MA: Harvard University Press, 2017), 97.
28. Claire Bloom, *Leaving a Doll's House* (New York: Little, Brown and Company, 1996),

22, no. 2 (2006): 201- 214; Ludwig F. Lowenstein, "Causes and Associated Features of Divorce as Seen by Recent Research," *Journal of Divorce & Remarriage* 42, nos. 3–4 (2005): 153–171; Michael Wagner and Bernd Weiss, "On the Variation of Divorce Risks in Europe: Findings from a Meta-analysis of European Longitudinal Studies," *European Sociological Review* 22, no. 5 (2006): 483–500; Yoram Weiss, "The Formation and Dissolution of Families: Why Marry? Who Marries Whom? And What Happens upon Divorce," *Handbook of Population and Family Economics* 1 (1997): 81–123.

8. 發現這些原因的研究著作其中包括：Amato and Previti, "People's Reasons for Divorcing"; Amato and Beattie, "Does the Unemployment Rate Affect the Divorce Rate?"; Ambert, *Divorce*; De Graaf and Kalmijn, "Change and Stability in the Social Determinants of Divorce"; Kalmijn and Poortman, "His or Her Divorce?"; Ludwig F. Lowenstein, 2005; and Wagner and Weiss, "On the Variation of Divorce Risks in Europe.
9. Lynn Gigy and Joan B. Kelly, "Reasons for Divorce: Perspectives of Divorcing Men and Women," *Journal of Divorce & Remarriage* 18, nos. 1–2 (1993): 169–188, 第 170 頁尤其重要。
10. Paul M. De Graaf and Matthijs Kalmijn, "Divorce Motives in a Period of Rising Divorce: Evidence from a Dutch Life-history Survey," *Journal of Family Issues* 27, no. 4 (2006): 483–505; Gigy and Kelly, "Reasons for Divorce"; John Mordechai Gottman, *What Predicts Divorce?: The Relationship between Marital Processes and Marital Outcomes* (London: Psychology Press, 2014); Ilene Wolcott and Jody Hughes, "Towards Understanding the Reasons for Divorce," (working paper, Australian Institute of Family Studies, 1999).
11. Steven Ruggles, "The Rise of Divorce and Separation in the United States, 1880- 1990," *Demography* 34, no. 4 (1997): 455–466, 第 455 頁尤其重要。
12. Gigy and Kelly, "Reasons for Divorce," 173.
13. Wolcott and Hughes, "Towards Understanding the Reasons for Divorce," 11–12.
14. Michael J. Rosenfeld, "Who Wants the Breakup? Gender and Breakup in Heterosexual Couples" in *Social Networks and the Life Course*, ed. Duane Alwin, Diane Felmlee, and Derek Kreager (New York: Springer, 2017), 221–243, 第 221 頁尤其重要。
15. Andrew J. Cherlin, *Marriage, Divorce, Remarriage*, rev. and enl. ed. (Cambridge, MA: Harvard University Press, 1992), 51.
16. Rosenfeld, "Who Wants the Breakup?" 239.
17. Karen C. Holden and Pamela J. Smock, "The Economic Costs of Marital Dissolution: Why Do Women Bear a Disproportionate Cost?" *Annual Review of Sociology* 17, no. 1 (1991): 51–78.

77. 參　見：David Stark, *The Sense of Dissonance: Accounts of Worth in Economic Life* (Princeton, NJ: Princeton University Press, 2011).

Chapter 6｜離婚是種消極關係

1. Emma Gray, "Octavia Spencer Reveals the Role She Was 'Destined to Play,'" *Huffington Post*, July 2, 2017, https://www.huffingtonpost.com/entry/octavia-spencerreveals-the-role-she-was-destined-to-play_us_58996e44e4b0c1284f27ea2d, 上網日期：二〇一八年五月八日。
2. *Vernon Subutex*, Tome 1 (Paris: Grasset,) 63.
3. Stephen A. Mitchell, *Relational Concepts in Psychoanalysis* (Cambridge, MA: Harvard University Press, 1988), 273.
4. Andrew Cherlin, "Marriage Has Become a Trophy," *The Atlantic*, March 20, 2018, https://www.theatlantic.com/family/archive/2018/03/incredible-everlasting-institution-marriage/555320/?utm_source=newsletter&utm_medium=email&utm_campaign=atlantic-daily-newsletter&utm_content=20180320&silverid=MzY5MzUwNzM2Njc2S0, 上網日期：二〇一八年五月八日。
5. Anthony Giddens, *The Transformation of Intimacy: Sexuality, Love and Eroticism in Modern Societies* (Hoboken: Wiley, 2013).
6. Lauren Berlant, *Desire/Love* (Brooklyn, NY: Punctum Books, 2012), 44.
7. 例如可參考：Paul R. Amato, "The Consequences of Divorce for Adults and Children," *Journal of Marriage and Family* 62, no. 4 (2000): 1269–1287; Paul R. Amato and Denise Previti, "People's Reasons for Divorcing: Gender, Social Class, the Life Course, and Adjustment," *Journal of Family Issues* 24, no. 5 (2003): 602– 626; Paul R. Amato and Brett Beattie, "Does the Unemployment Rate Affect the Divorce Rate? An Analysis of State Data 1960–2005," *Social Science Research* 40, no. 3 (2011): 705–715; Anne-Marie Ambert, *Divorce: Facts, Causes, and Consequences*. (Ottawa: Vanier Institute of the Family, 2005); Lynn Prince Cooke, "'Doing' Gender in Context: Household Bargaining and Risk of Divorce in Germany and the United States," *American Journal of Sociology* 112, no. 2 (2006): 442–472; Paul M. De Graaf and Matthijs Kalmijn, "Change and Stability in the Social Determinants of Divorce: A Comparison of Marriage Cohorts in the Netherlands," *European Sociological Review* 22, no. 5 (2006): 561–572; Tamar Fischer, "Parental Divorce and Children's Socio-economic Success: Conditional Effects of Parental Resources Prior to Divorce, and Gender of the Child," *Sociology* 41, no. 3 (2007): 475–495; Matthijs Kalmijn and Anne-Rigt Poortman, "His or Her Divorce? The Gendered Nature of Divorce and Its Determinants," *European Sociological Review*

64. 就像丹妮絲・盧梭（Denise Rousseau）與他人在探討「信任」的一篇跨學科文章中主張的：「風險能為信任創造機會，能夠促成冒風險的行動。此外，當期待中的行為兌現了，這種行動又能進一步提升信任感。」參見：Denise M. Rousseau et al., "Not So Different After All: A Cross-discipline View of Trust," *Academy of Management Review* 23, no. 3 (1998): 393–404, 第 395 頁尤其重要。
65. Roger C. Mayer, James H. Davis, and F. David Schoorman, "An Integrative Model of Organizational Trust," *Academy of Management Review* 20, no. 3 (1995): 709–734, 第 726 頁尤其重要。
66. 參見：Weber, Malhotra, and Murnighan, "Normal Acts of Irrational Trust," 75–101.
67. Diego Gambetta, "Can We Trust Trust?" *Trust: Making and Breaking Cooperative Relations* 13 (2000): 213–237.
68. Weber and Murnighan, "Normal Acts of Irrational Trust," 75–101.
69. Niklas Luhmann, *Trust and Power* (New York: John Wiley & Sons, 1979), 尤其是第四章 "Trust as a Reduction of Complexity," 24–31.
70. 同上，5。
71. Sennett, *The Culture of the New Capitalism*, 79.
72. Eva Illouz and Edgar Cabanas, *Happycratie Comment l'industrie du bonheur a pris le controle de nos vies* (Paris: Premier Parallele Editeur, 2018).
73. Stefano Bory, *Il Tempo Sommerso. Strategie Identitarie Nei Giovani Adulti Del Mezzogiorno* (Naples : Liguori, 2008).
74. 以文學為例，暢銷小說《紐約文青之戀》是一部有關愛情和自我的新敘事。一個年輕人與一個聰明、慷慨、善良、有才能的女人發生一段關係。但是主人翁最後離開了她，而作者的敘述讓我們明白到，他離開對方的理由恰好是因為後者的特質給他的壓力越來越重，令他感到自己「不夠好」、「有所欠缺」。接著，他碰到另一個幾乎是在他生命中偶然冒出來的女人，其類型起先被他視為不對自己的胃口，然而隨著時間的流逝，兩人似乎相處得越來越融洽，於是對方便搬來與他同住了。使主人翁願意和對方走在一起的，並不是由求愛行為和情感之束縛與結構所產生的情感意志行為，而是出於情感意願的決定，是一種情感流動的結果，且後者並非從引導情感、形塑情感、賦予情感一個目的清晰結構開始的。他倆之所以決定同居，只是因為他們對於彼此「感覺良好」，而不是因為兩者經歷了浪漫的啟示或者其交往過程圍繞著某個目的。參見：Adelle Waldman, *The Love Affairs of Nathaniel P.: A Novel* (New York: Macmillan, 2014).
75. Sandra L. Murray, John G. Holmes, and Dale W. Griffin, "The Self-fulfilling Nature of Positive Illusions in Romantic Relationships: Love Is Not Blind, But Prescient," *Journal of Personality and Social Psychology* 71, no. 6 (1996): 1155–1180, 第 1157 頁尤其重要。
76. Sennett, *The Culture of the New Capitalism*, 77.

Cambridge University Press, 2007).

55. Frank H. Knight, Risk, *Uncertainty and Profit* (1921; North Chelmsford: Courier Corporation, 2012).

56. 同上，19。

57. Sennett, *The Culture of the New Capitalism*, 66.

58. David F. Haas and Forrest A. Deseran, "Trust and Symbolic Exchange," *Social Psychology Quarterly* (1981): 3–13, 第 4 頁尤其重要 ; Peter Michael Blau, *Exchange and Power in Social Life* (New York: John Wiley & Sons, 1964).

59. Haas and Deseran, "Trust and Symbolic Exchange," 3.

60. Joyce Berg, John Dickhaut, and Kevin McCabe, "Trust, Reciprocity, and Social History," *Games and Economic Behavior* 10, no. 1 (1995): 122–142; Ernst Fehr and Simon Gachter, "How Effective Are Trust- and Reciprocity-based Incentives?" *Economics, Values and Organizations* (1998): 337–363; Elinor Ostrom, "A Behavioral Approach to the Rational Choice Theory of Collective Action: Presidential Address, American Political Science Association, 1997," *American Political Science Review* 92, no. 1 (1998): 1–22; Elinor Ostrom and James Walker, eds., *Trust and Reciprocity: Interdisciplinary Lessons for Experimental Research* (New York: Russell Sage Foundation, 2003).

61. J. Mark Weber, Deepak Malhotra, and J. Keith Murnighan, "Normal Acts of Irrational Trust: Motivated Attributions and the Trust Development Process," *Research in Organizational Behavior* 26 (2004): 75–101, 第 78 頁尤其重要。

62. Alvin W. Gouldner, "The Norm of Reciprocity: A Preliminary Statement," *American Sociological Review* (1960): 161–178.

63. 約翰・杜菲（John Duffy）和傑克・奧克斯（Jack Ochs）在囚徒困境賽局中發現，在每一輪比賽後相同的受試者如果反覆被配對在一起，那麼他們就會有較高水準的合作表現。與之相比，在每一輪比賽後受試者如果被隨機重新配對，其合作的水準就不會那麼高了。達爾・博（Dal Bó）發現，「未來陰影」（the shadow of the future，未來報復的威脅）會減少囚徒困境賽局中的投機主義行為。吉姆・恩格─瓦尼克（Jim Engle-Warnick）和羅伯特・斯洛尼姆（Robert Slonim）發現，在「不定信任」（indefinite trust）的賽局中，與賽者的策略將包括「重複賽局平衡」（repeated-game equilibria）的構建。參見： Pedro Dal Bó, "Cooperation under the Shadow of the Future: Experimental Evidence from Infinitely Repeated Games," *American Economic Review* 95, no. 5 (December 2005): 1591–1604; John Duffy and Jack Ochs, "Cooperative Behavior and the Frequency of Social Interaction," *Games and Economic Behavior* 66, no. 2 (2009): 785–812; Jim Engle-Warnick and Robert L. Slonim, "Inferring Repeatedgame Strategies from Actions: Evidence from Trust Game Experiments," *Economic Theory* 28, no. 3 (2006): 603–632.

marriages/prweb11278931.htm, 上網日期：二〇一七年十二月三十一日。

39. Albert O. Hirschman, *Exit, Voice, and Loyalty: Responses to Decline in Firms, Organizations, and States* (Cambridge, MA: Harvard University Press, 1970).

40. Deborah Davis, Phillip R. Shaver, and Michael L. Vernon, "Physical, Emotional, and Behavioral Reactions to Breaking Up: The Roles of Gender, Age, Emotional Involvement, and Attachment Style," *Personality and Social Psychology Bulletin* 29, no. 7 (2003): 871–884, 第 871 頁尤其重要。

41. Augustine J. Kposowa, "Marital Status and Suicide in the National Longitudinal Mortality Study," *Journal of Epidemiology & Community Health* 54, no. 4 (2000): 254–261, 第 254 頁尤其重要。

42. Marianne Wyder, Patrick Ward, and Diego De Leo, "Separation as a Suicide Risk Factor," *Journal of Affective Disorders* 116, no. 3 (2009): 208–213.

43. Erica B Slotter, Wendi L. Gardner, and Eli J. Finkel, "Who Am I without You? The Influence of Romantic Breakup on the Self-concept," *Personality and Social Psychology Bulletin* 36, no. 2 (2010): 147–160.

44. Robin West, "The Harms of Consensual Sex," November 11, 2011, http://unityandstruggle.org/wp-content/uploads/2016/04/West_The-harms-of-consensual-sex. pdf, 上網日期：二〇一七年十二月三十一日。

45. Mike Hardcastle, "Am I in Love?" http://teenadvice.about.com/u/sty/datinglove/breakup_stories/He-d-Tell-Me-I-was-a-Horrible-Person.htm, 上網日期：二〇一五年七月。

46. Avishai Margalit, *On Betrayal* (Cambridge, MA: Harvard University Press, 2017), 7. 由於素食主義已成為一種新的道德形式，馬格利特顯然做了錯誤的類比，不過他的觀點依然站得住腳。

47. Alan Wertheimer, *Consent to Sexual Relations* (Cambridge: Cambridge University Press, 2010).

48. Hirschman, *Exit, Voice, and Loyalty*, 2.

49. Richard Sennett, *The Culture of the New Capitalism* (New Haven: Yale University Press, 2006), 4–5.

50. Joseph A. Schumpeter, *Capitalism, Socialism and Democracy* (London: Routledge, 1942; 2013) specifically chapter 7, "The Process of Creative Destruction," 81–86.

51. Sennett, *The Culture of the New Capitalism*, 48.

52. Esther Perel, *The State of Affairs: Rethinking Infidelity* (New York: HarperCollins, 2017).

53. Jennifer M. Silva, *Coming Up Short: Working Class Adulthood in an Age of Uncertainty* (Oxford: Oxford University Press, 2013), 6.

54. Uriel Procaccia, *Russian Culture, Property Rights, and the Market Economy* (Cambridge:

的部分。

28. Ann Swidler, *Talk of Love: How Culture Matters* (Chicago: University of Chicago Press, 2001), 107. 亦可參考：Ann Swidler, "Culture in Action: Symbols and Strategies," *American Sociological Review* (1986): 273–286, 第 280 頁尤其重要。
29. Karin Knorr Cetina, "What Is a Financial Market?: Global Markets as Microinstitutional and Post-Traditional Social Forms," in *The Oxford Handbook of the Sociology of Finance*, ed. Karin Knorr Cetina and Alex Preda (Oxford: Oxford University Press, 2012), 115–133, 第 122 頁尤其重要。
30. Terje Aven, "Risk Assessment and Risk Management: Review of Recent Advances on Their Foundation," *European Journal of Operational Research* 253, no. 1 (2016): 1–13; Terje Aven and Yolande Hiriart, "Robust Optimization in Relation to a Basic Safety Investment Model with Imprecise Probabilities," *Safety Science* 55 (2013): 188–194; James Lam, *Enterprise Risk Management: From Incentives to Controls* (Hoboken, NJ: Wiley, 2014); Jose A. *Scheinkman, Speculation, Trading, and Bubbles* (New York: Columbia University, 2014).
31. Tali Kleiman and Ran R. Hassin, "Non-conscious Goal Conflicts," *Journal of Experimental Social Psychology* 47, no. 3 (2011): 521–532, 第 521 頁尤其重要。
32. 同上，522。
33. Goal12, "I Feel Lost." loveshack.org, April 3, 2016, http://www.loveshack.org/ forums/breaking-up-reconciliation-coping/breaks-breaking-up/575980-i-feel-lost, 上網日期：二〇一七年十二月三十一日。粗體字是我強調的部分。
34. 這段話被引述於以下著作中：Ivan Krastev, *After Europe* (Philadelphia: University of Pennsylvania Press, 2017), 51.
35. Valeriya Safronova, "Exes Explain Ghosting, the Ultimate Silent Treatment," June 26 2015, http://www.nytimes.com/2015/06/26/fashion/exes-explain-ghosting-the-ultimate-silent-treatment.html?WT.mc_id=2015-JULY-OTB-INTL_AUD_DEV-0629-0802&WT.mc_ev=click&ad-keywords=IntlAudDev&_r=0, 上網日期：二〇一七年十二月三十一日。
36. Luc Boltanski and Laurent Thevenot, *On Justification: Economies of Worth* (Princeton, NJ: Princeton University Press, 2006).
37. Volkmar Sigusch, "Lean Sexuality: On Cultural Transformations of Sexuality and Gender in Recent Decades," *Sexuality & Culture* 5, no. 2 (2001): 23–56.
38. Hellen Chen, "Hellen Chen's Love Seminar: The Missing Manual that Will Make Your Relationship Last," 2013, https://youtu.be/ezEeaBs84w0. 亦請參考："Over 85% of Dating Ends up in Breakups—Upcoming New Book on Relationships Sheds Light," October 28, 2013, http://www.prweb.com/releases/finding_right_date/lasting_

no. 4 (2010): 541–563.

17. Mandy Len Catron, “To Stay in Love, Sign on the Dotted Line,” *New York Times*, June 23, 2017, https://www.nytimes.com/2017/06/23/style/modern-love-to-stay-inlove-sign-on-the-dotted-line-36-questions.html?emc=edit_tnt_20170623&eml_thmb=1&nlid=47676527&tntemail0=y, 上網日期：二〇一七年十二月三十一日。粗體字是我強調的部分。
18. Pateman, *The Sexual Contract*, 1–2.
19. 參見：William H. Sewell Jr., “Geertz, Cultural Systems, and History: From Synchrony to Transformation,” in *The Fate of “Culture”: Geertz and Beyond*, ed. Sherry B. Ortner (Berkeley: University of California Press, 1999), 47.
20. Laura Sessions Stepp, “A New Kind of Date Rape,” *Cosmopolitan*, October 12, 2007,http://web.archive.org/web/20071012024801/http://www.cosmopolitan.com/sexlove/sex/new-kind-of-date-rape, 上網日期：二〇一七年十二月三十一日。粗體字是我強調的部分。
21. 我深深感謝伊麗莎白・阿姆斯壯，因為在我們私人的通訊中，她指出了「戀人未滿」（situationship）的現象。
22. 參見：Aidan Neal, “9 Signs You’re in a Situationship?” August 6, 2014, http://aidanneal.com/2014/08/06/9-signs-youre-situationship/, 上網日期：二〇一七年十二月三十一日。
23. Rachel O’Neill, *Seduction: Men, Masculinity, and Mediated Intimacy* (Cambridge: Polity, 2018). 亦可參考：Rachel O’Neill, “The Work of Seduction: Intimacy and Subjectivity in the London ‘Seduction Community,’” *Sociological Research Online* 20, no. 4 (2015): 1–14, 第 10 頁尤其重要。
24. eHarmony Staff, “Deciding Factors: Eight Solid Reasons to Break Up,” September 26, 2013, https://www.eharmony.com/dating-advice/relationships/eight-solid-reasons-to-break-up/，上網日期：二〇一七年十二月三十一日。粗體字是我強調的部分。
25. Denise Haunani Solomon and Leanne K. Knobloch, “Relationship Uncertainty, Partner Interference, and Intimacy within Dating Relationships,” *Journal of Social and Personal Relationships* 18, no. 6 (2001): 804–820, 第 805 頁尤其重要。
26. Alice Boyes, “51 Signs of an Unhealthy Relationship,” February 10, 2015, https:// www.psychologytoday.com/blog/in-practice/201502/51-signs-unhealthy-relationship, 上網日期：二〇一七年十二月三十一日。粗體字是我強調的部分。
27. Rori Raye, “Stop Wondering if He’s Going to Call...Because He’ll Be Clamoring for Your Time and Attention,” https://www.catchhimandkeephim.com/m/email/nl/roriraye/did-he-pursue-you-and-then-get-distant.html?s=57508&e=1&cid=UZZZCD&lid=1&sbid=SdYj, 上網日期：二〇一七年十二月三十一日。粗體字是我強調

Columbia University Press, 2014).

6. 請參考本書第二章。
7. Axel Honneth, *The Struggle for Recognition: The Moral Grammar of Social Conflicts* (Cambridge: MIT Press, 1996); Honneth, *Freedom's Right*; Christopher Zurn, *Axel Honneth: A Critical Theory of the Social* (Hoboken, NJ: Wiley, 2015), 第六章尤其重要: "Social Freedom and Recognition," 155–205.
8. James Leonard Park, *Loving in Freedom*, https://s3.amazonaws.com/aws-website-jamesleonardpark---freelibrary-3puxk/CY-L-FRE.html, 上網日期：二〇一七年十二月三十一日。
9. Pateman, *The Sexual Contract* 39.
10. 同上，15。
11. 有關此一議題，請參考如下著作：Alberto Abadie and Sebastien Gay, "The Impact of Presumed Consent Legislation on Cadaveric Organ Donation: A Cross-country Study," *Journal of Health Economics* 25, no. 4 (2006): 599–620; Morris R. Cohen, "The Basis of Contract," *Harvard Law Review* 46, no. 4 (1933): 553–592; Ruth R. Faden and Tom L. Beauchamp, *A History and Theory of Informed Consent* (Oxford: Oxford University Press, 1986); Roscoe Pound, "The Role of the Will in Law," Harvard Law Review 68, no. 1 (1954): 1–19.
12. 根據《衛報》報導，英格蘭與威爾斯最資深的家庭法法官尼古拉斯．瓦爾爵士（Sir Nicholas Wall）曾在二〇一二年表示：「無過失離婚應該成為夫妻分手的標準方式，而不再需要證明某一方要為夫妻的離異負責。」參見：Owen Bowcott, "No-fault Divorces 'Should Be Standard,'" March 27, 2012, theguardian.com https://www.theguardian.com/law/2012/ mar/27/no-fault-divorces-standard-judge, 上網日期：二〇一七年十二月三十一日。
13. Anthony Giddens, *The Transformation of Intimacy: Sexuality, Love and Eroticism in Modern Societies* (Stanford, CA: Stanford University Press, 1992), 58.
14. Neil Gross and Solon Simmons, "Intimacy as a Double-edged Phenomenon? An Empirical Test of Giddens," *Social Forces* 81, no. 2 (2002): 531–555, 第 536 頁尤其重要。
15. 參見：Pateman, *The Sexual Contract*,"Contracting In," 1–18.
16. Andrew Dilts, "From 'Entrepreneur of the Self' to 'Care of the Self': Neoliberal Governmentality and Foucault's Ethics," *Western Political Science Association 2010 Annual Meeting Paper*, https://ssrn.com/abstract=1580709, 上網日期：二〇一八年三月七日。; Michel Feher, "Self-Appreciation; Or, the Aspirations of Human Capital," *Public Culture* 21, no. 1 (2009): 21–41; Patricia Mccafferty, "Forging a 'Neoliberal Pedagogy': The 'Enterprising Education' Agenda in Schools," *Critical Social Policy* 30,

125. Max Horkheimer and Theodor W. Adorno, *Dialectic of Enlightenment*, ed. Noeri Gunzelin (1944; Stanford, CA: Stanford University Press, 2002).
126. Ann Swidler, "Culture in Action: Symbols and Strategies," *American Sociological Review* (1986): 273–286.
127. Martin Heidegger, *Basic Writings, ed. David Farrell Krell*, trans. William Lovitt (New York: Harper & Row, 1977), 295–301.
128. 參見：Bakewell, *At the Existentialist Café*, 183.
129. 日期為一九二二年十二月十九日的信，被引用於如下著作：A letter from 19.12. 1922, quoted in Maria Popova, "How Virginia Woolf and Vita Sackville-West Fell in Love," *Brain Pickings*, 上網日期：二〇一七年十二月十二日, https:// www.brainpickings.org/2016/07/28/virginia-woolf-vita-sackville-west/.
130. 法文原文："Ma vision de l'amour n'a pas changé, mais ma vision du monde, oui. C'est super agréable d'être lesbienne. Je me sens moins concernée par la féminité, par l'approbation des hommes, par tous ces trucs qu'on s'impose pour eux. Et je me sens aussi moins préoccupée par mon âge: c'est plus dur de vieillir quand on est hétéro. La séduction existe entre filles, mais elle est plus cool, on n'est pas déchue à 40 ans," in Virginie Despentes, "Punk un jour, punk toujours," *Elle Québec*, January 2011.
131. "The Oppression of Women in the Western World," *Shannon Prusak's Stories Revealed*, https://shannonprusak.wordpress.com/the-oppression-of-women-in-the- western-world/.

Chapter 5 | 自由受到多重限制

1. *The Claverings.*
2. 參見：*Sie Liebten Sich Beide*, transl. A. S. Kline, in *All Poetry*, https://allpoetry.com/ Sie-Liebten-Sich-Beide, 上網日期：二〇一八年三月五日。這段詩嚴格來講並沒有標題；它是海涅作品《歌吟集》（*Buch der Lieder*）中〈家〉（Die Heimkehr）的一部分。
3. 有關他們關係的進一步資料，請參考：Robert Schumann, *Clara Schumann, and Gerd Nauhaus, The Marriage Diaries of Robert and Clara Schumann: From Their Wedding Day through the Russia Trip* (Boston: Northeastern University, 1993); John Worthen, *Robert Schumann: Life and Death of a Musician* (New Haven: Yale University Press, 2007).
4. Georg Wilhelm Friedrich Hegel, *The Philosophy of Right* (1820; Indianapolis: Hackett Publishing, 2015), 143.
5. Axel Honneth, *Freedom's Right: The Social Foundations of Democratic Life* (New York:

Desire Too Much of a Good Thing?" *Journal of Personality and Social Psychology* 79, no. 6 (2000): 995–1006.

114. David Harvey, *Marx, Capital, and the Madness of Economic Reason* (New York: Oxford University Press, 2017).

115. Karl Marx, "Part 3: The Law of the Tendency of the Rate of Profit to Fall," in *Capital: A Critique of Political Economy*, vol 3, Penguin Classics (1863–1883; London: Penguin Books, 1993), 279–306, 317–376. 亦請參考：Ben Fine and Laurence Harris, "The Law of the Tendency of the Rate of Profit to Fall," *Rereading Capital* (London: Macmillan Education, 1979), 58–75.

116. David Harvey, *Seventeen Contradictions and the End of Capitalism* (New York: Oxford University Press, 2014), 234.

117. Adam Arvidsson, "The Potential of Consumer Publics," *Ephemera* 13, no. 2 (2013): 367–391; Adam Arvidsson, "The Ethical Economy of Customer Coproduction," *Journal of Macromarketing* 28, no. 4 (2008): 326–338.

118. Milton Friedman, *Capitalism and Freedom* (Chicago: University of Chicago 2009); Friedrich August Hayek, "The Use of Knowledge in Society," *The American Economic Review* 35, no. 4 (1945): 519–530. 有關評論的部分，請參考如下著作： David Harvey, *A Brief History of Neoliberalism* (Oxford: Oxford University Press, 2007); Thomas I. Palley, "From Keynesianism to Neoliberalism: Shifting Paradigms in Economics," in *Neoliberalism: A Critical Reader*, ed. Alfredo Saad-Filho and Deborah Johnston (Chicago: University of Chicago Press, 2005), 20–29.

119. 有關「注意力經濟」（economy of attention）的議題，請參考如下著作： Daniel Kahneman, *Attention and Effort* (Englewood Cliffs, NJ: Prentice Hall, 1973); Warren Thorngate, "The Economy of Attention and the Development of Psychology," *Canadian Psychology/Psychologie Canadienne* 31, no. 3 (1990): 262–271.

120. American Psychological Association, Task Force on the Sexualization of Girls "Report of the APA Task Force on the Sexualization of Girls," 2007, http://www. apa.org/pi/women/programs/girls/report-full.pdf, 上網日期：二〇一八年二月二十六日。

121. Ine Vanwesenbeeck, "The Risks and Rights of Sexualization: An Appreciative Commentary on Lerum and Dworkin's 'Bad Girls Rule,'" *Journal of Sex Research* 46, no. 4 (2009): 268–270, 第 269 頁尤其重要。

122. 以下著作提供了有用的、具啟發功用的討論：Gill, "From Sexual Objectification to Sexual Subjectification."

123. Rosalind Gill, "Empowerment/sexism: Figuring Female Sexual Agency in Contemporary Advertising," *Feminism & Psychology* 18, no. 1 (2008): 35–60.

124. 參見：Gill, "From Sexual Objectification to Sexual Subjectification."

網日期：二〇一七年十二月十二日。

99. Pateman, "What's Wrong with Prostitution?" 3–64, 第 60 頁尤其重要。

100. 參見這篇文章：Hans Jonas, "Toward a Philosophy of Technology," *Hastings Center Report* 9, no. 1 (1979): 34–43.

101. 同上，35。

102. Jessica Benjamin, *Like Subjects, Love Objects: Essays on Recognition and Sexual Difference* (New Haven: Yale University Press, 1998); Jessica Benjamin, "Recognition and Destruction," *Relational Perspectives in Psychoanalysis* (1992); Nancy Fraser, "Rethinking Recognition," *New Left Review* 3 (2000): 107; Nancy Fraser and Axel Honneth, *Redistribution or Recognition?: A Political-philosophical Exchange.* (London and New York: Verso Books, 2003); Nancy Fraser, "Rethinking the Public Sphere: A Contribution to the Critique of Actually Existing Democracy," *Social Text* 25/26 (1990): 56–80; Axel Honneth, *The Struggle for Recognition: The Moral Grammar of Social Conflicts* (Cambridge: MIT Press, 1996).

103. Axel Honneth, with Judith Butler, Raymond Geuss, and Jonathan Lear, *Reification: A New Look at an Old Idea*, ed. Martin Jay, The Berkeley Tanner Lectures (New York: Oxford University Press, 2008).

104. 同上，58。

105. Pierre Bourdieu, *Distinction: A Social Critique of the Judgement of Taste* (Cambridge, MA: Harvard University Press, 1984); Jukka Gronow, *The Sociology of Taste* (Abingdon-on-Thames: Routledge, 2002); Sarah Thornton, *Club Cultures: Music, Media, and Subcultural Capital* (Middletown, CT: Wesleyan University Press, 1996).

106. Bourdieu, *Distinction*, 91, 175.

107. Eva Illouz, "Emotions, Imagination and Consumption: A New Research Agenda," *Journal of Consumer Culture* 9, no. 3 (2009): 377–413, 第 401 頁尤其重要。

108. Leo Bersani and Adam Phillips, *Intimacies* (Chicago: University of Chicago Press, 2008), 94.

109. Jens Beckert and Patrik Aspers, eds., *The Worth of Goods* (New York: Oxford University Press), 6.

110. Christopher K. Hsee and Jiao Zhang, "Distinction Bias: Misprediction and Mischoice Due to Joint Evaluation," *Journal of Personality and Social Psychology* 86, no. 5 (2004): 680.

111. S.A.M. I Am, "True Life Dating Stories," http://www.explode.com/rr/lifesucks- dating.shtml, 上網日期：二〇一七年十二月十二日。

112. Mears, *Pricing Beauty*, 10.

113. Sheena S. Iyengar and Mark R. Lepper, "When Choice Is Demotivating: Can One

90. 例如可參考：Rachel M. Calogero and J. Kevin Thompson, "Potential Implications of the Objectification of Women's Bodies for Women's Sexual Satisfaction," *Body Image* 6, no. 2 (2009): 145–148; Ellen E. Fitzsimmons-Craft et al., "Explaining the Relation between Thin Ideal Internalization and Body Dissatisfaction among College Women: The Roles of Social Comparison and Body Surveillance," *Body Image* 9, no. 1 (2012): 43–49; Brit Harper and Marika Tiggemann, "The Effect of Thin Ideal Media Images on Women's Self-objectification, Mood, and Body Image," *Sex Roles* 58, nos. 9–10 (2008): 649–657; Peter Strelan, Sarah J. Mehaffey, and Marika Tiggemann, "Brief Report: Self-objectification and Esteem in Young Women: The Mediating Role of Reasons for Exercise," *Sex Roles* 48, no. 1 (2003): 89–95.
91. 相反的，琳達・斯摩拉克和莎拉・穆爾南發現在二十六項研究中，擁有女權主義態度的人會比較滿意自己的身體。參見：Sarah K. Murnen, and Linda Smolak, "Are Feminist Women Protected from Body Image Problems? A Meta-analytic Review of Relevant Research," *Sex Roles* 60, nos. 3–4 (2009): 186.
92. Glosswitch, "Why Is It So Hard for Women to Accept Their Bodies?" *New Statesman America*, December 3, 2015, http://www.newstatesman.com/politics/feminism/2015/12/why-it-so-hard-women-accept-their-bodies, 上網日期：二〇一七年十二月十二日。
93. Angela Mac Robbie, "Notes on the Perfect: Competitive Femininity in Neoliberal Times," *Australian Feminist Studies* 30, no. 83 (2015): 3–20.
94. P. Bernard, S. Gervais, J. Allen, S. Campomizzi, and O. Klein, "Integrating Sexual Objectification with Object versus Person Recognition: The Sexualized Bodyinversion Hypothesis," *Psychological Science* 23, no. 5 (2012): 469–471.
95. Rosalind Gill, "From Sexual Objectification to Sexual Subjectification: The Resexualisation of Women's Bodies in the Media," *Feminist Media Studies* 3, no. 1 (2003): 100–106.
96. Kathy Martinez-Prather and Donna M. Vandiver, "Sexting among Teenagers in the United States: A Retrospective Analysis of Identifying Motivating Factors, Potential Targets, and the Role of a Capable Guardian," *International Journal of Cyber Criminology* 8, no. 1 (2014): 21–35, 第 21 頁尤其重要。
97. Lee Murray, Thomas Crofts, Alyce McGovern, and Sanja Milivojevici, *Sexting and Young People*, Report to the Criminology Research Advisory Council Grant: CRG 53/11–12, November 2015, 5, http://www.criminologyresearchcouncil.gov.au/reports/1516/53-1112-FinalReport.pdf, 上網日期：二〇一八年二月二十七日。
98. Richard Posner, "Sale of Body Parts—Posner," *The Becker-Posner Blog*, October 21, 2012, http://www.becker-posner-blog.com/2012/10/sale-of-body-partsposner.html, 上

Christina Scharff, eds., *Aesthetic Labour: Rethinking Beauty Politics in Neoliberalism* (London: Palgrave Macmillan, 2017).

87. 這類例子不勝枚舉，唐納・川普和梅蘭妮亞・川普，以及財政部長史蒂芬・梅努欽和露易絲・林頓都是。

88. 參見：Mears, *Pricing Beauty*.

89. 以下這些數據足以證明化妝品和時尚產業的規模：根據統計門戶網站 Statista 的資料，美國美容美體和個人護理市場在二〇一六年創造了約八百四十億美元的收入。此外，該門戶網站在二〇一六年也指出「巴黎萊雅是全球排名第一的美容產品製造商，收入總計約二百八十六億美元。」莉迪亞・拉姆西（Lydia Ramsey）在二〇一五年表示，洗面乳、唇膏、化妝和指甲油等產品在美國構成六百億美元的市場。克洛伊・索爾維諾（Chloe Sorvino）在二〇一七年表示：「《富士比》估計，當今至少有四十家美容相關的新創公司是由女性創立的，這使得這個銷售總值高達四千四百五十億美元的產業成為女性創業成功數一數二普遍的途徑。」麥肯錫（McKinsey）在二〇一六年底表示：「時尚產業是過去十年中罕見的一個經濟成功案例。」根據麥肯錫全球時尚指數，在此期間，「該產業每年以百分之五・五的速度增長，目前價值估計為二・四兆美元。實際上，它不僅影響每一個人，而且如果將它與個別國家的國內生產總值並列，它將成為世界的第七大經濟體。」Statista 指出，美國「時尚」部門的收入「預計將有百分之八・八的年增長率（二〇一七年至二〇二二年，複合年均增長率），而且到了二〇二二年，市場規模估計為一千二百三十四・〇三億美元。」參見："Statistics & Facts on the U.S. Cosmetics and Makeup Industry," https://www. statista.com/topics/1008/cosmetics-industry/ Statista, 上網日期：二〇一七年十二月十二日；"Revenue of the Leading 20 Beauty Manufacturers Worldwide in 2016 (in Billion U.S. dollars)," https://www.statista.com/statistics/243871/revenue-of-the-leading10-beauty-manufacturers-worldwide/, 上網日期：二〇一七年十二月十二日；Lydia Ramsey, "A $60 Billion Industry Is Shockingly Unregulated," October 11, 2015. http://www. businessinsider.com/cosmetic-industry-is-shockingly-unregulated-2015-10, 上網日期：二〇一七年十二月十二日；Chloe Sorvino, "Why the $445 Billion Beauty Industry Is a Gold Mine for Self-Made Women," May 18, 2017, https://www.forbes.com/ sites/chloesorvino/2017/05/18/self-made-women-wealth-beauty-goldmine/#1936d672a3a5, 上網日期：二〇一七年十二月十二日；McKinsey & Company, "The State of Fashion 2017," December 2016; "The State of Fashion 2017," December 2016, https://www.mckinsey.com/industries/retail/our-insights/the-state-of-fashion, 上網日期：二〇一七年十二月十二日；"Fashion," December 12, 2017, https://www.statista. com/outlook/244/109/fashion/united-states#, 上網日期：二〇一七年十二月十二日。

100–112; Martha C. Nussbaum, "Objectification," *Philosophy & Public Affairs* 24, no. 4 (1995): 249–291. 關於此一議題，亦請參考：Lynn Morris and Jamie Goldenberg, "Women, Objects, and Animals: Differentiating Between Sex- and Beauty-based Objectification Femme, Objets et animaux: différencier l'objectivation basée sur le sexe et la beauté," *Revue Internationale de Psychologie* (2015): 15–38; Steve Loughnan and Maria Giuseppina Pacilli, "Seeing (and Treating) Others as Sexual Objects: Toward a More Complete Mapping of Sexual Objectification," *TPM: Testing, Psychometrics, Methodology in Applied Psychology* 21, no. 3 (2014): 309–325.

81. Barbara L. Fredrickson and Tomi-Ann Roberts, "Objectification Theory: Toward Understanding Women's Lived Experiences and Mental Health Risks," *Psychology of Women Quarterly* 21, no. 2 (1997): 173–206; Bonnie Moradi and Yu-Ping Huang, "Objectification Theory and Psychology of Women: A Decade of Advances and Future Directions," *Psychology of Women Quarterly* 32, no. 4 (2008): 377–398; Dawn M. Szymanski, Lauren B. Moffitt, and Erika R. Carr, "Sexual Objectification of Women: Advances to Theory and Research 1 ϕ 7" *The Counseling Psychologist* 39, no. 1 (2011): 6–38. For research on this matter see Rachel M. Calogero, "A Test of Objectification Theory: The Effect of the Male Gaze on Appearance Concerns in College Women," *Psychology of Women Quarterly* 28, no. 1 (2004): 16–21; Sarah J. Gervais, Theresa K. Vescio, and Jill Allen, "When What You See Is What You Get: The Consequences of the Objectifying Gaze for Women and Men," *Psychology of Women Quarterly* 35, no. 1 (2011): 5–17; Brit Harper and Marika Tiggemann, "The Effect of Thin Ideal Media Images on Women's Self-objectification, Mood, and Body Image," *Sex Roles* 58, no. 9–10 (2008): 649–657; Sarah J. Gervais, Arianne M. Holland, and Michael D. Dodd, "My Eyes Are Up Here: The Nature of the Objectifying Gaze toward Women," *Sex Roles* 69, nos. 11–12 (2013): 557–570.

82. 有關馬克思主義生產和實現價值之區分的分析，可參考：David Harvey, *The Enigma of Capital: And the Crises of Capitalism* (New York: Oxford University Press, 2010).

83. Vicki Ritts, Miles L. Patterson, and Mark E. Tubbs, "Expectations, Impressions, and Judgments of Physically Attractive Students: A Review," *Review of Educational Research* 62, no. 4 (1992): 413–426.

84. Adelle Waldman, *The Love Affairs of Nathaniel P.: A Novel* (London: Macmillan, 2014), 39, 粗體字是我強調的部分。

85. Rosemary Henessy, *Profit and Pleasure: Sexual Identities in Late Capitalism* (Abingdon-on-Thames: Routledge, 2000).

86. 有關當代對於美與新自由主義的討論，請參考：Ana Elias, Rosalind Gill, and

70. Mark Regnerus, *Cheap Sex* (New York: Oxford University Press, 2017).
71. 同上，11。
72. Randi Gunther,"Stop Spinning Your Wheels: Here's How to Finally Find the Love of Your Life," *Catch Him and Keep Him.com*, October 28, 2017, https://www.dontpayfull.com/at/catchhimandkeephim.com/newsletter/date-works-1299332, 上網日期：二〇一七年十二月十二日。粗體字是我強調的部分。
73. Linda Smolak and Sarah K. Murnen, "The Sexualization of Girls and Women as a Primary Antecedent of Self Objectification," in *Self-objectification in Women: Causes, Consequences, and Counteractions*, ed. Rachel M. Calogero, Stacey Ed Tantleff-Dunn, and J. Thompson (Washington, DC: *American Psychological Association*, 2011), 53–75, 第 54 頁尤其重要。
74. 有關色情化（pornification）理論相關的探討和批判，請參考如下著作： Clarissa Smith, "Pornographication: A Discourse for All Seasons," *International Journal of Media & Cultural Politics* 6, no. 1 (2010): 103–108. For an indictment of pornification see, for example, Ariel Levy, *Female Chauvinist Pigs: Women and the Rise of Raunch Culture* (New York: Free Press, 2005).
75. Sendhil Mulllainathan, "The Hidden Taxes on Women," *International New York Times*, March 3–4, 2018, 15.
76. Francine D. Blau, *Gender, Inequality, and Wages, ed. Anne C. Gielen and Klaus F. Zimmermann* (New York: Oxford University Press, 2016); Herminia Ibarra, Nancy M. Carter, and Christine Silva, "Why Men Still Get More Promotions Than Women," *Harvard Business Review* 88, no. 9 (2010): 80–85; Cecilia L. Ridgeway, *Framed by Gender: How Gender Inequality Persists in the Modern World* (New York: Oxford University Press, 2011). For data on the OECD: OECDGender Wage Gap (indicator), 2017, doi: 10.1787/7cee77aa-en https://data.oecd.org/earnwage/gender-wage-gap.htm, 上網日期：二〇一七年十一月二十三日 ; on USA: International Labour Organization, Gender Inequality and Women in the US Labor Force, http://www. ilo.org/washington/areas/gender-equality-in-the-workplace/WCMS_159496/ lang--en/index.htm, 上網日期：二〇一七年十一月二十三日。
77. 瑞秋·奧尼爾出於研究「釣人工作坊」的需要而採訪了一些男性。她的結論是：女性比較不在意男性的長相，但對男性而言，女人的外貌是其是否具有吸引力的必要條件。參見：Rachel O'Neill, *Seduction Men, Masculinity, and Mediated Intimacy* (Cambridge: Polity Press, 2018).
78. Illouz, *Why Love Hurts*, 77.
79. Calogero, Tantleff-Dunn, and Thompson, *Self-objectification in Women*, 53–54.
80. Avishai Margalit, *The Decent Society* (Cambridge, MA: Harvard University Press, 1998),

with Experience and No Experience in Benchmarking," *Journal of Organizational Behavior* 17, no. 4 (1996): 313–327, 第 314 頁尤其重要。上述作者群所指的是這本著作：Carol Jean McNair and Kathleen H. J. Leibfried, *Benchmarking: A Tool for Continuous Improvement* (New York: John Wiley & Sons, 1992).

61. Rhiannon Williams, "How Tinder Ranks Its Users with a Secret 'Desirability Score,'" *Telegraph* (UK), January 12, 2016), http://www.telegraph.co.uk/technology/news/12094539/How-Tinder-ranks-its-users-with-a-secret-desirabilityscore.html, 上網日期：二〇一七年十二月十二日。

62. Alexandra Schwartz, "What Teen-Age Girls See When They Look in the Mirror," *The New Yorker*, May 7, 2017, https://www.newyorker.com/culture/photo-booth/ what-teen-age-girls-see-when-they-look-in-the-mirror, 上網日期：二〇一七年十二月十二日。

63. Beth L. Bailey, *From Front Porch to Back Seat: Courtship in Twentieth-century America* (Baltimore: Johns Hopkins University Press, 1989); Eva Illouz, *Consuming the Romantic Utopia: Love and the Cultural Contradictions of Capitalism* (Berkeley: University of California Press, 1997); Steven Mintz and Susan Kellogg, *Domestic Revolutions: A Social History of American Family Life* (New York: Simon & Schuster, 1989).

64. Bailey, *From Front Porch to Back Seat; John D'emilio and Estelle B. Freedman, Intimate Matters: A History of Sexuality in America* (Chicago: University of Chicago Press, 1988); Paula S. Fass, *The Damned and the Beautiful: American Youth in the 1920s*, book 567 (New York: Oxford University Press, 1979); Illouz, *Consuming the Romantic Utopia.*

65. Jason Hayes, "The Six Pizzas of Your Failed Relationship," *The New Yorker*, March 7, 2017, https://www.newyorker.com/humor/daily-shouts/the-six-pizzas-of-your-failedrelationship, 上網日期：二〇一七年十二月十二日。

66. Brooke Lea Foster, "When You Know It's Love: A Vision Out of Your Dreams," *New York Times*, May 9, 2017, https://www.nytimes.com/2017/05/09/fashion/weddings/when-you-know-its-love-paul-rust-lesley-arfin-dreams.html?emc=edit_tnt_20170509&nlid=47676527&tntemail0=y&_r=0, 上網日期：二〇一七年十二月十二日。粗體字是我強調的部分。

67. Donald. W. Winnicott, "Transitional Objects and Transitional Phenomena: A Study of the First Not-Me," *International Journal of Psycho-Analysis* 34 (1953): 89–97.

68. 此段話被引述於：Micaela Di Leonardo, "White Ethnicities, Identity Politics, and Baby Bear's Chair," *Social Text* 41 (1994): 165–191, 第 178 頁尤其重要；Alice Echols, *Daring to Be Bad: Radical Feminism in America, 1967–1975* (Minneapolis: University of Minnesota Press, 1989), 6.

69. Eva Illouz, *Why Love Hurts* (Cambridge: Polity Press, 2012).

and the Social Rights of Citizenship: The Comparative Analysis of Gender Relations and Welfare States," *American Sociological Review* (1993): 303–328; Carole Pateman, The Sexual Contract (1988; Hoboken, NJ: Wiley, 2014); Marilyn Waring and Gloria Steinem, *If Women Counted: A New Feminist Economics* (San Francisco: Harper & Row, 1988); Lise Vogel, *Marxism and the Oppression of Women: Toward a Unitary Theory* (Leiden: Brill 2013).

54. Pateman, *Sexual Contract*, 17.
55. 參見：Axel Honneth, "Invisibility: On the Epistemology of 'Recognition,'" *Supplements of the Aristotelian Society* 75, no. 1 (2001): 111–126; Axel Honneth, *Unsichtbarkeit. Stationen einer Theorie der Intersubjektivität* (Frankfurt: Suhrkamp Verlag, 2003). 亦請參考：James Jardine, "Stein and Honneth on Empathy and Emotional Recognition," *Human Studies* 38, no. 4 (2015): 567–589.
56. Luc Boltanski and Laurent Thévenot, "Finding One's Way in Social Space: A Study Based on Games," *Social Science Information* 22, nos. 4–5 (1983): 631–680; Luc Boltanski and Laurent Thévenot, "The Reality of Moral Expectations: A Sociology of Situated Judgement," *Philosophical Explorations* 3, no. 3 (2000): 208–231; Annick Bourguignon and Eve Chiapello, "The Role of Criticism in the Dynamics of Performance Evaluation Systems," *Critical Perspectives on Accounting* 16, no. 6 (2005): 665–700; Peter Dahler-Larsen, *The Evaluation Society* (Stanford, CA: Stanford University Press, 2011); Michèle Lamont, "Toward a Comparative Sociology of Valuation and Evaluation," *Annual Review of Sociology* 38 (2012); Peter Wagner, "After Justification: Repertoires of Evaluation and the Sociology of Modernity," *European Journal of Social Theory* 2, no. 3 (1999): 341–357.
57. 例如可參考：Simon Thorpe, Denis Fize, and Catherine Marlot, "Speed of Processing in the Human Visual System," *Nature* 381, no. 6582 (1996): 520–522; Holle Kirchner and Simon J. Thorpe, "Ultra-rapid Object Detection with Saccadic Eye Movements: Visual Processing Speed Revisited," *Vision Research* 46, no. 11 (2006): 1762–1776; Thorpe, Fize, and Marlot, ibid.
58. Juliet A. Conlin, "Getting Around: Making Fast and Frugal Navigation Decisions," *Progress in Brain Research* 174 (2009): 109–117; Pierre Jacob and Marc Jeannerod, *Ways of Seeing: The Scope and Limits of Visual Cognition* (Oxford: Oxford University Press, 2003); Daniel Kahneman, *Thinking, Fast and Slow* (New York: Macmillan, 2011).
59. Jessica Ringrose, Lura Harvey, Rosalind Gill, and Sonia Livingstone, "Teen Girls, Sexual Double Standards and Sexting," *Feminist Theory* 14, no. 3 (2013): 305–323.
60. Matt Hill, Leon Mann, and Alexander J. Wearing, "The Effects of Attitude, Subjective Norm and Self-Efficacy on Intention to Benchmark: A Comparison between Managers

thanever/?utm_term=.22c20bb8e508, 上網日期：二〇一七年十二月十二日。

47. Ori Schwarz, "On Friendship, Boobs and the Logic of the Catalogue: Online Self-Portraits as a Means for the Exchange of Capital," *Convergence* 16, no. 2 (2010): 163–183.
48. Jessica Ringrose, Lura Harvey, Rosalind Gill, and Sonia Livingstone, "Teen Girls, Sexual Double Standards and Sexting," *Feminist Theory* 14, no. 3 (2013): 305–323.
49. 參　見：Bryant Kelly, "YouTube and L'Oreal Paris Are Launching a Beauty Vlogger School," *Instyle*, April 21, 2016, http://www.instyle.com/beauty/youtube-and-lorealparis-are-launching-beauty-vlogger-school, 上網日期：二〇一八年二月一日；Eva Wiseman, "Lights, Camera, Lipstick: Beauty Vloggers Are Changing the Face of the Make-up Industry," *The Guardian*, July 20, 2014, https://www.theguardian.com/ fashion/2014/jul/20/beauty-bloggers-changing-makeup-industry, 上網日期：二〇一八年二月一日；"L'Oreal Finds a New Way of Working with Top Beauty Vloggers," *thinkwithgoogle*, February 2015, https://www.thinkwithgoogle.com/intl/en-gb/advertising- channels/video/loreal-finds-a-new-way-of-working-with-top-beauty-vloggers/, 上網日期：二〇一八年二月一日。
50. 一些公司會為每張包含其產品的圖像支付數百美元，如果遇到品牌在做活動的那段期間，它們甚至願意支付數千美元連續刊登幾張圖像。例如可以參考：Ross Logan, "Instagram Model: I Make More Money from Posting a Single Selfie than Doing Four Days' Work," *The Mirror* (UK), October 4, 2015, https://www.mirror.co.uk/news/world-news/instagram-model-make-moremoney-6569672, 上網日期：二〇一八年二月二十六日。
51. 引述自如下網站： http://www.sugardaddysite.org/, 上網日期：二〇一七年十二月十二日。
52. 確實有些網站會拍賣供人包養的女性，讓男人競標那些最誘人的身體。例如，某個描述這類競標行為的網站就介紹了一個專營此類業務的網站WhatsYourPrice.com：「在 WhatsYourPrice.com 上，成功的慷慨男人會以競標的方式約到魅力十足的女人……過程很簡單。女人先為自己訂出價格，然後放在網上供人競標。大方的男人可以開始進行出價的過程，而出價最高的人就可以帶女孩去約會。只有得標者才須付錢。」參見："WhatsYourPrice Review," http://www.sugardaddysite.org/whats-your-price.html, 上網日期：二〇一八年二月二十六日。
53. Ann Ferguson, Rosemary Hennessy, and Mechthild Nagel, "Feminist Perspectives on Class and Work," *Stanford Encyclopedia of Philosophy*, 2004; Catherine Hoskyns, and Shirin M. Rai, "Recasting the Global Political Economy: Counting Women's Unpaid Work," *New Political Economy* 12, no. 3 (2007): 297–317; Ann Shola Orloff, "Gender

球十五個網絡當中的一個。」參見：Jessica Assaf, "Why Do Men Run the Beauty Industry?" *Beauty Lies Truth*, February 9, 2015, http://www.beautyliestruth.com/blog/2015/2/why-do-menrun-the-beauty-industry, accessed December 12, 2017; Ali Hanan, "Five Facts That Show How the Advertising Industry Fails Women," *Guardian*, February 3, 2016, https://www.theguardian.com/women-in-leadership/2016/feb/03/how-advertisingindustry-fails-women, 上網日期：二〇一七年十二月十二日；Avi Dan, "Why Aren't Women Starting Their Own Ad Agencies?" June 1, 2016, https://www.forbes.com/sites/avidan/2016/06/01/why-arent-women-starting-their-own-ad-agencies/ #17b684981b98, 上網日期：二〇一七年十二月十二日。

42. Maureen Dowd, "Bringing Down Our Monsters," *New York Times*, December 16, 2017, https://www.nytimes.com/2017/12/16/opinion/sunday/sexual-harassment-salmahayek.html, 上網日期：二〇一七年十二月十六日。
43. 說到生產環節，擁有和經營許多最受歡迎之色情網站的 MindGeek 公司，其執行長以及營運長都是男性。在最大的色情網站 Pornhub（MindGeek 公司所有）上，營運副總裁、產品副總裁、項目組長和社群協調員都是男性。
44. Heather A. Rupp and Kim Wallen, "Sex Differences in Response to Visual Sexual Stimuli: A Review," *Archives of Sexual Behavior* 37, no. 2 (2008): 206–218, 第 206 頁尤其重要。
45. 根據統計門戶網站 Statista 的資料，在過去的十年中，美國輝瑞製藥公司在全球出售威而鋼藥丸的平均年收入即超過十五億美元，而在二〇一二年則超過二十億美元。商業諮詢公司 Grand View Research Inc. 的報告稱，到了二〇二二年，全球勃起功能障礙藥物的市場預計將達到三十二億美元。參見：Grand View Research, "Erectile Dysfunction Drugs Market Worth $3.2 Billion by 2022," July 2016, https://www.grandviewresearch.com/press-release/global-erectile-dysfunctiondrugs-market, 上網日期：二〇一七年十二月十二日；Statista, "Worldwide Revenue of Pfizer's Viagra from 2003 to 2017 (in million U.S. dollars), https://www.statista.com/statistics/264827/pfizers-worldwide-viagra-revenue-since-2003/, 上網日期：二〇一八年五月二十三日。
46. 艾蜜莉・貝傑（Emily Badger）在《華盛頓郵報》上寫過一篇文章，文中評價了這些活動的經濟規模。貝傑表示：「Urban 的研究人員估計，二〇〇七年亞特蘭大的整個非法的性經濟（包括妓院、色情伴遊服務和業務可疑的按摩店）總值估計達二・九億美元。在邁阿密，這數字是二・〇五億美元（是該地非法藥物市場規模的兩倍多）。在華盛頓，這數字則是一・〇三億美元。」參見：Emily Badger, "We Now Know More about the Economics of Prostitution Than Ever," *Washington Post*, March 12, 2014, https://www.washingtonpost.com/news/wonk/ wp/2014/03/12/we-now-know-more-about-the-economics-of-prostitution-

37. Michael Hardt and Antonio Negri, *Multitude: War and Democracy in the Age of Empire* (London: Hamish Hamilton, 2005); Rosalind Gill and Andy Pratt, "In the Social Factory? Immaterial Labour, Precariousness and Cultural Work," *Theory, Culture & Society* 25, nos. 7–8 (2008): 1–30.
38. Mears, *Pricing Beauty*, 75.
39. Hearn, "Structuring Feeling," 427.
40. Laura Marsh, "Being Charlie," review of *The Naughty Nineties: The Triumph of the American Libido*, by David Friend, The New York Review of Books, April 5, 2018, http://www.nybooks.com/articles/2018/04/05/naughty-nineties-beingcharlie/?utm_medium=email&utm_campaign=NYR%20Hamlet%20slavery%20 1990s&utm_content=NYR%20Hamlet%20slavery%201990s+CID_721fe596a7310f9afb4b7318b9d925f5&utm_source=Newsletter, accessed DATE.
41. 截至二〇一七年底，媒體公司的情況如下：美國跨國媒體公司「二十一世紀福斯」的兩位執行主席、執行長和總裁都是男性。美國電影製片廠、製片公司和電影發行商「哥倫比亞影業」（如今已被索尼公司收購）的總裁也是男性。美國媒體公司米高梅、美國電影製片廠派拉蒙影業，以及美國跨國大眾傳媒和娛樂集團時代華納公司的董事長與執行長也是男性。美國跨國媒體集團 NBC 環球集團的副董事長與執行長也都是男性。截至二〇一七年底為止，時尚公司的情況如下：歐洲跨國奢侈品集團 LVMH 的執行長兼董事總經理是男性。國際奢侈品集團開雲集團的董事長兼執行長也是男性。奢侈品控股公司瑞士歷峰集團的董事長也是男性；普伊格時裝香水公司的執行長也是男性。跨國時尚品牌 OTB 母公司的總裁兼執行長也是男性。同樣，傑西卡．阿薩夫（Jessica Assaf）在二〇一五年表示，巴黎萊雅、露華濃、雅詩蘭黛、OPI 美甲品牌和魅可化妝品的首席執行官均為男性。廣告業也有同樣的趨勢。阿里．哈南（Ali Hanan）在《衛報》上的一篇文章中說明：「二〇〇八年，全球僅有百分之三．六的創意總監是女性。從那以後，這數字增長了兩倍，達到百分之十一。我的研究表明，在倫敦這一數字約為百分之十四，但是仍然低得驚人。難怪根據研究，有百分之九十一的女性消費者認為廣告客戶不了解她們。每十位女性中就有七位進一步表示，她們覺得自己被廣告『疏遠了』。男性在創意部門及其產品中占絕對的優勢……我擔任產業的創意總監已經十五年了，對於這些情況我是第一手聽到的。在那段時間裡，創意部門中的女性的數量幾乎沒有變化：女性執行創意總監的人數，我十根手指是數得完的。」阿維．丹（Avi Dan）在二〇一六年《富比士》上發表的一篇文章中，以同樣的語氣披露：位於紐約麥迪遜大道的廣告公司中的「六家控股公司甚至連一位女性執行長都沒有，而這六家廣告集團共控制了百分之七十五的廣告支出。只有智威湯遜廣告公司（JWT）的塔瑪拉．英格拉姆（Tamara Ingram）是女執行長，她經營全

22. Walter Benjamin, *The Arcades Project*, ed. Rolf Tiedemann, trans. Howard Eiland and Kevin McLaughlin (Cambridge, MA: Harvard University Press, 1999), 339.
23. Colin Campbell, *The Romantic Ethic and the Spirit of Modern Consumerism* (New York: Blackwell, 1987); Eva Illouz, "Emotions, Imagination and Consumption: A New Research Agenda," *Journal of Consumer Culture* 9, no. 3 (2009): 377–413.
24. Rosalind Gill, *Gender and the Media* (Cambridge: Polity Press, 2007).
25. Pierre Bourdieu, *Language and Symbolic Power* (Cambridge, MA: Harvard University Press, 1991).
26. Guy Debord, *Society of the Spectacle* (1967; Berlin: Bread and Circuses Publishing, 2012).
27. 參見：Lisa Adkins, "Sexuality and the Economy: Historicisation vs. Deconstruction," *Australian Feminist Studies* 17, no. 37 (2002): 33; 亦可參考：Beverley Skeggs, *Formations of Class and Gender: Becoming Respectable* (London: SAGE Publications, 1997).
28. Feona Attwood, "'Tits and Ass and Porn and Fighting': Male Heterosexuality in Magazines for Men," *International Journal of Cultural Studies* 8, no. 1 (2005): 83–100; Samantha Holland and Feona Attwood, *Keeping Fit in Six Inch Heels: The Mainstreaming of Pole Dancing* (London: IB Tauris, 2009); Feona Attwood, ed., *Mainstreaming Sex: The Sexualization of Western Culture* (London: IB Tauris, 2014).
29. Nicholas Mirzoeff, *An Introduction to Visual Culture* (London: Psychology Press, 1999).
30. 參見：Robert R. Williams, *Hegel's Ethics of Recognition* (Berkeley: University of California Press), 1997.
31. 有關此一議題，請參考：Holland and Attwood, *Keeping Fit in Six Inch Heels*; Annabelle Mooney, "Boys Will Be Boys: Men's Magazines and the Normalisation of Pornography," *Feminist Media Studies* 8, no. 3 (2008): 247–265; Laramie D. Taylor, "All for Him: Articles about Sex in American Lad Magazines," *Sex Roles* 52, no. 3 (2005): 153–163.
32. "Wannabe Sugarbaby," http://spoilmedaddy.blogspot.co.il/search?updated-min= 2004-01-01T00:00:00–05:00&updated-max=2005-01-01T00:00:00–05:00&maxresults=17, 上網日期：二〇一七年十二月十二日。
33. Lisa Adkins, "Sexuality and the Economy: Historicisation vs. Deconstruction," *Australian Feminist Studies* 17, no. 37 (2002):31–4.1.
34. Daniel Mendelsohn, *The Elusive Embrace: Desire and the Riddle of Identity* (1999: New York: Vintage, 2012), 103.
35. Roy F. Baumeister and Kathleen D. Vohs, "Sexual Economics."
36. Catherine Hakim, "Erotic Capital," *European Sociological Review* 26, no. 5 (2010): 499–518.

british-pound-euro-ecb/#668029186131, 上網日期：二〇一七年十二月十二日。

13. 參　見：Axel Honneth's notion of normative paradoxes in Martin Hartmann and Axel Honneth, "Paradoxes of Capitalism," *Constellations* 13, no. 1 (2006): 41–58; Axel Honneth, "Organized Self-realization: Some Paradoxes of Individualization," *European Journal of Social Theory* 7, no. 4 (2004): 463–478; Axel Honneth, "Work and Recognition: A Redefinition," *The Philosophy of Recognition: Historical and Contemporary Perspectives* (2010): 223–239.
14. Roy F. Baumeister and Kathleen D. Vohs, "Sexual Economics: Sex as Female Resource for Social Exchange in Heterosexual Interactions," *Personality and Social Psychology Review* 8, no. 4 (2004): 339–363; Paola Tabet, Sexualité des Femmes et échange économico-sexuel (Paris: L'Harmattan [Bibliothèque du féminisme], 2004); Paola Tabet, "Through the Looking-glass: Sexual-Economic Exchange," *Chic, chèque, choc: Transactions autour des corps et stratégies amoureuses contemporaines*, ed. Françoise Omokaro and Fenneke Reysoo (Geneva: Graduate Institute Publications, 2012), 39.
15. Baumeister and Vohs, "Sexual Economics"; Denise Brennan, *What's Love Got to Do with It?: Transnational Desires and Sex Tourism in the Dominican Republic* (Durham, NC: Duke University Press, 2004); Carol E. Kaufman and Stavros E. Stavrou, "'Bus Fare Please': The Economics of Sex and Gifts among Young People in Urban South Africa," *Culture, Health & Sexuality* 6, no. 5 (2004): 377–391.
16. 參見：Mark Regnerus, *Cheap Sex: The Transformation of Men, Marriage, and Monogamy* (New York: Oxford University Press, 2017).
17. Carole Pateman, "What's Wrong with Prostitution?" *Women's Studies Quarterly* 27, nos. 1/2, Teaching about Violence against Women (Spring–Summer 1999): 53–64, 第 53 頁尤其重要。
18. Kathy Peiss, *Hope in a Jar: The Making of America's Beauty Culture* (Philadelphia: University of Pennsylvania Press, 2011); Naomi Wolf, *The Beauty Myth: How Images of Beauty Are Used against Women* (New York: Random House, 2013).
19. Ashley Mears, *Pricing Beauty: The Making of a Fashion Model* (Berkeley: University of California Press, 2011).
20. Alison Hearn, "Structuring Feeling: Web 2.0, Online Ranking and Rating, and the Digital 'Reputation' Economy," *Ephemera: Theory and Politics in Organisation* 10, nos. 3/4 (2010): 421–438, 第 424 頁尤其重要。亦請參考：Warren Sussman, *Culture as History: The Transformation of American Society in the 20th Century* (New York: Pantheon, 1984).
21. Feona Attwood, "Sexed Up: Theorizing the Sexualization of Culture," in *Sexualities* 9, no. 1 (February 2006): 77–94, 第 82 頁尤其重要。

Chapter 4 | 視覺資本主義與本體論不確定性的興起

1. Franz Kafka, *Letters to Milena*, 1920–1923 (New York: Schocken Books, 1990, 49).
2. Stanley Cavell, *Must We Mean What We Say?* (New York: Scribner, 1969), 201.
3. https://www.bbc.com/news/entertainment-arts-41593384.
4. 側重性與暴力之間密切關係的研究不勝枚舉，我們無法在此一一列舉，只能推薦這本經典：Catharine MacKinnon, Only Words (Cambridge, MA: Harvard University Press, 1993).
5. Adam I. Green, "Toward a Sociology of Collective Sexual Life," in *Sexual Fields: Toward a Sociology of Collective Sexual Life*, ed. Adam I. Green (Chicago: University of Chicago Press), 1–24, 第 15 頁尤其重要。
6. Michel Foucault, *Histoire de la Sexualite*, vols. 1–3 (Paris: Editions Gallimard, 1976–1984).
7. T. J. Jackson Lears, *No Place of Grace: Antimodernism and the Transformation of American Culture*, 1880–1920 (Chicago: University of Chicago Press, 1981); Naomi Wolf, *The Beauty Myth: How Images of Beauty Are Used against Women* (New York: Random House, 2013).
8. Lauren Berlant and Michael Warner, "Sex in Public," *Critical Inquiry* 24, no. 2 (1998): 547–566; Lauren Gail Berlant, ed., *Intimacy* (Chicago: University of Chicago Press, 2000); Lauren Gail Berlant, *Cruel Optimism* (Durham, NC: Duke University Press, 2011).
9. Michael J. Sandel, *What Money Can't Buy: The Moral Limits of Markets* (New York: Macmillan, 2012).
10. Karl Marx, "Part 1: Commodities and Money; Chapter 1: Commodities; Section 3: The Form of Value or Exchange-Value," in *Capital: A Critique of Political Economy. The Process of Capitalist Production*, vol. 1 (1867; New York: Cosimo Classics, 2007, 54–80. 亦請參考：Arun Bose, "Marx on Value, Capital, and Exploitation," *History of Political Economy* 3, no. 2 (1971): 298–334.
11. Michèle Lamont, "Toward a Comparative Sociology of Valuation and Evaluation," *Annual Review of Sociology* 38 (2012): 201–221; Luc Boltanski and Eve Chiapello, "The New Spirit of Capitalism," *International Journal of Politics, Culture, and Society* 18, nos. 3–4 (2005): 161–188.
12. 例如喬治・索羅斯（George Soros）在一九九二年九月表示，他對英鎊缺乏信心後導致英鎊貶值。參見：Steve Schaefer, "Forbes Flashback: How George Soros Broke the British Pound and Why Hedge Funds Probably Can't Crack The Euro," *Forbes*, https://www.forbes.com/sites/steveschaefer/2015/07/07/forbes-flashback-george-soros-

myself, 上網日期：二〇一七年四月二十七日。

74. Theodor W. Adorno, *Negative Dialectics*, vol. 1 (London: A&C Black, 1973).

75. Georg Wilhelm Friedrich Hegel, *Phenomenology of Spirit* (1807; Delhi: Motilal Banarsidass Publishers, 1998).

76. Alexandre Kojève, *Introduction to the Reading of Hegel* (Ithaca, NY: Cornell University Press, 1980), 38.

77. 有關此一議題，請參考如下著作：Jacques Lacan, "The Subversion of the Subject and the Dialectic of Desire in the Freudian Unconscious," in *Hegel and Contemporary Continental Philosophy*, ed. Dennis King Keenan (Albany: SUNY Press, 2004), 205–235.

78. Sarah Bakewell, *At the Existentialist Café: Freedom, Being and Apricot Cocktails* (London: Chatto and Windus, 2016), 153.

79. Martin Heidegger, *Being and Time* (1927; Albany: SUNY Press, 2010).

80. Bakewell, *At the Existentialist Café*, 69. 貝克韋爾也描述了海德格是如何加以總結的：「握在手中的狀態，不再是位於手邊的狀態」（Das Nur-noch-vorhandensein eines Zuhandenen）。參見：同上。

81. 事實上，由於「積極關係」是建立在嚴格道德以及社會不平等的基礎之上的，因此這種關係在道德上要比消極關係本身更消極。

82. Ulrich Beck and Elisabeth Gernsheim-Beck, *The Normal Chaos of Love* (Cambridge: Polity Press, 1995).

83. 安東尼・吉登斯和烏利西・貝克以及伊莉莎白・貝克—葛思胥菡將這些變化視為關係民主化的預兆。參見：Beck and Gernsheim-Beck, *The Normal Chaos of Love*; Michel Foucault, *Discipline and Punish: The Birth of the Prison*, trans. Alan Sheridan (1975; New York: Pantheon Books, 1977). 亦請參考：Johanna Oksala, *Foucault on Freedom* (Cambridge: Cambridge University Press, 2005); Anthony Giddens, *The Transformation of Intimacy: Sexuality, Love and Eroticism in Modern Societies* (Hoboken, NJ: Wiley, 2013).

84. 參見這本出色的著作：Rosalind Gill, *Gender and the Media* (Cambridge: Polity Press, 2007).

85. 此段話被引述於：Ivan Krastev, *After Europe* (Philadelphia: University of Pennsylvania Press, 2017), 24.

86. Harry Kreisler, "The Individual, Charisma, and the Leninist Extinction," *Conversations with History*, quoted in Ivan Kratsev, "The Return of Majoritarian Politics" in *The Great Regression*, ed. Heinrich Geiselberger (Wiley: Hoboken, NJ, 2017), 69.

64. 請參考：Gerald Dworkin, *The Theory and Practice of Autonomy* (Cambridge: Cambridge University Press, 1988); Jerome B. Schneewind, *The Invention of Autonomy: A History of Modern Moral Philosophy* (Cambridge: Cambridge University Press, 1998). 亦請參考本書第二章。
65. Marcel Mauss and Wilfred Douglas Halls, *The Gift: The Form and Reason for Exchange in Archaic Societies* (1925; New York: W. W. Norton & Company, 2000).
66. 有關布迪厄「禮物學說」（gift theory）的評論，請參考：Ilana F. Silber, "Bourdieu's Gift to Gift Theory: An Unacknowledged Trajectory," *Sociological Theory* 27, no. 2 (2009): 173–190.
67. *The Blackwell Encyclopedia of Sociology*, s.v. "Uncertainty." 有關此一議題，亦請參考如下著作：Niklas Luhmann, *Risk: A Sociological Theory* (New York: Aldine de Gruyter, 1993).
68. Gaëlle Ferrant, Luca Maria Pesando, and Keiko Nowacka (December 2014); Nancy Folbre, "Measuring Care: Gender, Empowerment, and the Care Economy," *Journal of Human Development* 7, no. 2 (2006): 183–199; Madonna Harrington Meyer, eds., *Care Work: Gender, Labor, and the Welfare State* (London: Routledge, 2002); Fiona Robinson "Beyond Labour Rights: The Ethics of Care and Women's Work in the Global Economy," *International Feminist Journal of Politics* 8, no. 3 (2006): 321–342; Liana C. Sayer, "Gender, Time and Inequality: Trends in Women's and Men's Paid Work, Unpaid Work and Free Time," *Social Forces* 84, no. 1 (2005): 285–303.
69. 參見本書第四章與第六章。
70. SiaLv82, "Keeping His Options Open," March 13, 2016, http://www.loveshack.org/forums/breaking-up-reconciliation-coping/breaks-breaking-up/573363-keepinghis-options-open, 上網日期：二〇一七年四月二十七日。
71. Pierre Bourdieu, *Marriage Strategies as Strategies of Social Reproduction* (Baltimore: Johns Hopkins University Press, 1976); Pierre Bourdieu, *Outline of a Theory of Practice*, vol. 16 (Cambridge: Cambridge University Press, 1977); Pierre Lamaison, "From Rules to Strategies: An Interview with Pierre Bourdieu," *Cultural Anthropology* 1, no. 1 (1986): 110–120; Ann Swidler, "Culture in Action: Symbols and Strategies," *American Sociological Review* (1986): 273–286; Ann Swidler, *Talk of Love: How Culture Matters* (2001; Chicago: University of Chicago Press, 2013).
72. Zygmunt Bauman, *Liquid Modernity* (2000; Hoboken, NJ: Wiley, 2013); Zygmunt Bauman, *Liquid Love: On the Frailty of Human Bonds* (2003; Hoboken, NJ: Wiley, 2013); Zygmunt Bauman, *Liquid Life* (Cambridge: Polity Press, 2005).
73. Venn, "On the Verge of Killing Myself," February 26, 2016, http://www.loveshack. org/forums/breaking-up-reconciliation-coping/breaks-breaking-up/571318-vergekilling-

Press, 2005); Dennis K. Mumby, "Organizing Men: Power, Discourse, and the Social Construction of Masculinity(s) in the Workplace," *Communication Theory* 8, no. 2 (1998): 164–183; Ann Shola Orloff, "Gender and the Social Rights of Citizenship: The Comparative Analysis of Gender Relations and Welfare States," *American Sociological Review* (1993): 303–328.

59. Gaëlle Ferrant, Luca Maria Pesando, and Keiko Nowacka, "Unpaid Care Work: The Missing Link in the Analysis of Gender Gaps in Labour Outcomes," *Issues Paper, OECD Development Centre* (December 2014); Nancy Folbre, "Measuring Care: Gender, Empowerment, and the Care Economy," *Journal of Human Development* 7, no. 2 (2006): 183–199; Michele Hoffnung, "Wanting It All: Career, Marriage, and Motherhood during College-Educated Women's 20s," *Sex Roles* 50, no. 9–10 (2004): 711–723; Heather AK Jacques and H. Lorraine Radtke, "Constrained by Choice: Young Women Negotiate the Discourses of Marriage and Motherhood," *Feminism & Psychology* 22, no. 4 (2012): 443–461; Julia McQuillan et al., "The Importance of Motherhood among Women in the Contemporary United States," *Gender & Society* 22, no. 4 (2008): 477–496; Madonna Harrington Meyer, ed., *Care Work: Gender, Labor, and the Welfare State* (London: Routledge, 2002); Fiona Robinson, "Beyond Labour Rights: The Ethics of Care and Women's Work in the Global Economy," *International Feminist Journal of Politics* 8, no. 3 (2006): 321–342; Liana C. Sayer, "Gender, Time and Inequality: Trends in Women's and Men's Paid Work, Unpaid Work and Free Time," *Social Forces* 84, no. 1 (2005): 285–303; Linda Thompson and Alexis J. Walker, "Gender in Families: Women and Men in Marriage, Work, and Parenthood," *Journal of Marriage and the Family* (1989): 845–871.

60. 麗莎・韋德在有關大學校園約炮風氣的研究中，亦提出類似的主張。參見：Wade, *American Hookup*.

61. Nancy Jo Sales, https://archive.vanityfair.com/article/2015/9/tinder-is-the-night, September 2015.

62. 這是美國心理學會專案小組對年輕女性性化研究報告的摘要："Report of the APA Task Force on the Sexualization of Girls" (2010), 1, http://www.apa.org/pi/women/programs/girls/report-full.pdf, 上網日期：二〇一七年四月二十一日。

63. 美國心理學會的定義構成了當代對於「性化」問題探討的基礎，例如可以參考如下著作：Linda Hatch, "The *American Psychological Association* Task Force on the Sexualization of Girls: A Review, Update and Commentary," *Sexual Addiction & Compulsivity* 18, no. 4 (2011): 195–211; Linda Smolak, Sarah K. Murnen, and Taryn A. Myers, "Sexualizing the Self: What College Women and Men Think About and Do to Be 'Sexy,'" *Psychology of Women Quarterly* 38, no. 3 (2014): 379–397.

Social Psychology Bulletin 32 (2006): 770–780.

50. Elaine M. Eshbaugh and Gary Gute, "Hookups and Sexual Regret among College Women," *The Journal of Social Psychology* 148, no. 1 (2008): 77–90, 第78頁尤其重要。

51. 萊提蒂亞・佩普勞（Letitia Peplau）在有關男女性態度差異的評論中說：「女同性戀者與異性戀女性一樣，對隨意性愛和主要關係之外的性行為的態度，較同性戀男性或是異性戀男性要保守。此外，女同性戀者也與異性戀女性一樣，她們的性幻想和同性戀男性或異性戀男性的性幻想相比，會較偏向個人的和浪漫的……已有固定關係的男同性戀者較有可能比女同性戀者或是異性戀者，在主要關係之外還與其他伴侶發生性行為。」參見：Letitia Anne Peplau, "Human Sexuality: How Do Men and Women Differ?" *Current Directions in Psychological Science* 12, no. 2 (2003): 37–40, 第 38 頁尤其重要。

52. C. M. Grello, D. P. Welsh, M. S. Harper, and J. W. Dickson, "Dating and Sexual Relationship Trajectories and Adolescent Functioning," *Adolescent & Family Health* 3, no. 3 (2003): 103–112.

53. D. P. Welsh, C. M. Grello, and M. S. Harper, "When Love Hurts: Depression and Adolescent Romantic Relationships," in *Adolescent Romantic Relations and Sexual Behavior: Theory, Research, and Practical Implications*, ed. P. Florsheim (Mahwah, NJ: Lawrence Erlbaum Associates, 2003), 185–212, 第 197 頁尤其重要。

54. Elizabeth L. Paul, Brian McManus, and Allison Hayes, "'Hookups': Characteristics and Correlates of College Students' Spontaneous and Anonymous Sexual Experiences," *Journal of Sex Research* 37, no. 1 (2000): 76–88.

55. 同上，85。

56. 例如可參考：Amy L. Gentzler and Kathryn A. Kerns, "Associations between Insecure Attachment and Sexual Experiences," *Personal Relationships* 11, no. 2 (2004): 249–265; Elizabeth L. Paul, Brian McManus, and Allison Hayes, "'Hookups': Characteristics and Correlates of College Students' Spontaneous and Anonymous Sexual Experiences," *Journal of Sex Research* 37, no. 1 (2000): 76–88; Anthony Walsh, "Selfesteem and Sexual Behavior: Exploring Gender Differences," *Sex Roles* 25, no. 7 (1991): 441–450.

57. Hamilton and Armstrong, "Gendered Sexuality in Young Adulthood," 593.

58. 有關此一議題，請參考如下著作：Michele Hoffnung, "Wanting It All: Career, Marriage, and Motherhood during College-Educated Women's 20s," *Sex Roles* 50, nos. 9–10 (2004): 711–723; Eva Illouz, *Cold Intimacies: The Making of Emotional Capitalism* (Cambridge: Polity Press, 2007); Heather AK Jacques and H. Lorraine Radtke, "Constrained by Choice: Young Women Negotiate the Discourses of Marriage and Motherhood," *Feminism and Psychology* 22, no. 4 (2012): 443–461; Allan G. Johnson, *The Gender Knot: Unraveling Our Patriarchal Legacy* (Philadelphia: Temple University

Political Culture (Abingdon-on-Thames: Taylor & Francis, 2006); Elisa Glick, "Sex Positive: Feminism, Queer Theory, and the Politics of Transgression," *Feminist Review* 64, no. 1 (2000): 19–45; Marcelle Karp and Debbie Stoller, eds., *The BUST Guide to the New Girl Order* (New York: Penguin Books, 1999), especially part 3: "Sex and the Thinking Girl," 75–124; Angela McRobbie, "Top Girls? Young Women and the Post-Feminist Sexual Contract," *Cultural Studies* 21, nos. 4–5 (2007): 718–737; Lynne Segal, *Straight Sex: Rethinking the Politics of Pleasure* (Berkeley: University of California Press, 1994); Kate Taylor "Sex on Campus: She Can Play That Game, Too," *New York Times*, July 12, 2013, http://www.nytimes.com/2013/07/14/fashion/ sex-on-campus-she-can-play-that-game-too.html?pagewanted=1&_r=1, 上網日期：二〇一七年四月二十一日。

40. Eva Illouz, *Why Love Hurts: A Sociological Explanation* (Cambridge: Polity Press, 2012).
41. François Berthomé, Julien Bonhomme, and Grégory Delaplace, "Preface: Cultivating Uncertainty," *HAU: Journal of Ethnographic Theory 2*, no. 2 (2012): 129–137, 第 129 頁尤其重要。
42. Elizabeth Cooper and David Pratten, eds., *Ethnographies of Uncertainty in Africa* (New York: Springer, 2014), 1.
43. Erving Goffman, *Frame Analysis: An Essay on the Organization of Experience* (Cambridge, MA: Harvard University Press, 1974).
44. "Was It a Date?" *New Yorker Videos*, http://video.newyorker.com/watch/shortsmurmurs-was-it-a-date, May 1, 2016, 上網日期：二〇一七年四月二十一日。
45. Sarah Dunn, *The Big Love* (Boston: Little, Brown and Company, 2004), 102–104.
46. Kathryn Bogle, *Hooking Up: Sex, Dating, and Relationships on Campus* (New York: NYU Press, 2008), 39.
47. Madeleine Holden, "Dating with Tinder: Your Definitive Guide to Getting All the Tinder Matches," https://uk.askmen.com/dating/curtsmith/dating-with-tinder.html, 上網日期：二〇一七年四月二十一日。粗體字是我強調的部分。
48. Elaine M. Eshbaugh and Gary Gute, "Hookups and Sexual Regret among College Women," *The Journal of Social Psychology* 148, no. 1 (2008): 77–90.
49. Elizabeth L. Paul, Brian McManus, and Allison Hayes, "'Hookups': Characteristics and Correlates of College Students' Spontaneous and Anonymous Sexual Experiences," *Journal of Sex Research* 37, no. 1 (2000): 76–88; Elizabeth L. Paul and Kristen A. Hayes, "The Casualties of 'Casual' Sex: A Qualitative Exploration of the Phenomenology of College Students' Hookups," *Journal of Social and Personal Relationships* 19, no. 5 (2002): 639–661; N. J. Roese, G. L. Pennington, J. Coleman, M. Janicki, N. P. Li, and D. Kenrick, "Sex Differences in Regret: All for Love or Some for Lust?" *Personality and*

Catherine M. Grello, Deborah P. Welsh, and Melinda S. Harper, "No Strings Attached: The Nature of Casual Sex in College Students," *Journal of Sex Research* 43, no. 3 (2006): 255–267, 第 255 頁尤其重要；Edward S. Herold and Dawn-Marie K. Mewhinney, "Gender Differences in Casual Sex and AIDS Prevention: A Survey of Dating Bars," *Journal of Sex Research* 30, no. 1 (1993): 36–42; Eleanor Maticka-Tyndale, Edward S. Herold, and Dawn Mewhinney, "Casual Sex on Spring Break: Intentions and Behaviors of Canadian Students," *Journal of Sex Research* 35, no. 3 (1998): 254–264; Jennifer L. Petersen and Janet Shibley Hyde, "A Meta-analytic Review of Research on Gender Differences in Sexuality, 1993–2007," *Psychological Bulletin* 136, no. 1 (2010): 21–38.

33. Robert William Connell, *The Men and the Boys* (Berkeley: University of California Press, 2000), 120, quoted in Rachel O'Neill, *Seduction Men, Masculinity, and Mediated Intimacy* (Cambridge: Polity Press, 2018), 83.
34. O'Neill, *Seduction Men*, 3–45.
35. 同上。
36. *Real Women One Night Stands*, http://www.refinery29.com/one-night-stand, 上網日期：二〇一七年四月二十一日。
37. Laura Hamilton and Elizabeth A. Armstrong, "Gendered Sexuality in Young Adulthood: Double Binds and Flawed Options," *Gender & Society* 23, no. 5 (2009): 589- 616. 正如她們一針見血指出的那樣：「現在，特權階級的美國年輕人（無論男女）都將組織家庭的時間點推遲到二十幾歲中段甚至到三十歲出頭，以便專注於教育和職業投資，這就是我們所謂的『自我發展的迫切需求』（Arnett 2004；Rosenfeld 2007）。這種不得不的情況導致忠誠關係不再是婚前性行為的唯一條件。戀愛關係就像婚姻一樣，可能是『貪得無厭的』，會浪費時間和精力，讓人難以自我發展（Gerstel 和 Sarkisian 2006； Glenn 和 Marquardt 2001）。相較之下，約炮不但提供性歡快，而且不會破壞對於人力資本的投資，同時越來越常被視為生命階段中性試驗的一個適當環節。自我保護（無論是身體上還是情感的）的考量正是這種邏輯的主軸，代表對性和人際關係講求策略的趨勢（Brooks 2002； Illouz 2005）。這種方法體現在色情市場的發展中。這種策略也反映在提供短期性伴侶之情色市場（尤其在大學校園裡）的發展上。」（Collins 2004）
38. Jerel P. Calzo, Epstein Marina, Andrew P. Smiler, L. Monique Ward, "'Anything from Making Out to Having Sex': Men's Negotiations of Hooking Up and Friends with Benefits Scripts," *Journal of Sex Research* 46, no. 5 (2009): 414–424.
39. 有關此一議題，請參考如下著作：Melanie A. Beres and Panteá Farvid, "Sexual Ethics and Young Women's Accounts of Heterosexual Casual Sex," *Sexualities* 13, no 3 (2010): 377– 393; Lisa Duggan and Nan D. Hunter, *Sex Wars: Sexual Dissent and*

Story?" Quora, https://www.quora.com/Have-you-ever-had-sex-with-a-complete-strangerWhats-your-story, 上網日期：二〇一七年四月二十七日。

24. 有關此一議題，請參考如下著作：Kath Albury, "Porn and Sex Education, Porn as Sex Education," *Porn Studies1*, nos. 1–2 (2014): 172–181; Nicola M. Döring, "The Internet's Impact on Sexuality: A Critical Review of 15 Years of Research," *Computers in Human Behavior* 25, no. 5 (2009): 1089–1101; Panteá Farvid and Virginia Braun, "The 'Sassy Woman' and the 'Performing Man': Heterosexual Casual Sex Advice and the (Re)constitution of Gendered Subjectivities," *Feminist Media Studies* 14, no. 1 (2014): 118–134; Alain Giami and Patrick de Colomby, "Sexology as a Profession in France," *Archives of Sexual Behavior* 32, no. 4 (2003): 371–379; Julia Hirst, "Developing Sexual Competence? Exploring Strategies for the Provision of Effective Sexualities and Relationships Education," *Sex Education* 8, no. 4 (2008): 399– 413; Brian McNair, 2002; Ross Morrow, "The Sexological Construction of Sexual Dysfunction," *The Australian and New Zealand Journal of Sociology* 30, no. 1 (1994): 20–35.
25. Monique Mulholland, "When Porno Meets Hetero: SEXPO, Heteronormativity and the Pornification of the Mainstream," *Australian Feminist Studies* 26, no. 67 (2011): 119–135; Monique Mulholland, *Young People and Pornography: Negotiating Pornification* (New York: Springer, 2013); Brian McNair, *Striptease Culture: Sex, Media and the Democratization of Desire* (London: Psychology Press, 2002).
26. Luc Boltanski, *The Foetal Condition: A Sociology of Engendering and Abortion* (Hoboken, NJ: Wiley, 2013), 28–29.
27. 有關此一議題，請參考如下著作：Barbara Critchlow Leigh, "Reasons for Having and Avoiding Sex: Gender, Sexual Orientation, and Relationship to Sexual Behavior," *Journal of Sex Research* 26, no. 2 (1989): 199–209; Cindy M. Meston and David M. Buss, "Why Humans Have Sex," *Archives of Sexual Behavior* 36, no. 4 (2007): 477–507.
28. 另一方面，在同性戀的隨意性愛中，人們是在清楚的、不致引起困惑的文化框架中互動的；他們都有類似的期待；彼此感覺具有相稱的能力和性別認同；基於這個原因，同性戀的隨意性愛行為較有可能產生歡快，而非焦慮。
29. Lena Dunham, *Not That Kind of Girl: A Young Woman Tells You What She's "Learned"* (New York: Random House, 2014).
30. 此段話被引述於：Elizabeth Bernstein, *Temporarily Yours: Intimacy, Authenticity, and the Commerce of Sex* (Chicago: University of Chicago Press, 2007), 11–12.
31. 參見：Virginie Despentes, *King Kong Theory* for a position that is not far from this one. *King Kong Theory* (Paris: Grasset, 2006).
32. Russell D. Clark, "The Impact of AIDS on Gender Differences in Willingness to Engage in Casual Sex," *Journal of Applied Social Psychology* 20, no. 9 (1990): 771– 782;

13. Nancy Jo Sales, "Tinder and the Dawn of the 'Dating Apocalypse,'" *Vanity Fair* (September 2015), http://www.vanityfair.com/culture/2015/08/tinder-hook-upculture-end-of-dating, 上網日期：二〇一七年四月二十七日。
14. 參 見：Kathleen A. Bogle, "The Shift from Dating to Hooking Up in College: What Scholars Have Missed" *Sociology Compass* 1, no. 2 (2007): 775–778; Kathleen A. Bogle, *Hooking Up: Sex, Dating, and Relationships on Campus* (New York: New York University Press, 2008); Christopher R. Browning and Matisa Olinger-Wilbon, "Neighborhood Structure, Social Organization, and Number of Short-Term Sexual Partnerships," *Journal of Marriage and Family* 65, no. 3 (2003): 730–774; Paula England and Jonathan Bearak, "The Sexual Double Standard and Gender Differences in Attitudes toward Casual Sex Among US University Students," *Demographic Research* 30 (2014): 1327–1338; Edward O. Laumann, *The Social Organization of Sexuality: Sexual Practices in the United States* (Chicago: University of Chicago Press, 1994); Edward O. Laumann, Anthony Paik, and Raymond C. Rosen, "Sexual Dysfunction in the United States: Prevalence and Predictors," *Jama* 281, no. 6 (1999): 537–544.
15. Leslie C. Bell, *Hard to Get: Twenty-something Women and the Paradox of Sexual Freedom* (Berkeley: University of California Press, 2013), 4.
16. 電視連續劇《瘋狂前女友》（*Crazy Ex-Girlfriend*）甚至在第一季第四集中播出一首嘲弄這種情況的歌曲〈和陌生人做愛〉（*Sex with a Stranger*）。https://www.youtube.com/ watch?v=iH3FPrI_Cuw, 上網日期：二〇一七年四月二十七日。
17. Lisa Wade, *American Hookup: The New Culture of Sex on Campus* (New York: W. W. Norton & Company, 2017), 33.
18. 早在一九〇三年，喬治・西梅爾（Georg Simmel）就描述了城市所具有的特色：過多的刺激以及缺乏與他人的親近，並且導致對社會環境的冷漠與疏離。參見： Georg Simmel, *The Metropolis and Mental Life* (1903; London: Routledge, 1997). London.
19. Daniel Mendelsohn, *Elusive Embrace: Desire and the Riddle of Identity* (New York: Vintage, 2012), 87–88.
20. Natalie Kitroeff, "In Hookups, Inequality Still Reigns" *New York Times*, November 11, 2013, http://mobile.nytimes.com/blogs/well/2013/11/11/women-find-orgasmselusive-in-hookups/, accessed April 27, 2017.
21. Wade, *American Hookup*, 167.
22. 此段話被引述於：Barry Reay, "Promiscuous Intimacies: Rethinking the History of American Casual Sex," *Journal of Historical Sociology* 27, no. 1 (2014): 1–24, 第 12 頁尤其重要。
23. "Have You Ever Had Sex with a Complete Stranger, and If So, What's Your

Citizenship: Theorizing Sexual Rights," *Critical Social Policy* 20, no. 1 (2000): 105–135; Steven Seidman, "From the Polluted Homosexual to the Normal Gay: Changing Patterns of Sexual Regulation in America," in *Thinking Straight: The Power, the Promise, and the Paradox of Heterosexuality*, ed. Chrys Ingraham (London: Psychology Press, 2005), 39–61.

3. 關於對性健康（強調性生活對個人身心健康的重要性）之不同定義的描述性概述，參見：Weston M. Edwards and Eli Coleman, "Defining Sexual Health: A Descriptive Overview," *Archives of Sexual Behavior* 33, no. 3 (2004): 189–195.
4. 例如可參考：Ruth Colker, "Feminism, Sexuality and Authenticity," in *At the Boundaries of Law (RLE Feminist Theory): Feminism and Legal Theory*, ed. Martha Albertson Fineman and Nancy Sweet Thomadsen (New York: Routledge, 2013), 135–148; Fiona Handyside, "Authenticity, Confession and Female Sexuality: From Bridget to Bitchy," *Psychology & Sexuality* 3, no. 1 (2012): 41–53.
5. 參　見：Friedrich Engels and Lewis Henry Morgan, *The Origin of the Family, Private Property and the State* (1884; Moscow: Foreign Languages Publishing House, 1978); Christopher Freeman and Luc Soete, *The Economics of Industrial Innovation* (London: Psychology Press, 1997).
6. Gilles Deleuze, "Postscript on the Societies of Control," *October* 59 (Winter 1992): 3–7, 第 6 頁尤其重要。
7. 同上，6。亦請參考：Nicholas Thoburn, *Deleuze, Marx and Politics* (London: Routledge, 2003), 96.
8. 參見第四章。
9. 參見：Richard Godbeer, *Sexual Revolution in Early America* (Baltimore: John Hopkins University Press, 2002).
10. Jong, Erica Jong, *Fear of Flying* (New York: Signet, 1973).
11. 有關此一議題，請參考如下著作：Justin R. Garcia et al., "Sexual Hookup Culture: A Review," *Review of General Psychology* 16, no. 2 (2012): 161; Lisa Wade, *American Hookup: The New Culture of Sex on Campus* (New York: W.W. Norton & Company, 2017); Jocelyn J. Wentland and Elke Reissing, "Casual Sexual Relationships: Identifying Definitions for One Night Stands, Booty Calls, Fuck Buddies, and Friends with Benefits," *The Canadian Journal of Human Sexuality* 23, no. 3 (2014): 167–177; Angela D. Weaver, Kelly L. MacKeigan, and Hugh A. MacDonald, "Experiences and Perceptions of Young Adults in Friends with Benefits Relationships: A Qualitative Study," *The Canadian Journal of Human Sexuality* 20, nos. 1/2 (2011): 41–53.
12. Barry Reay, "Promiscuous Intimacies: Rethinking the History of American Casual Sex," *Journal of Historical Sociology* 27, no. 1 (2014): 1–24, 第 13 頁尤其重要。

106. 同上，123。
107. Martin King Whyte, *Dating, Mating, and Marriage* (Berlin: Aldine de Gruyter, 1990), 22–24), quoted in Barry Reay, "Promiscuous Intimacies: Rethinking the History of American Casual Sex," *Journal of Historical Sociology* 27, no. 1 (2014): 1–24, 第 5 頁尤其重要。
108. 曼寧（Manning）等人（116）主張，由於美國人的結婚年齡處於歷史最大值（男性為二十七・六歲，女性為二十五・九歲），因此甫踏入成人階段的年輕人便有更多時間去經歷一系列的婚前關係。一九九二年進行的一項調查結果顯示，在八千四百五十名年齡介於十四歲至二十二歲的男性和女性中，初次性交時的年紀如果很輕，那麼女性和男性在前三個月擁有兩個或更多性伴侶的機率會增加，但如果是已婚的人，這機率便會降低。此外，該調查還發現，在二十一歲的女性和男性中，分別有百分之三十一・一的女性和百分之四十五的男性，之前曾有過六個或六個以上的性伴侶（John S. Santelli, Nancy D. Brener, Richard Lowry, Amita Bhatt, and Laurie S. Zabin, "Multiple Sexual Partners among US Adolescents and Young Adults," *Family Planning Perspectives* 30, no. 6 (1998): 271–275, 第 271 頁尤其重要）。在勞曼（Lauman）的經典研究中，作者發現，在一九六三年至一九七四年間出生的男性中，有百分之二十・九的男性和百分之八・二的女性在正式結婚前曾擁有超過五個性伴侶。Edward O. Laumann, *The Social Organization of Sexuality: Sexual Practices in the United States* (Chicago: University of Chicago Press, 1994), 208; Wendy D. Manning, Jessica A. Cohen, and Pamela J. Smock, "The Role of Romantic Partners, Family, and Peer Networks in Dating Couples' Views about Cohabitation," *Journal of Adolescent Research* 26, no. 1 (2011): 115–149.
109. 有關論證過程的進一步說明，參見：Luc Boltanski and Laurent Thévenot, *On Justification: Economies of Worth* (Princeton, NJ: Princeton University Press, 2006).
110. 同上，348。
111. Gayle Rubin, *Deviations: A Gayle Rubin Reader* (Durham, NC: Duke University Press, 2011), 154.

Chapter 3 | 令人困惑的性

1. *The Misunderstanding*, 2013 [1926], London: Vintage Books: p. 17.
2. 有關此一議題，請參考：Drucilla Cornell, *At the Heart of Freedom: Feminism, Sex, and Equality* (Princeton, NJ: Princeton University Press, 1998); Naomi B. McCormick, *Sexual Salvation: Affirming Women's Sexual Rights and Pleasures* (Santa Barbara: Greenwood Publishing Group, 1994); Diane Richardson, "Constructing Sexual

Equal Rights Amendment: A Constitutional Basis for Equal Rights for Women," *The Yale Law Journal* 80, no. 5 (1971): 871–985; Nicola Lacey, "Feminist Legal Theories and the Rights of Women," in *Gender and Human Rights: Collected Courses of the Academy of European Law (XII/2)*, ed. Karen Knop (Oxford University Press, 2004), 13–56; Diane Richardson, "Constructing Sexual Citizenship: Theorizing Sexual Rights," *Critical Social Policy* 20, no. 1 (2000): 105–135.

99. 參見：Ester Boserup, *Woman's Role in Economic Development* (Routledge: Abingdon-onThames, 2007); Derek H. C. Chen, "Gender Equality and Economic Development: The Role for Information and Communication Technologies," World Bank Policy Research Working Paper 3285 (Washington, DC, 2004); Matthias Doepke, Michèle Tertilt, and Alessandra Voena, "The Economics and Politics of Women's Rights," *Annual Review of Economics* 4, no. 1 (2012): 339–372; Esther Duflo, "Women Empowerment and Economic Development," *Journal of Economic Literature* 50, no. 4 (2012): 1051–1079; Ronald F. Inglehart, "Changing Values among Western Publics from 1970 to 2006," *West European Politics* 31, nos. 1–2 (2008): 130–146.

100. 參見：Robert G. Dunn, "Identity, Commodification, and Consumer Culture," in *Identity and Social Change*, ed. Joseph E. Davis (New York: Routledge, 2000), 109–134; Yiannis Gabriel and Tim Lang, *The Unmanageable Consumer* (London: SAGE Publications, 2015); Margaret K. Hogg and Paul C. N. Michell, "Identity, Self and Consumption: A Conceptual Framework," Journal of Marketing *Management* 12, no. 7 (1996): 629–644; Alan Tomlinson, ed., *Consumption, Identity and Style: Marketing, Meanings, and the Packaging of Pleasure* (New York: Routledge, 2006).

101. Axel Honneth, *Freedom's Right: The Social Foundations of Democratic Life*, trans. Joseph Ganahl (New York: Columbia University Press, 2014).

102. Peter Brown, "Rome: Sex and Freedom," review of *From Shame to Sin: The Christian Transformation of Sexual Morality in Late Antiquity*, by Kyle Harper, The New York Review of Books, December 9, 2013, http://www.nybooks.com/articles/2013/12/19/rome-sex-freedom/, 上網日期：二〇一六年九月九日。

103. Hauzel Kamkhenthang, *The Paite: A Transborder Tribe of India and Burma* (New Delhi: Mittal Publications, 1988), 161.

104. Marshall Sahlins, *What Kinship Is—and Is Not* (Chicago: University of Chicago Press, 2013), 2.

105. Enric Porqueres i Gené and Jérôme Wilgaux, "Incest, Embodiment, Genes and Kinship," *European Kinship in the Age of Biotechnology*, ed. Jeanette Edwards and Carles Salazar (New York, Oxford: Berghahn, 2009), 112–127, 第 112 頁尤其重要。粗體字是我強調的部分。

85. 同上，6，粗體字是我強調的部分。
86. Véronique Mottier, *Sexuality: A Very Short Introduction*, vol. 187 (New York: Oxford University Press, 2008), 44.
87. Stephen Garton, *Histories of Sexuality: Antiquity to Sexual Revolution* (New York: Routledge, 2004), 210.
88. Kate Millett, *Sexual Politics* (New York: Doubleday Publishers, 1970).
89. 此段話被引述於：Micaela Di Leonardo and Roger Lancaster, "Gender, Sexuality, Political Economy," *New Politics* 6, no. 1 (1996): 29–43, 第 35 頁尤其重要。
90. 此段話被引述於：Dagmar Herzog, "What Incredible Yearnings Human Beings Have," *Contemporary European History* 22, no. 2 (May 2013): 303–317. Originally located in Kurt Starke [in conversation with Uta Kolano], "...ein romantisches Ideal," in Uta Kolano, *Nackter Osten* (Frankfurt and Oder: Frankfurter Oder Editionen, 1995), 103–104.
91. Robert Sherwin and Sherry Corbett, "Campus Sexual Norms and Dating Relationships: A Trend Analysis," *Journal of Sex Research* 21, no. 3 (1985): 258–274, 第 265 頁尤其重要。
92. Paula England, Emily Fitzgibbons Shafer, and Alison CK Fogarty, "Hooking Up and Forming Romantic Relationships on Today's College Campuses" in *The Gendered Society Reader*, 3rd ed., ed. Michael S. Kimmel and Amy Aronson (New York: Oxford University Press, 2008), 531–593.
93. Vanessa Friedman, "Pinups in the Post-Weinstein World," *New York Times*, November 27, 2017, https://www.nytimes.com/2017/11/27/style/victorias-secret-fashionshow-love-advent-weinstein.html?emc=eta1&_r=0.
94. 同上。
95. 關於這方面精彩的討論，參見：Gill Rosalind and Angela MacRobbie in Rosalind Gill, *Gender and the Media* (Hoboken, NJ: Wiley, 2015); and Angela McRobbie, *The Aftermath of Feminism: Gender, Culture and Social Change* (London: SAGE Publications, 2009).
96. 浪漫約會網站即是採用這種邏輯，參見：Eva Illouz, "Romantic Webs," in *Cold Intimacies: The Making of Emotional Capitalism* (Cambridge: Polity Press, 2007), 74–114.
97. Rosalind Gill, *Gender and the Media* (Hoboken, NJ: Wiley, 2015); Catharine A. *MacKinnon, Feminism Unmodified: Discourses on Life and Law* (Cambridge, MA: Harvard University Press, 1987); Naomi Wolf, *The Beauty Myth: How Images of Beauty Are Used against Women* (New York: Random House, 2013).
98. 參見：Barbara A. Brown, Thomas I. Emerson, Gail Falk, and Ann E. Freedman, "The

Springer Science+Business Media, 1973), 43–70.

74. 有關歐洲之性革命的分析，參見："Pleasure and Rebellion 1965 to 1980" in Dagmar Herzog, *Sexuality in Europe: A Twentieth-century History*, vol. 45 (Cambridge: Cambridge University Press, 2011).
75. John Levi Martin, "Structuring the Sexual Revolution," *Theory and Society* 25, no. 1 (February 1996): 105–151.
76. 參見：Richard Dyer, *Heavenly Bodies: Film Stars and Society* (London: Psychology Press, 2004).
77. 關於此一議題，請參考如下著作：Elizabeth Goren, "America's Love Affair with Technology: The Transformation of Sexuality and the Self over the Twentieth Century," *Psychoanalytic Psychology* 20, no. 3 (2003): 487–508; Brian McNair, *Striptease Culture: Sex, Media and the Democratization of Desire* (London: Psychology Press, 2002).
78. 關於此一議題，請參考如下著作：Heather Addison, "Hollywood, Consumer Culture and the Rise of 'Body Shaping,'" in *Hollywood Goes Shopping*, ed. David Desser and Garth Jowett (Minneapolis: University of Minnesota Press, 2000), 3–33; Mike Featherstone, "The Body in Consumer Culture," *Theory, Culture & Society* 1, no. 2 (1982): 18–33; Valerie Steele, *Fashion and Eroticism: Ideals of Feminine Beauty from the Victorian Era to the Jazz Age* (New York: Oxford University Press, 1985); Elizabeth Wilson, *Adorned in Dreams: Fashion and Modernity* (1985; London: IB Tauris, 2003).
79. 參見：Peter Biskind, *Easy Riders Raging Bulls: How the Sex-Drugs-and Rock 'n' Roll Generation Saved Hollywood* (New York: Simon & Schuster, 1999); Thomas Doherty, *Pre-Code Hollywood: Sex, Immorality, and Insurrection in American Cinema, 1930–1934* (New York: Columbia University Press, 1999); Juliann Sivulka, *Soap, Sex, and Cigarettes: A Cultural History of American Advertising* (Boston: Cengage Learning, 2011).
80. 此段話被引述於：Esteban Buch, *La musique fait l'amour: Une enquête sur la bande-son de la vie sexuelle* (submitted for publication), 7.
81. 參見：Eva Illouz, ed., *Emotions as Commodities* (London: Routledge, 2018).
82. Wolfgang Streeck, "Citizens as Customers: Considerations on the New Politics of Consumption," *New Left Review* 76 (2012): 27–47, 第 33 頁尤其重要。
83. 參見：Stuart Hall, *The Hard Road to Renewal: Thatcherism and the Crisis of the Left* (London: Verso, 1988). 亦可參考：Thomas Frank, *The Conquest of Cool: Business Culture, Counterculture, and the Rise of Hip Consumerism* (Chicago: University of Chicago Press, 1997).
84. Susie Bright, *Full Exposure: Opening Up to Sexual Creativity and Erotic Expression* (New York: HarperCollins, 2009), 52–53.

Choice, Sexual Act: An Interview with Michel Foucault," *Salmagundi* 58/59 (1982): 10–24. 有關傅柯對於自由（和真理）之觀點的討論，請參考：Charles Taylor, "Foucault on Freedom and Truth," *Political Theory* 12, no. 2 (1984): 152–183.

66. Faramerz Dabhoiwala, "Lust and Liberty," *Past & Present*, no. 207 (May 2010): 89–179, 第 92 頁尤其重要。
67. Samuel D. Warren and Louis D. Brandeis, "The Right to Privacy," *Harvard Law Review* 4, no. 5 (December 1, 1890): 5; 193–220.
68. Mary Beth Oliver and Janet Shibley Hyde, "Gender Differences in Sexuality: A Metaanalysis," *Psychological Bulletin* 114, no. 1 (1993): 29–51; Véronique Mottier, *Sexuality: A Very Short Introduction* (New York: Oxford University Press, 2008), 187.
69. Lisa Wade, *American Hookup: The New Culture of Sex on Campus* (New York: W. W. Norton & Company, 2017), 57.
70. 相關評論請參考：Mari Jo Buhle, *Feminism and Its Discontents: A Century of Struggle with Psychoanalysis* (Cambridge, MA: Harvard University Press, 2009); Thea Cacchioni, "The Medicalization of Sexual Deviance, Reproduction, and Functioning," in *Handbook of the Sociology of Sexualities*, ed. John DeLamater and Rebecca F. Plante (New York: Springer International Publishing, 2015), 435–452; Eva Illouz, *Saving the Modern Soul: Therapy, Emotions, and the Culture of Self-help* (Berkeley: University of California Press, 2008); Janice M. Irvine, *Disorders of Desire: Sexuality and Gender in Modern American Sexology* (Philadelphia: Temple University Press, 2005); Jeffrey Weeks, *Sexuality and Its Discontents: Meanings, Myths, and Modern Sexualities* (New York: Routledge, 2002).
71. T. J. Jackson Lears, *No Place of Grace: Antimodernism and the Transformation of American Culture, 1880–1920* (Chicago/London: University of Chicago Press, 1981); Lawrence Birken, *Consuming Desire* (Ithaca: Cornell University Press), 1988.
72. David Allyn, *Make Love, Not War: The Sexual Revolution: An Unfettered History* (London: Routledge, 2016); Attwood Feona and Clarissa Smith, "More Sex! Better Sex! Sex Is Fucking Brilliant! Sex, Sex, Sex, SEX," in *Routledge Handbook of Leisure Studies*, ed. Tony Blackshaw (London: Routledge, 2013), 325–336. 亦可參考：Jay A. Mancini and Dennis K. Orthner, "Recreational Sexuality Preferences among Middle-class Husbands and Wives," *Journal of Sex Research* 14, no. 2 (1978): 96–106; Edward O. Laumann, John H. Gagnon, Robert T. Michael, and Stuart Michaels, *The Social Organization of Sexuality: Sexual Practices in the United States* (Chicago: University of Chicago Press, 1994).
73. Charles I. Glicksberg, *The Sexual Revolution in Modern American Literature* (The Hague: Martinus Nijhoff, 1971); Charles I. Glicksberg, "The Sexual Revolution and the Modern Drama," in *The Sexual Revolution in Modern English Literature* (The Hague:

for Worse: British Marriages, 1600 to the Present (New York: Oxford University Press, 1985).

50. 此段話被引述於：Carol Berkin, *Civil War Wives* (New York: Vintage, 2009), 58.
51. 此段話被引述於：Robert K. Nelson, "'The Forgetfulness of Sex': Devotion and Desire in the Courtship Letters of Angelina Grimke and Theodore Dwight Weld," *Journal of Social History* 37, no. 3 (2004): 663–679, 請特別注意第 670 頁。
52. 此段話被引述於：同上，671，粗體字是我強調的部分。
53. McDowell and Miller. *"If You Love That Lady Don't Marry Her,"* 15，粗體字是我強調的部分。
54. Darlene Clark Hine and Earnestine L. Jenkins, eds., *A Question of Manhood: A Reader in U.S. Black Men's History and Masculinity, vol. 2: The 19th Century: From Emancipation to Jim Crow* (Bloomington: Indiana University Press, 2001), 234.
55. Anthony Trollope, *The Claverings* (1867; 2008), 120.
56. Émile Durkheim, *Elementary Forms of the Religious Life* (1912; New York: Free Press, 1995).
57. 同上，亦請參考：Douglas A. Marshall, "Behavior, Belonging and Belief: A Theory of Ritual Practice," *Sociological Theory* 20, no. 3 (November 2002): 360–380.
58. Joel Robbins, "Ritual Communication and Linguistic Ideology: A Reading and Partial Reformulation of Rappaport's Theory of Ritual," in *Current Anthropology* 42, no. 5 (December 2001): 591–614, 第 592 頁尤其重要。
59. 同上。
60. "Conversations with History: Harry Kreisler with Michael Walzer," Institute of International Studies at the University of California, Berkeley (November 12, 2013), accessed June 21, 2017, http://conversations.berkeley.edu/content/michael-walzer.
61. Niklas Luhmann, *Social Systems* (Stanford, CA: Stanford University Press), 1995; Niklas Luhmann, *Die Gesellschaft der Gesellschaft* (Frankfurt: Suhrkamp, 1997).
62. Åsa Boholm, "The Cultural Nature of Risk: Can There Be an Anthropology of Uncertainty," *Ethnos* 68, no. 2 (2003): 159–178; Niklas Luhmann, *Trust and Power* (New York: John Wiley & Sons, 1979).
63. Véronique Mottier, *Sexuality: A Very Short Introduction* (New York: Oxford University Press, 2008, 1).
64. 讀者在以下著作中可以讀到不同政權與性之間的關係之出色分析：Dagmar Herzog, *Sex after Fascism: Memory and Morality in Twentieth-century Germany* (Princeton, NJ: Princeton University Press, 2007).
65. Michel Foucault, *The History of Sexuality: An Introduction*, vol. 1, trans. Robert Hurley (1976; New York: Vintage, 1990); James O'Higgins and Michel Foucault. "II. Sexual

55. 維多利亞・蓋林（Victoria Gairin）在以下刊物中描述過這段插曲："Comment devient-on-misogyne," in *Le Point Hors-série* 21 (2016): S. 23.

35. Richard Godbeer, *Sexual Revolution in Early America* (Baltimore: Johns Hopkins University Press, 2002), 3.

36. Thomas E. Buckley, ed. *"If You Love That Lady Don't Marry Her": The Courtship Letters of Sally McDowell and John Miller, 1854–1856* (Columbia: University of Missouri Press, 2000, 6), 粗體字是我強調的部分。

37. 喬治・赫伯特・帕爾默是美國的學者與作家，曾翻譯包括《奧德塞》（一八八四）在內的多部經典；愛麗絲・弗里曼是美國的教育家，致力提倡女子高等教育，並出任衛斯理女子學院的校長。

38. 此段話被引述於：M. A. DeWolfe Howe, "An Academic Courtship: Letters of Alice Freeman Palmer and George Herbert Palmer," *The New England Quarterly* 14, no. 1 (March 1941): 153–155, 粗體字是我強調的部分。

39. 此段話被引述於：John Mullan, *Courtship, Love and Marriage in Jane Austen's Novels: Discovering Literature*, Romantics and Victorians, British Library, May 15, 2017, http://www.bl.uk/romantics-and-victorians/articles/courtship-love-and-marriagein-jane-austens-novels#, 上網日期：二〇一七年六月二十一日。

40. Marilyn Ferris Motz, "'Thou Art My Last Love': The Courtship and Remarriage of a Rural Texas Couple in 1892," *The Southwestern Historical Quarterly* 93, no. 4 (1990): 457–474, 第 457 頁尤其重要。

41. John R. Gillis, *For Better, for Worse: British Marriages, 1600 to the Present* (New York: Oxford University Press, 1985), 33.

42. 同上。

43. 同上。

44. 同上，33–34。

45. Richard Bulcroft, Kris Bulcroft, Karen Bradley, and Carl Simpson, "The Management and Production of Risk in Romantic Relationships: A Postmodern Paradox," *Journal of Family History* 25, no. 1 (2000): 63–92, 第 69 頁尤其重要。

46. James H. S. Bossard, "Residential Propinquity as a Factor in Marriage Selection," *American Journal of Sociology* 38, no. 2 (1932): 219–224.

47. Gustave Flaubert, *Madame Bovary*, trans. *Margaret Mauldon* (1856; Oxford: Oxford University Press, 2004), 23–24.

48. 同上，24。

49. Richard Bulcroft et al., "The Management and Production of Risk in Romantic Relationships: A Postmodern Paradox," *Journal of Family History* 25, no. 1 (2000): 63–92, 請特別注意第 69 頁。有關此一議題，亦請參考：John R. Gillis, *For Better,*

23. 有關婚前交往與求愛行為之歷史的進一步資料，請參考：同上；Catherine Bates, Courtship and Courtliness (PhD diss., University of Oxford, 1989); Ilona Bell, *Elizabethan Women and the Poetry of Courtship* (New York: Cambridge University Press, 1998); Ellen K. Rothman, *Hands and Hearts: A History of Courtship in America* (New York: Basic Books, 1984).
24. Niklas Luhmann, *Love as Passion: The Codification of Intimacy* (Cambridge, MA: Harvard University Press, 1986),77.
25. 有關此一趨勢在美國發展的情況，請參考：John D'emilio and Estelle B. Freedman, *Intimate Matters: A History of Sexuality in America* (Chicago: University of Chicago Press, 1998).
26. 這就是為何唐璜（十七世紀逾越宗教道德、應受上天處罰的人）是誘姦者的原因了。畢竟背離求愛行為的規矩就等同背離社會與道德。
27. Lawrence Stone,*Uncertain Unions: Marriage in England, 1660–1753* (Oxford: Oxford University Press, 1992, 8).
28. Anthony Giddens, *Modernity and Self-identity: Self and Society in the Late Modern Age* (Stanford, CA: Stanford University Press, 1991).
29. 參　見：Niklas Luhmann, *Love as Passion: The Codification of Intimacy* (Cambridge, MA: Harvard University Press, 1986), 147–148; and Niklas Luhmann, *Social Systems* (Stanford, CA: Stanford University Press, 1995).
30. Niklas Luhmann, *Love: A Sketch* (Cambridge: Polity Press, 2010), 10.
31. Denise Haunani Solomon and Leanne K. Knobloch. "Relationship Uncertainty, Partner Interference, and Intimacy within Dating Relationships," *Journal of Social and Personal Relationships* 18, no. 6 (2001): 804–820, 第 805 頁尤其重要。
32. *The Blackwell Encyclopedia of Sociology*, ed. George Ritzer, s.v. "Uncertainty" (Hoboken, NJ: Blackwell, 2007), http://www.blackwellreference.com/public/tocnode?id=g9781405124331_chunk_g978140512433127_ss1-1#citation, accessed June 21, 2017
33. 關於此一議題，請參考如下著作：Anthony Fletcher, "Manhood, the Male Body, Courtship and the Household in Early Modern England," *History* 84, no. 275 (1999): 419–436; Marie H. Loughlin, *Hymeneutics: Interpreting Virginity on the Early Modern Stage* (Lewisburg, PA: Bucknell University Press, 1997); Kim M. Phillips and Barry Reay, *Sex before Sexuality: A Premodern History* (Cambridge: Polity Press, 2011); Ulrike Strasser, *State of Virginity: Gender, Religion, and Politics in an Early Modern Catholic State* (Ann Arbor: University of Michigan Press, 2004).
34. 愛黛爾・叔本華的這段引文出自：Diethe Carol, *Towards Emancipation: German Women Writers of the Nineteenth Century* (New York/Oxford: Berghahn Books, 1998),

14. 同上，3。
15. Faramerz Dabhoiwala, "Lust and Liberty," *Past & Present* 207, no. 1 (2010): 89–179, 第90頁尤其重要。
16. 關於西方性慣俗歷史的評論，請參考：Richard A. Posner, *Sex and Reason* (Cambridge, MA: Harvard University Press, 1994), 37–65.
17. Immanuel Kant, "Duties to the Body and Crimes against Nature," in D. P. Verene, *Sexual Love and Western Morality* (1972; Boston: Jones and Bartlett, 1995), 110.
18. 同上。
19. 參見：Ann Heilmann, "Mona Caird (1854–1932): Wild Woman, New Woman, and Early Radical Feminist Critic of Marriage and Motherhood," Women's History Review 5, no. 1 (1996): 67–95; Joanne E. Passet, *Sex Radicals and the Quest for Women's Equality*, vol. 112 (Urbana and Chicago: University of Illinois Press, 2003).
20. 有關法國中世紀愛情、婚前交往與性的更多資料，請參考：E. Jane Burns, *Courtly Love Undressed: Reading through Clothes in Medieval French Culture* (Philadelphia: University of Pennsylvania Press, 2005); Laurie A. Finke, "Sexuality in Medieval French Literature: 'Séparés, on est ensemble,'" in *Handbook of Medieval Sexuality*, ed. Vern L. Bullough and James A. Brundage (New York/London: Taylor & Francis, 1996), 345–368; Simon Gaunt, *Love and Death in Medieval French and Occitan Courtly Literature: Martyrs to Love* (Oxford University Press on Demand, 2006); Robert W. Hanning, "Love and Power in the Twelfth Century, with Special Reference to Chrétien de Troyes and Marie de France," in *The Olde Daunce: Love, Friendship, Sex, and Marriage in the Medieval World*, ed. Robert R. Edwards and Stephen Spector (Albany: SUNY Press, 1991), 87–103.
21. 中世紀愛情著名的例子，如但丁和佩脫拉克的故事表明：男人愛一個女人時，在她死後很久還可對她進行飽含詩意的崇拜，彷彿求愛行為純粹是唯我論者表達愛的一種儀式，表現出類似宗教祈禱般的情感，而不是與他人互動之真正的愛。
22. 正如凱瑟琳・貝茨（Catherine Bates）所描述的那樣：「求愛之所以有助於愛情藝術，是因為吸引異性對象這事被認為是一套高度複雜、講究策略之機巧的言語程序。伴侶雙方被視為兩個距離遙遠的人，其間的交流被認定是困難重重且壓力很大。諾伯特・埃里亞斯（Norbert Elias）認為，這種情感與愛戀行為的轉變是全面『文明進程』的直接結果，該進程從中世紀開始就是中央集權的產物，因為專制統治者藉由最大程度減少臣民自然表現出來的暴力或情感來維持自己壟斷的地位。個體被鼓勵昇華自己的慾望，持續將『文明』社會行為之迫切性轉變為自我約束。」參見：Catherine Bates, *The Rhetoric of Courtship in Elizabethan Language and Literature* (Cambridge: Cambridge University Press, 1992), 11.

contente. Ce mal de l'infini, que l'anomie apporte partout avec elle, peut tout aussi bien atteindre cette partie de notre conscience que toute autre; il prend très souvent une forme sexuelle que Musset a décrite (1). Du moment qu'on n'est arrêté par rien, on ne saurait s'arrêter soi-même. Au delà des plaisirs dont on a fait l'expérience, on en imagine et on en veut d'autres; s'il arrive qu'on ait à peu près parcouru tout le cercle du possible, on rêve à l'impossible; on a soif de ce qui n'est pas (2). Comment la sensibilité ne s'exaspérerait-elle pas dans cette poursuite qui ne peut pas aboutir? Pour qu'elle en vienne à ce point, il n'est même pas nécessaire qu'on ait multiplié à l'infini les expériences amoureuses et vécu en Don Juan. L'existence médiocre du célibataire vulgaire suffit pour cela. Ce sont sans cesse des espérances nouvelles qui s'éveillent et qui sont déçues, laissant derrière elles une impression de fatigue et de désenchantement. Comment, d'ailleurs, le désir pourrait-il se fixer, puisqu'il n'est pas sûr de pouvoir garder ce qui l'attire; car l'anomie est double. De même que le sujet ne se donne pas définitivement, il ne possède rien à titre définitif. L'incertitude de l'avenir, jointe à sa propre indétermination, le condamne donc à une perpétuelle mobilité. De tout cela résulte un état de trouble, d'agitation et de mécontentement qui accroît nécessairement les chances de suicide."

7. Véronique Mottier, *Sexuality: A Very Short Introduction* (New York: Oxford University Press, 2008), 5.
8. 關於這個議題，請參考：William. E. Mann, "Augustine on Evil and Original Sin," in *The Cambridge Companion to Augustine, ed. Eleonore Stump and Norman Kretzmann* (Cambridge: Cambridge University Press, 2001), 40–48; Marjorie Hewitt Suchocki, *The Fall to Violence: Original Sin in Relational Theology* (New York: Continuum, 1994).
9. 參見：John Giles Milhaven, "Thomas Aquinas on Sexual Pleasure," *The Journal of Religious Ethics* 5, no. 2 (1977): 157–181.
10. 對於奧古斯丁之後、十三世紀的神學家托馬斯·阿奎那（Thomas Aquinas）而言，性生活的目的僅為繁衍後代，而非為了享樂。阿奎那同意已婚身分的人發生性關係，但以享樂為目的的性行為只有在婚姻關係內可被勉強容忍。
11. 關於這個議題，請參考：Jack Goody, *The Development of the Family and Marriage in Europe* (Cambridge: Cambridge University Press, 1983); Philip Lyndon Reynolds, *Marriage in the Western Church: The Christianization of Marriage during the Patristic and Early Medieval Periods*, vol. 24 (Leiden: Brill, 1994).
12. Faramerz Dabhoiwala, "Lust and Liberty," *Past & Present* 207, no. 1 (2010): 89–179, 第 90 頁尤其重要。
13. Richard Godbeer, *Sexual Revolution in Early America* (Baltimore: Johns Hopkins University Press, 2002), 10–11.

不過我偶爾也採訪同性戀者，因為我認為他們有時也反映出異性戀伴侶的互動過程。我的樣本包括二十四位離婚、三十四位已婚人士，以及三十四位暫有對象或是沒有對象的個案。這其中計有四十七名女性與四十五名男性。由於這種採訪具有敏感性，我很快就把錄音設備和採訪協議擱在一旁，改採非正式對話來獲取訊息，並在會面結束後立即從記憶中記下採訪結果。此方法比較不那麼冒失，並且與民族志的分析模式一致。有時，我會在談話進行時親手寫下內容要點。這類對話持續的時間介於三十分鐘到一個半小時。

63. Lauren Berlant, "Slow Death (Sovereignty, Obesity, Lateral Agency)," *Critical Inquiry* 33, no. 4 (2007): 754–780.

Chapter 2 | 前現代的婚前求愛、社會確定性與消極關係的興起

1. Anthony Trollope, *An Old Man's Love* (1884; Oxford: Oxford University Press, 1951), 33.
2. 參見：Charles Horton Cooley, *Human Nature and the Social Order* (1902; Pisataway, NJ: Transaction Publishers, 1992), 184; David D. Franks and Viktor Gecas, "Autonomy and Conformity in Cooley's Self-theory: The Looking-glass Self and Beyond," *Symbolic Interaction* 15, no. 1 (1992): 49–68; George. H. Mead, "Cooley's Contribution to American Social Thought," *American Sociological Review* 35, no. 5 (1930): 693–706; George H. Mead, *Mind, Self and Society* (Chicago: University of Chicago Press, 1934); J. Sidney Shrauger and Thomas J. Schoeneman, "Symbolic Interactionist View of Self-concept: Through the Looking Glass Darkly," *Psychological bulletin* 86, no. 3 (1979): 549–573; Dianne M. Tice, "Self-concept Change and Self-presentation: The Looking Glass Self Is Also a Magnifying Glass," *Journal of Personality and Social Psychology* 63, no. 3 (1992): 435–451.
3. Durkheim, *Suicide*.
4. 十九世紀末出現了一種新的社會類型，亦即福樓拜、波特萊爾、普魯斯特，或是後來的斯特凡・茨威格（Stefan Zweig）與艾琳・涅米羅夫斯基（Irene Nemirovsky）的文學作品中，充分描述的那類信奉享樂主義的單身男性。這是一個嶄新的社會與文學角色，其特徵在於他對婚姻興趣缺缺，因此避開了這種對許多人而言仍然是實現財務和社會階層流動的特殊方法。
5. Durkheim, *Suicide*, 234; Émile Durkheim, *Le suicide: Étude de sociologie* (Paris: F. Alcan, 1897), 304–305.
6. 法文原文如下：Si ses jouissances [de l'homme marie] sont définies, elles sont assurées, et cette certitude consolide son assiette mentale. Tout autre est la situation du célibataire. Comme il peut légitimement s'attacher à ce qui lui plaît, il aspire à tout et rien ne le

Barua "Single-person Households: Another Look at the Changing American Family." (n.p.: Deloitte University Press, 2015), http://dupress.deloitte.com/dup-us-en/economy/behind-the-numbers/single-personhouseholds-and-changing-american-family.html, 上網日期：二〇一六年九月十一日。

54. W. Bradford Wilcox "The Evolution of Divorce," *National Affairs* (Fall 2009), 上網日期：二〇一六年九月十一日, http://nationalaffairs.com/publications/detail/the-evolution-of-divorce.

55. 這就像克萊爾・凱恩・米勒（Claire Cain Miller）根據「收入調查與計畫參與」（Survey of Income and Program Participation）所呈現的那樣。值得注意的是，米勒還表明，離婚率自一九七〇和一九八〇年代初達到最大值；自一九九〇年代起，結婚的人其離婚率則一直在下降。Claire Cain Miller, "The Divorce Surge Is Over, but the Myth Lives On," *New York Times*, December 4, 2014, 上網日期：二〇一六年九月十一日, http://www. nytimes.com/2014/12/02/upshot/the-divorce-surge-is-over-but-the-myth-lives- on.html.

56. Charlotte Lytton, "I Me Wed: Why Are More Women Choosing to Marry Themselves?" *The Telegraph* (London), September 28, 2017 http://www.telegraph.co.uk/ women/life/women-choosing-marry/, 上網日期：二〇一八年二月十三日。

57. G. Oscar Anderson, *Loneliness among Older Adults: A National Survey of Adults 45+*. Washington, DC: AARP Research, September 2010, https://doi.org/10.26419/res.00064.001.

58. Julianne Holt-Lunstad, "So Lonely I Could Die," *American Psychological Association*, August 5, 2017, https://www.apa.org/news/press/releases/2017/08/lonely-die.aspx.

59. Jane E. Brody, "The Surprising Effects of Loneliness on Health," *New York Times*, December 11, 2017, 上網日期：二〇一八年二月十三日, https://www.nytimes.com/2017/12/11/ well/mind/how-loneliness-affects-our-health.html?_r=0.

60. Anna Goldfarb, "How to Maintain Friendships," *New York Times*, January 18, 2018, https://www.nytimes.com/2018/01/18/smarter-living/how-to-maintain-friends. html, 上網日期：二〇一八年二月十三日。

61. Julian, Kate. 2018. "Why Are Young People Having So Little Sex?" in *Atlantic* 2018 December, https://www.theatlantic.com/magazine/archive/2018/12/the-sex-recession/573949/

62. 其中一些人在咖啡館接受採訪，而且是透過「滾雪球」的方法找來的。其他人是願意與我分享經驗的熟人。所有真實姓名均不透露。如果受訪者的詳細訊息有可能透露其身分，我會特意更改那些細節以確保最大程度的匿名性（例如，如果某人擔任特別的專業職位，我會在保持此人大致相似的教育和經濟背景的情況下，故意更改其職位）。接受我採訪的大多數人是異性戀的男性或女性，

visuelle Kultur 48, no. 50 (2010); Renata Salecl, *The Tyranny of Choice* (London: Profile Books, 2011).

45. Durkheim, *Suicide*.

46. Günther Anders, "The Pathology of Freedom: An Essay on Non-identification," trans. Katharine Wolfe, *Deleuze Studies* 3, no. 2 (2009): 278–310. 在這個議題上亦請參考：Eric S. Nelson, "Against Liberty: Adorno, Levinas and the Pathologies of Freedom," *Theoria* 59, no. 131 (2012): 64–83.

47. 關於這個議題請參考：Manuel Castells, "The Net and the Self: Working Notes for a Critical Theory of the Informational Society," *Critique of Anthropology* 16, no. 1 (1996): 9–38.

48. Eva Illouz, *Why Love Hurts* (Cambridge: Polity Press, 2012).

49. 參見：Wolfgang Streeck, "How to Study Contemporary Capitalism?" *European Journal of Sociology/Archives Européennes de Sociologie* 53, no. 1 (2012): 1–28.

50. 例如可以參考：Peter Brooks and Horst Zank, "Loss Averse Behavior," *Journal of Risk and Uncertainty* 31, no. 3 (2005): 301–325; Matthew Rabin, "Psychology and Economics," *Journal of Economic Literature* 36, no. 1 (1998): 11–46; Colin F. Camerer, "Prospect Theory in the Wild: Evidence from the Field," in *Choices, Values, and Frames*, ed. Daniel Kahneman and Amos Tversky (Cambridge: Cambridge University Press, 2000), 288–300.

51. "I Don't," *The Economist*, September 1, 2016, http://www.economist.com/news/asia/21706321-most-japanese-want-be-married-are-finding-it-hard-i-dont.

52. Fraser, Nancy. 2016. "Contradictions of Capitalism and Care, *New Left Review*, June–July, pp. 99–117.

53. 正如丹尼爾・巴赫曼（Daniel Bachman）和阿克魯・巴魯阿（Akrur Barua）根據「美國人口普查局」的報告所得出的結論：「在一九六〇年至二〇一四年間，男性與女性之初婚年齡的中位數從二十二・八歲和二十・三歲分別提高到二十九・三歲和二十七歲。在這段期間，單人家庭在家庭總數中所占的比例增加了一倍以上，達到百分之二十七・七，每戶平均人數從三・三三下降至二・五四。」；「一九九九年至二〇一四年間，單身家庭的數量從二千六百六十萬戶增加到約三千四百二十萬戶，年均增長百分之一・七。同期的總戶數增長較低（百分之一・一），單人家庭占家庭總數的比例上升了二個百分點以上。」；「預測顯示，到二〇三〇年，單身家庭將達到約四千一百四十萬戶，比二〇一五年至二〇三〇年平均每年增長百分之一・一。」US Census Bureau, "Families and Living Arrangements: Marital Status," October 21, 2015, https://www.census.gov/hhes/families/data/marital.html; US Census Bureau, "Families and Living Arrangements: Households," October 21, 2015. 同 上。Daniel Bachman and Akrur

of Precarious Sexualities: Sexual Subcultures under Neo-liberalism," *Cultural Studies* 25, no. 2 (2011): 164–182.

33. 現代同性戀構成了性自由之歷史成就的道德體現，因為它和古希臘的同性戀不同，它不會造成不平等，並將這不平等合理化，不像古希臘男人向奴隸或年輕男子展現威權那樣。

34. Camille Paglia, *Sex, Art, and American Culture: Essays* (1992; New York: Vintage, 2011, ii).

35. 同上。

36. Jeffrey Weeks, *Invented Moralities: Sexual Values in an Age of Uncertainty* (New York: Columbia University Press, 1995).

37. 同上，29。不過，此一主張比較適用於西方社會，對於像中國那樣的社會就另當別論了。

38. 順帶一提，這種說法不但適用於異性戀關係，也適用於同性戀關係。

39. Leo Tolstoy, *War and Peace*, trans. George Gibian (1896; New York: W. W. Norton & Company, 1966), 24

40. Beckert, Jens. *Imagined Futures: Fictional Expectations in the Economy*. In *Theory and Society* 42(2), 219–240.

41. James Duesenberry, "Comment on 'An Economic Analysis of Fertility,'" in Mark Granovetter, *Demographic and Economic Change in Developed Countries*, ed. Universities National Bureau Committee for Economic Research (Princeton, NJ: Princeton University Press, 1985), 233; Mark Granovetter, "Economic Action and Social Structure: The Problem of Embeddedness," *American Journal of Sociology* 91, no. 3 (1985): 458–510.

42. Sven Hillenkamp, Das Ende der Liebe: Gefühle im Zeitalter unendlicher Freiheit. (Stuttgart: Klett-Cotta, 2010); Anthony Giddens, *Modernity and Self-identity: Self and Society in the Late Modern Age* (1991; Stanford, CA: Stanford University Press, 2009); Ian Greener, "Towards a History of Choice in UK Health Policy," Sociology of Health and Illness 31, no. 3 (2009): 309–324; Renata Salecl, "Society of Choice," *Differences* 20, no. 1 (2009): 157–180; Renata Salecl, "Self in Times of Tyranny of Choice," *FKW//Zeitschrift für Geschlechterforschung und visuelle Kultur* 50 (2010): 10–23; Renata Salecl, *The Tyranny of Choice* (London: Profile Books, 2011).

43. Stephenie Meyer, "Frequently Asked Questions: Breaking Dawn," accessed September 11, 2016, http://stepheniemeyer.com/the-books/breaking-dawn/frequently- asked-questions-breaking-dawn/.

44. Renata Salecl, "Society of Choice," Differences 20, no. 1 (2009): 157–180; Renata Salecl, "Self in Times of Tyranny of Choice," *FKW//Zeitschrift für Geschlechterforschung und*

20. Axel Honneth, *Freedom's Right: The Social Foundations of Democratic Life*, trans. Joseph Ganahl (New York: Columbia University Press, 2014).
21. Wendy Brown, *States of Injury: Power and Freedom in Late Modernity* (Princeton, NJ: Princeton University Press, 1995), 5.
22. David Bloor, *Knowledge and Social Imagery* (London: Routledge & Kegan Paul, 1976).
23. Richard Posner, *Sex and Reason* (Cambridge, MA: Harvard University Press, 1994).
24. 參見：Robin West, "Sex, Reason, and a Taste for the Absurd" (Georgetown Public Law and Legal Theory Research Paper No. 11-76, 1993).
25. Lila Abu-Lughod, "Do Muslim Women Really Need Saving? Anthropological Reflections on Cultural Relativism and Its Others," American Anthropologist 104, no. 3 (2002): 783–790, 第 785 頁尤其重要；Saba Mahmood, *Politics of Piety: The Islamic Revival and the Feminist Subject* (Princeton, NJ: Princeton University Press, 2011).
26. Michel Foucault, *Discipline and Punish: The Birth of the Prison*, trans. Alan Sheridan (1975; New York: Pantheon Books, 1977).
27. Michel Foucault, *Security, Territory, Population: Lectures at the Collège de France 1977–1978*, ed. Arnold I. Davidson, trans. Graham Burchell (New York: Palgrave Macmillan, 2007); Michel Foucault, *The Government of Self and Others: Lectures at the Collège de France 1982–1983*, ed. Arnold I. Davidson, trans. Graham Burchell (New York: Palgrave Macmillan, 2010).
28. Nikolas Rose, *Inventing Our Selves: Psychology, Power, and Personhood* (Cambridge: Cambridge University Press, 1998); Nikolas Rose, *Powers of Freedom: Reframing Political Thought* (Cambridge: Cambridge University Press, 1999).
29. Deborah L. Tolman, *Dilemmas of Desire: Teenage Girls Talk about Sexuality* (Cambridge, MA: Harvard University Press, 2002), 5–6.
30. 此段話被引述於：Wendy Brown, *States of Injury: Power and Freedom in Late Modernity* (Princeton, NJ: Princeton University Press), 20.
31. 請特別參考：David M. Halperin and Trevor Hoppe, eds., *The War on Sex* (Durham, NC: Duke University Press, 2017)。作者在該書中針對美國性權利擴張的議題收集了許多資料。根據這些資料，呈現出：儘管婚姻平等、生殖權利以及生育控制等方面已有長足進步，但是有些領域仍被政府以社會的手段加以控制，例如：性犯罪者登入檔案、先天免疫症候群入罪化、對性工作的懲罰措施。
32. 關於該議題更細膩的討論，請參考： Dana Kaplan, "Recreational Sexuality, Food, and New Age Spirituality: A Cultural Sociology of Middle-Class Distinctions" (PhD diss., Hebrew University, 2014); Dana Kaplan, "Sexual Liberation and the Creative Class in Israel," in *Introducing the New Sexuality Studies*, ed. S. Seidman, N. Fisher, and C. Meeks (2011; London: Routledge, 2016), 363–370; Volker Woltersdorff, "Paradoxes

(Cambridge: Polity Press, 1991); Anthony Giddens, *The Transformation of Intimacy: Sexuality, Love, and Eroticism in Modern Societies* (Stanford, CA: Stanford University Press, 1992).

17. Axel Honneth, *The Struggle for Recognition: The Moral Grammar of Social Conflicts*, trans. Joel Anderson (Cambridge: Polity Press, 1995).
18. Camille Paglia, *Sex, Art and American Culture* (New York: Vintage, 1992).
19. George G. Brenkert, "Freedom and Private Property in Marx," *Philosophy and Public Affairs* 2, no. 8 (1979): 122–147; Émile Durkheim, *The Elementary Forms of the Religious Life*, trans. Karen E. Fields (1912; New York: Simon & Schuster, 1995); Émile Durkheim, Moral Education, trans. Everett K. Wilson and Herman Schnurer (1925; New York: Free Press, 1961); Émile Durkheim, *Durkheim on Politics and the State*, ed. Anthony Giddens, trans. W. D. Halls (Stanford, CA: Stanford University Press, 1986); Émile Durkheim, *Suicide: A Study in Sociology*, trans. John A. Spaulding and George Simpson (1897; New York: Simon & Schuster, 1997); Anthony Giddens, *Capitalism and Modern Social Theory: An Analysis of the Writings of Marx, Durkheim and Max Weber* (Cambridge: Cambridge University Press, 1971); Karl Marx, *The Grundrisse*, ed. and trans. David McLellan (1939–1941; New York: Harper & Row, 1970); Karl Marx, "The Power of Money," in *Karl Marx and Friedrich Engels: Collected Works*, vol. 3 (1844; New York: International Publishers, 1975); Karl Marx, "Speech on the Question of Free Trade," in *Karl Marx and Friedrich Engels: Collected Works*, vol. 6 (1848; New York: International Publishers, 1976); Karl Marx and Friedrich Engels, "The German Ideology," in *Karl Marx and Friedrich Engels: Collected Works*, vol. 5 (1932; New York: International Publishers, 1975); Karl Marx and Friedrich Engels, "Manifesto of the Communist Party," in *Karl Marx and Friedrich Engels: Collected Works*, vol. 6 (1848; New York: International Publishers, 1976); Georg Simmel, *The Freedom and the Individual, in On Individuality and Social Forms: Selected Writings*, ed. and with an introduction by Donald N. Levine (Chicago: University of Chicago Press, 1971), 217–226; Georg Simmel, "The Stranger," in *On Individuality and Social Forms: Selected Writings*, ed. and with an introduction by Donald N Levine (Chicago: University of Chicago Press, 1971), 143–149; Max Weber, *Die Verhältnisse der Landarbeiter im ostelbischen Deutschland*, vol. 55 (Leipzig: Duncker & Humblot, 1892); Max Weber, *The Protestant Ethic and the Spirit of Capitalism*, trans. T. Parsons, A. Giddens, with an introduction by A. Giddens (1904–1905; London: Routledge, 1992); Max Weber, *Max Weber: The Theory of Social and Economic Organization*, trans. A. M. Henderson and T. Parsons, ed. and with an introduction by T. Parsons (1947; New York: The Free Press, 1964).

10. Howard R. Bloch, *Medieval Misogyny and the Invention of Western Romantic Love* (Chicago: University of Chicago Press, 1992); Karen Lystra, *Searching the Heart: Women, Men, and Romantic Love in Nineteenth-century America* (New York: Oxford University Press, 1989); Steven Seidman, *Romantic Longings: Love in America, 1830–1980* (New York: Routledge, 1991); Irving Singer, The Nature of Love, vol. 3, *The Modern World* (Chicago: University of Chicago Press, 1989).
11. 馬克斯・韋伯（Max Weber）曾比較東方與西方所走的文化道路的差異。說來奇怪，在此一里程碑地位的研究中，這點竟被忽略掉了。請參考：Max Weber, *The Religion of China: Confucianism and Taoism*, ed. and trans. Hans Gerth (1915; London: MacMillan Publishing Company, 1951).
12. Stephanie Coontz, Marriage, *A History: From Obedience to Intimacy, or How Love Conquered Marriage* (New York: Viking Press, 2006).
13. Ulrich Beck, Elisabeth Beck-Gernsheim, Mark Ritter, and Jane Wiebel, *The Normal Chaos of Love* (Cambridge: Polity Press, 1995); Ulrich Beck and Elisabeth Beck-Gernsheim, *Individualization: Institutionalized Individualism and Its Social and Political Consequences* (London: SAGE Publications, 2002); Stephanie Coontz, *Marriage, A History: From Obedience to Intimacy, or How Love Conquered Marriage* (New York: Viking Press, 2006); Helga Dittmar, *Consumer Culture, Identity and Well-being: The Search for the "Good Life" and the "Body Perfect"* (London: Psychology Press, 2007); Anthony Giddens, *Modernity and Self Identity: Self and Society in Late-Modern Age* (Cambridge: Polity Press, 1991); Anthony Giddens, *The Transformation of Intimacy: Sexuality, Love, and Eroticism in Modern Societies* (Stanford, CA: Stanford University Press, 1992); Jason Hughes, "Emotional Intelligence: Elias, Foucault, and the Reflexive Emotional Self," *Foucault Studies* 8 (2010): 28–52; Alan Hunt, "The Civilizing Process and Emotional Life: The Intensification and Hollowing Out of Contemporary Emotions," in *Emotions Matter: A Relational Approach to Emotions*, ed. Alan Hunt, Kevin Walby, and Dale Spencer (Toronto: University of Toronto Press, 2012), 137–160; Mary Holmes, "The Emotionalization of Reflexivity," *Sociology* 44, no. 1 (2010): 139–154; Richard Sennett, *The Fall of Public Man* (Cambridge: Cambridge University Press, 1977); Lawrence D. Stone, *The Family, Sex and Marriage in England 1500–1800* (London: Penguin Books, 1982).
14. Stephanie Coontz, *Marriage, A History: From Obedience to Intimacy, or How Love Conquered Marriage* (New York: Viking Press, 2006).
15. Gerald Allan Cohen, *Self-ownership, Freedom, and Equality* (Cambridge: Cambridge University Press, 1995), 12.
16. Anthony Giddens, *Modernity and Self Identity: Self and Society in Late-modern Age*

Simon & Schuster, 2001); Frank Louis Rusciano, "'Surfing Alone': The Relationships among Internet Communities, Public Opinion, Anomie, and Civic Participation," *Studies in Sociology of Science* 5, no. 3 (2014): 1–8; Melvin Seeman, "On the Meaning of Alienation," *American Sociological Review* 24, no. 6 (1959), 783–791; Bryan Turner, "Social Capital, Inequality and Health: The Durkheimian Revival," *Social Theory and Health* 1, no. 1 (2003): 4–20.

6. Leslie Bell, *Hard to Get: Twenty-Something and the Paradox of Sexual Freedom* (Berkeley: University of California Press, 2013).
7. Pierre Bourdieu, *Distinction: A Social Critique of the Judgement of Taste*, trans. Richard Nice (Cambridge, MA: Harvard University Press, 1984); Mary Douglas and Baron Isherwood, *The World of Goods: Towards an Anthropology of Consumption*, vol. 6 (1979; London: Psychology Press, 2002); Mike Featherstone, *Consumer Culture and Postmodernism* (London: SAGE Publications, 2007); Eva Illouz, *Consuming the Romantic Utopia: Love and the Cultural Contradictions of Capitalism* (Berkeley: University of California Press, 1997); Eva Illouz, *Cold Intimacies: The Making of Emotional Capitalism* (Cambridge: Polity Press, 2007); Arlie Russell Hochschild, *The Managed Heart: Commercialization of Human Feeling* (Berkeley: University of California Press, 1992); Arlie Russell Hochschild, *The Commercialization of Intimate Life: Notes from Home and Work* (Berkeley: University of California Press, 2003); Axel Honneth, "Organized Self-realization Some Paradoxes of Individualization," *European Journal of Social Theory* 7, no. 4 (2004): 463–478; Micki McGee, *Self-help, Inc.: Makeover Culture in American Life* (New York: Oxford University Press, 2005); Ann Swidler, *Talk of Love: How Culture Matters* (Chicago: University of Chicago Press, 2003).
8. Milton Friedman, *Capitalism and Freedom* (1962; Chicago: University of Chicago Press, 2009); Friedrich August Hayek, *The Road to Serfdom: Text and Documents: The Definitive Edition*, ed. Bruce Caldwell (1944; New York: Routledge, 2014); Karl Polanyi, *The Great Transformation: The Political and Economic Origins of Our Time* (1944; Boston: Beacon Press, 1944).
9. 誠如貝翠絲・斯梅德黎（Beatrice Smedley）所言（私人通訊），並非所有印度的愛情故事（迦梨陀娑的《沙恭達羅》〔*Shakuntala*〕，四至五世紀，或是《慾經》〔*Kama Sutra*〕）以及中國的愛情故事（李漁的《肉蒲團》，十七世紀）都包含宗教價值，而紫式部的《源氏物語》（日本，十一世紀）也是同樣情況。在西方世界中，亦存在一個與由基督教形塑之愛情傳統並存的非宗教愛情傳統，例如莎孚（Sappho）、卡圖盧斯（Catullus）、奧維德（Ovid）、洪薩（Ronsard）與佩脫拉克（Petrarca）都是從古典神話中汲取靈感的。

註釋

1. Saphora Smith, "Marc Quinn: Evolving as an Artist and Social Chronicler," *The New York Times*, August 13. 2015, 資料出處：http:// www.nytimes.com/2015/08/14/arts/marc-quinn-evolving-as-an-artist-andsocial-chronicler.html?_r=0. 上網日期：二〇一六年九月九日。
2. 原文為法文：Comprendre qu'être subversif, c'est passer de lindividuel au collectif. Adb Al Malik, "Césaire (Brazzaville via Oujda)," 資料出處：https://genius.com/ Abd-al-malik-cesaire-brazzaville-via-oujda-lyrics, 上網日期：二〇一八年二月十三日。
3. 此段話被引述於：Alison Flood, 2016. "Nobel Laureate Svetlana Alexievich Heads Longlist for UK's Top Nonfiction Award," *The Guardian*, September 21, 2016, 資料出處：https://www.theguardian.com/books/2016/sep/21/nobel-laureate- longlist-for-uks-top-nonfiction-award-baillie-gifford. 上網日期：二〇一八年二月十三日。

Chapter 1 ｜愛的終結：消極選擇的社會學

1. George Orwell, "In Front of Your Nose," *The Collected Essays, Journalism and Letters of George Orwell* (1946; New York: Harcourt, Brace & World,1968).
2. 對於柏拉圖理型論的廣泛探討，請參考：Russell M. Dancy, *Plato's Introduction of Forms* (Cambridge: Cambridge University Press, 2004); Gail Fine, *Plato on Knowledge and Forms: Selected Essays* (Oxford: Oxford University Press, 2003).
3. 此段落出自本人探討愛之終結現象的一篇文章："The Thrill Is Gone: Why Do We Fall Out of Love?" *Haaretz*, September 7, 2013, 於如下網站找到該項資料：https://www.haaretz.com/. premium-why-do-we-fall-out-of-love-1.5329206, 上網日期：二〇一八年二月十三日。
4. Émile Durkheim, *Suicide: A Study in Sociology*, trans. John A. Spaulding and George Simpson (1897; New York: Simon & Schuster, 1997).
5. Wendell Bell, "Anomie, Social Isolation, and the Class Structure," *Sociometry* 20, no. 2 (1957): 105–116; Émile Durkheim, 1997 [1897]. *Suicide: A Study in Sociology*, trans. John A. Spaulding and George Simpson (1897; New York: Simon & Schuster, 1997); Claude S. Fischer, "On Uban Alienations and Anomie: Powerlessness and Social Isolation," *American Sociological Review* 38, no. 3 (1973): 311–326; Robert D. Putnam, *Bowling Alone: The Collapse and Revival of American Community* (New York:

聯經文庫
為什麼不愛了：更多自由卻更少承諾，社會學家的消極關係報告

2021年12月初版　　定價：新臺幣560元
2023年10月初版第二刷

著　　者　Eva Illouz
譯　　者　翁尚均
叢書編輯　黃榮慶
特約編輯　李偉涵
內文排版　李偉涵
封面設計　兒日

出版者　聯經出版事業股份有限公司
地址　新北市汐止區大同路一段369號1樓
叢書編輯電話　(02)86925588轉5307
台北聯經書房　台北市新生南路三段94號
電話　(02)23620308
郵政劃撥帳戶第0100559-3號
郵撥電話　(02)23620308
印刷者　文聯彩色製版有限公司
總經銷　聯合發行股份有限公司
發行所　新北市新店區寶橋路235巷6弄6號2樓
電話　(02)29178022

副總編輯　陳逸華
總編輯　涂豐恩
總經理　陳芝宇
社長　羅國俊
發行人　林載爵

行政院新聞局出版事業登記證局版臺業字第0130號

本書如有缺頁，破損，倒裝請寄回台北聯經書房更換。　ISBN 978-957-08-6144-0 (平裝)
聯經網址：www.linkingbooks.com.tw
電子信箱：linking@udngroup.com

國家圖書館出版品預行編目資料

為什麼不愛了：更多自由卻更少承諾，社會學家的消極關係報告/ Eva Illouz著．翁尚均譯．初版．新北市．聯經．2021年12月．408面．14.8×21公分（聯經文庫）
譯自：The end of love: a sociology of negative relations
ISBN 978-957-08-6144-0（平裝）
[2023年10月初版第二刷]

1.兩性關係　2.人際關係

544.7　　110020033